LA MÁQUINA PENSANTE

Jensen Huang, Nvidia
y el microprocesador más
deseado del mundo

LA MÁQUINA PENSANTE

Jensen Huang, Nvidia
y el microprocesador más
deseado del mundo

Stephen Witt

ANAYA MULTIMEDIA

TÍTULOS ESPECIALES

Título original: *The Thinking Machine: Jensen Huang, NVIDIA, And The World's Most Coveted Microchip*

Primera edición: enero de 2026

This edition published by arrangement with The Foreign Office Agència Literària, S.L. and The Gernert Company, Inc.

Authorized translation from English Language edition titled *The Thinking Machine: Jensen Huang, NVIDIA, And The World's Most Coveted Microchip*, published by VIKING an imprint of Penguin Random House LLC.

Calle Valentín Beato, 21
28037 Madrid

PAPEL DE FIBRA CERTIFICADA

ISBN: 978-84-415-5272-2
Depósito legal: M-19149-2025
Impreso en España - Printed in Spain

Para Jane

AGRADECIMIENTOS

Me gustaría dar las gracias a Jensen Huang y al resto del equipo de Nvidia por su tiempo, su sinceridad y su perspectiva. En particular, estoy agradecido a Bob Sherbin, que presionó mucho para que este proyecto se convirtiera en una posibilidad. Gracias por todo, Bob. Me diste la oportunidad de mi vida. También estoy agradecido a todos los que compartieron sus historias conmigo para este libro, especialmente a Jens Horstmann, Curtis Priem, Jon Peddie y David Kirk.

Me gustaría dar las gracias a Willing Davidson y al resto del equipo de *The New Yorker* por encargarme la reseña de revista que dio lugar a este libro. Willing es un editor estupendo y le sugiero que le proponga sus ideas. También me gustaría dar las gracias a Allison Lorentzen de Viking y Stuart Williams de Bodley Head por adquirir, editar y publicar mi obra una vez más. Allison y Stuart, vuestras perspectivas y consejos fueron muy valiosos. También doy las gracias a Sean Lavery, Yinuo Shi y Anna Kordunsky por comprobar los hechos del manuscrito. Y, como siempre, estoy eternamente agradecido a mi agente Chris Parris-Lamb, que durante más de diez años ha apoyado y defendido mi carrera. Tengo mucha suerte de contar con Chris.

Meghan McEnery me animó a realizar este proyecto y me proporcionó un gran apoyo moral y emocional. Gracias, Meghan. No podría haber escrito este libro sin ti. También estoy agradecido a mis amigos Jay Budzik y Marcus Moretti, que compartieron mi fascinación por Nvidia y hablaron de la empresa conmigo durante horas. Me gustaría dar las gracias a mis padres, Leonard y Diana, por estar siempre a mi lado, y a mi hermana Emily, por servirme de inspiración permanente. Y, por supuesto, estoy agradecido a mi hija Jane, que tuvo paciencia con papá cuando desaparecía en su oscuro dormitorio para escribir durante días seguidos. Gracias, Jane. Este libro es para ti.

SOBRE EL AUTOR

Stephen Witt es autor de *Cómo dejamos de pagar por la música*, que fue finalista del Los Angeles Times Book Prize, el J. Anthony Lucas Book Prize y el Financial Times and McKinsey Business Book of the Year Award. Su trabajo se ha publicado en *The New Yorker*, *Financial Times*, *New York*, *The Wall Street Journal*, *Rolling Stone* y *GQ*. Vive en Los Ángeles (California).

«Practica incluso lo que parece imposible».

—Marco Aurelio

CONTENIDOS

PARTE I

PARTE II

INTRODUCCIÓN

Esta es la historia de cómo un vendedor especializado en hardware para videojuegos se convirtió en la empresa más valiosa del mundo. Es la historia de un emprendedor obstinado que impulsó su visión radical de la informática durante treinta años y mientras tanto se convirtió en uno de los hombres vivos más ricos. Es la historia de una revolución en el silicio y del pequeño grupo de ingenieros renegados que desafiaron a Wall Street para hacerla realidad. Y es la historia del nacimiento de una nueva categoría de inteligencia artificial asombrosa y aterradora, cuyas implicaciones a largo plazo para la especie humana se desconocen.

En el centro de esta historia hay un hombre emprendedor, voluble, brillante y extraordinariamente dedicado. Su nombre es Jensen Huang, y su mandato de treinta y dos años es el más largo de todos los directores generales de empresas tecnológicas del índice S&P 500. Huang es un inventor visionario gran conocedor del funcionamiento interno de los circuitos electrónicos. Razona a partir de principios básicos qué pueden hacer los microprocesadores hoy y luego apuesta con gran convicción sobre lo que harán mañana. No siempre gana, pero, cuando lo hace, gana a lo grande: su temprana apuesta sin reservas por la IA fue una de las mejores inversiones de la historia de Silicon Valley. Actualmente, la empresa de Huang, Nvidia, vale más de 3 billones de dólares y compite en valor con Apple y Microsoft.

En persona, Huang es encantador, divertido, autocrítico y a menudo contradictorio. Mantiene en todo momento una charla inexpresiva semicómica. Nos conocimos en 2023 para desayunar en una cafetería Denny's, su cadena de restaurantes favorita. Huang desarrolló el plan de negocio de Nvidia en este mismo restaurante hace treinta años; charlando con nuestra camarera pidió siete platos, entre ellos un sándwich Super Bird y un filete de pollo frito. «Sabe, antes trabajaba aquí de friegaplatos», le dijo. «Pero me esforcé. ¡Mucho! Así llegué a ser ayudante de camarero».

Huang nació en Taiwán y emigró a Estados Unidos cuando tenía diez años. Denny's fue el crisol de su asimilación: trabajando aquí cuando era adolescente se comió todo el menú. Me dijo que aun así mantiene la perspectiva de un extranjero. «Siempre eres un inmigrante», me dijo. «Yo siempre soy chino». Fue cofundador de Nvidia (pronunciado EN-vidia, no Ne-vidia) en 1993 con treinta años, y su primer objetivo fue el incipiente mercado de gráficos de videojuegos de gama alta. Sus productos fueron populares; a sus clientes les gustaba montar sus propios PC, a veces comprando carcasas transparentes para mostrar el hardware Nvidia.

A finales de la década de 1990, Nvidia introdujo un sutil cambio en la arquitectura de los circuitos de sus procesadores para que pudieran resolver más de un problema a la vez. Este enfoque, conocido como «computación paralela», fue una apuesta radical. «El porcentaje de éxito de la computación paralela era del cero por ciento antes de que llegáramos nosotros», afirmó Huang, enumerando una lista de empresas emergentes olvidadas. «Literalmente cero. Todos los que intentaron convertirlo en negocio habían fracasado». Huang hizo caso omiso de este triste historial y persiguió su visión poco convencional desafiando abiertamente a Wall Street durante más de una década. Además de jugadores, buscó clientes que necesitaran mucha potencia de cálculo: meteorólogos, radiólogos, buscadores de petróleo en aguas profundas y otros con necesidades parecidas. Durante ese tiempo, el precio de las acciones de Nvidia se desplomó y tuvo que defenderse de los asaltantes corporativos para conservar su puesto.

Huang se aferró a esta apuesta y perdió dinero con ella durante años, hasta que en 2012 un grupo de académicos disidentes de Toronto compró dos tarjetas de videojuegos de usuario para entrenar a un tipo exótico de inteligencia artificial llamado red neuronal. En aquel momento, las redes neuronales que imitan la estructura de los cerebros biológicos estaban muy en desuso y la mayoría de los investigadores las consideraban juguetes obsoletos. Pero, cuando Huang vio lo rápido que se entrenaban las redes neuronales en la plataforma de computación paralela, apostó toda su empresa a la inesperada simbiosis. Ahora Huang necesitaba dos tecnologías que no fueran favoritas, que siempre hubieran suspendido la prueba del mercado en el pasado.

Cuando la audaz apuesta tuvo éxito, Nvidia aumentó su valor varios cientos de veces. En la última década, la compañía ha evolucionado desde la venta de accesorios para juegos de menos de 200 euros al envío de equipo de supercomputación multimillonario que puede llenar la planta de un edificio. Trabajando con pioneros como OpenAI, Nvidia ha acelerado las aplicaciones de aprendizaje profundo más de mil veces durante los últimos diez años. Todas las principales aplicaciones de inteligencia artificial, como Midjourney, ChatGPT, Copilot y otras similares, se desarrollaron en equipos Nvidia. Este es el aumento sin precedentes de la potencia de computación que ha hecho posible el rápido incremento de la IA moderna.

Con un casi monopolio del hardware, podría decirse que Huang es la persona más poderosa en el campo de la IA. Sin duda, ha ganado con ella más dinero que nadie. En la tradición de hacerse rico se parece mucho al primer millonario de California, Samuel Brannan, el famoso vendedor de material de prospección que vivió en San Francisco en 1849. Salvo que, en lugar de palas, Huang vende procesadores de 26.000 euros para entrenar IA que contienen cien mil millones de transistores. Actualmente, el tiempo de espera para adquirir su último hardware es de más de un año, y en el mercado negro chino sus procesadores duplican el precio.

Huang no piensa como un hombre de negocios, sino como un ingeniero. Descompone conceptos difíciles en principios sencillos y luego aprovecha esos principios para obtener grandes resultados. «Hago todo lo que puedo para no quebrar», dijo durante el desayuno. «Hago todo lo que puedo para no fracasar». Huang cree que con la IA está cambiando el concepto de la arquitectura básica de la computación digital, que apenas ha cambiado desde que IBM lo introdujo a principios de la década de 1960. «El aprendizaje profundo no es un algoritmo», afirma. «El aprendizaje profundo es un método. Es una forma nueva de desarrollar software».

Este software nuevo tiene capacidades increíbles. Puede hablar como un humano, escribir un ensayo universitario, resolver un problema matemático complicado, dar un diagnóstico médico experto y copresentar un pódcast. Se adapta a la potencia de computación disponible y nunca parece estancarse. La tarde anterior a nuestro desayuno vi un vídeo en el que un robot que utilizaba este nuevo tipo de software se miraba las manos, parecía que las reconocía y ordenaba una colección de bloques de colores. El vídeo me dio escalofríos; la obsolescencia de mi especie parecía próxima. Huang rechazó mis preocupaciones mientras enrollaba una tortita alrededor de una salchicha con los dedos. «Sé cómo funciona, así que no tiene ningún interés», dijo. «Es como el funcionamiento de los microondas». Presioné a Huang: un robot autónomo seguramente presenta riesgos que no tiene un horno microondas. Respondió que nunca le había preocupado esta tecnología, ni una sola vez. «Lo único que hace es procesar datos», dijo. «Hay muchas otras cosas de las que preocuparse».

Nadie sabe adónde nos llevará esto. Ahora muchos tecnólogos temen que las capacidades de la IA supongan una amenaza directa para la supervivencia de las especies humanas. (Entre estos «catastrofistas» están los científicos de Toronto que implementaron la IA por primera vez en la plataforma de Huang). Huang rechaza este pesimismo. Para él, la IA es pura fuerza de progreso y ha declarado que está estimulando una nueva revolución industrial. No permite muchos desacuerdos sobre este tema y su fuerte personalidad puede ser intimidante. («Interactuar con Jensen es como meter el dedo en el enchufe», dijo uno de sus ejecutivos). Los empleados de Huang le adoran, creo que le seguirían si se tirara desde la ventana de un rascacielos si viera allí una oportunidad de mercado.

En mayo de 2023, cientos de líderes del sector suscribieron una declaración que equiparaba el riesgo de una IA desbocada con el de una guerra nuclear. Huang no la firmó. Algunos economistas han observado que la Revolución Industrial provocó un descenso relativo de la población mundial de caballos y se han preguntado si la IA podría hacer lo mismo con los humanos. «Los caballos tienen opciones profesionales limitadas», afirmó Huang. «Por ejemplo, los caballos no saben escribir a máquina». Mientras terminaba de comer le expresé mi preocupación por la posibilidad de que, algún día no muy lejano, introdujera las notas de nuestra conversación en un motor de inteligencia y viera cómo producía una prosa estructurada y superior. Huang no descartó esta posibilidad, pero me aseguró que todavía faltaban algunos años antes de que tuviera mi momento John Henry.[1] «Primero, irá a por los escritores de ficción», dijo. Luego le dio mil dólares de propina a la camarera y emergió de sus muchos platos de comida a medio comer.

Huang me pareció una persona escurridiza, en cierto modo la más difícil sobre la que he escrito. Odia hablar de sí mismo y una vez respondió a una de mis preguntas huyendo, literalmente. Antes de que me encargaran este libro, escribí un perfil de Huang para la revista *The New Yorker*. Huang me dijo que no lo había leído y que no tenía intención de hacerlo. Al enterarse de que estaba escribiendo una biografía suya, respondió: «Espero morir antes de que salga».

Aun así, Huang me ofreció acceso a muchas personas para escribir este libro. Hablé con casi doscientas personas, incluidos sus empleados, cofundadores, rivales y varios de sus amigos más antiguos. El entrañable y hasta algo bobalicón padre de familia que surgió de estas entrevistas se parecía muy poco al ejecutivo despiadado que hizo triunfar a Nvidia, pero son estos mismos apegos los que estimulan la ambición de Huang: me habló con franqueza de sus inseguridades, de su miedo a defraudar a sus empleados y de su temor a deshonrar el nombre de la familia. Algunos ejecutivos hablan de los beneficios como de «anotar tantos», pero no es el caso de Huang; para él, el dinero solo es un seguro temporal contra alguna calamidad futura. Fue conmovedor oír hablar así a un hombre que vale cien mil millones de dólares.

Pero si a Huang le motiva la ansiedad, también lo hace la fascinación ante el poder seductor que ha desatado su tecnología. No se había propuesto ser un pionero de la IA, ni siquiera cuando centró su atención en la computación paralela, pero, cuando llegó, Huang se empeñó en llevar su programa maximalista de inteligencia artificial tan lejos y tan rápido como fuera posible. Incluso los visionarios más optimistas en este campo instan a un cierto grado de cautela; la supuesta misión de OpenAI, por ejemplo, es evitar

1. John Henry (1840-1870) fue un héroe afroamericano que trabajaba en el ferrocarril. Compitió con una máquina para salvar los puestos de trabajo de sus compañeros y ganó, pero murió por el esfuerzo realizado. Fuente: `https://es.wikipedia.org/wiki/John_Henry_(folclore)`.

las catástrofes. Huang, casi en solitario, cree que la IA solo puede conducir al bien, y esta creencia le motiva a trabajar de doce a catorce horas diarias siete días a la semana, incluso después de tres décadas como director general.

Por supuesto, Huang trabajaría duro de todos modos. Está en su naturaleza. Si hay un tema en su vida es la amplificación; ha aplicado los mismos preceptos sencillos de diligencia, valor y dominio de los fundamentos una y otra vez con un efecto cada vez mayor. Me sorprendió saber cuánto del hombre en que se convirtió estaba presente en el niño inmigrante que llegó sin sus padres a Estados Unidos en 1973, a un entorno tan poco propicio para prosperar que parece un milagro que sobreviviera. Para comprender por completo a Huang, no debemos empezar en el restaurante Denny's ni en las gigantescas catedrales de tecnología que encargó después, sino en esta diminuta escuela rural.

PARTE I

UNO

El puente

Un día, a finales de 1973, un Jensen Huang de 10 años se levantó de la cama en su dormitorio y empezó el peligroso viaje hacia el colegio. Huang nació en Taiwán, creció en Tailandia y hacía poco tiempo que había llegado a la rural Kentucky. El camino descendía por una ladera inclinada hasta una llanura inundable situada entre colinas boscosas y cruzaba una pasarela peatonal desvencijada. La pasarela estaba suspendida por cuerdas y le faltaban muchos tablones, a través de los agujeros se podían ver las gélidas y caudalosas aguas del río que pasaba por debajo.

Huang era un niño brillante y concienzudo, se había saltado un curso y estaba en sexto. Era menudo incluso para su edad y muchas veces era el más pequeño de la clase. Hablaba un inglés imperfecto y era el único estudiante asiático. Sus compañeros de Oneida Elementary eran hijos de cultivadores de tabaco y mineros del carbón. Casi todos eran blancos y muchos eran pobres. Algunos no tenían agua corriente en casa.

Huang había llegado con su hermano mayor, Jeff, a mitad del año académico, mientras sus padres permanecían en Tailandia. Los dos vivían en el Oneida Baptist Institute (OBI), un internado cercano, pero Jensen era demasiado pequeño para asistir al OBI y en su lugar lo enviaron a Oneida Elementary. El primer día el director rodeó al niño con el brazo y le dijo a la clase que le diera la bienvenida al nuevo estudiante, que era de otra parte del mundo, pero también muy inteligente. El acoso empezó enseguida. «Era el blanco perfecto», me dijo Ben Bays, compañero de clase de Huang.

Antes de la llegada de Huang, Bays había sido la víctima señalada. Como Huang, Bays era pequeño y, también como Huang, era un buen estudiante. Los matones hacían honor a estas cualidades encerrándole en las taquillas del colegio, a veces durante horas. Tras la llegada de Huang, su interés cambió y adquirió un elemento racial: muchos de los compañeros de clase de Kentucky de Huang tenían familiares que habían luchado en Vietnam. «Por aquel entonces a los chinos se les llamaba "*chinks*"[1]», me dijo Huang, cincuenta años después en una sala de conferencias estéril durante nuestra primera conversación. Su rostro no mostraba ninguna emoción. «Nos llamaban así todos los días».

Huang era objetivo de los matones dentro y fuera de clase, siempre que podían. Le empujaban en los pasillos y le perseguían en el patio de recreo. El puente era su lugar favorito. Huang tenía que cruzarlo solo, una propuesta peligrosa en el mejor de los casos. A veces, cuando Huang estaba en medio, los matones salían de sus escondites a ambos lados del río, agarraban las cuerdas y empezaban a balancearlas, intentando tirarle al río que pasaba por debajo. «De alguna manera, nunca pareció afectarle», dijo Bays. «De hecho, parecía que se divertía».

Bays y Huang se hicieron amigos rápidamente. A pesar de la barrera del idioma, Huang sobresalía académicamente y desbancó a Bays como mejor estudiante. Era un artista con talento y tenía una caligrafía perfecta, aunque solo escribía en mayúsculas. También enseñó a Bays a luchar. Todo lo que los chicos locales sabían sobre la cultura china procedía de las películas de Bruce Lee. Al principio, Huang se echó un farol y les dijo a sus compañeros que era un experto en artes marciales. En el patio del colegio se demostró rápidamente que esto último no era verdad, pero lo que a Huang le faltaba de técnica lo compensaba con determinación. Cuando le desafiaban, siempre se defendía, a veces tirando al suelo incluso a chicos más grandes. Según los recuerdos de Bays, nunca inmovilizaron a Huang. («No es así como yo lo recuerdo», me dijo Huang riendo). Sin embargo, Huang inspiró a Bays para que también se defendiera y, al cabo de un tiempo, el acoso disminuyó.

---

1. *Chink* es una palabra ofensiva utilizada para designar a las personas de origen chino o para insultar a las que poseen rasgos asiáticos. También significa «persona que tiene los ojos cerrados».

La familia de Bays era muy pobre. Tenía cinco hermanos y su padre, predicador, trabajaba de forma itinerante. Vivía en la boca de un pequeño valle protegido, conocido como *holler*, en una casa destartalada con retretes de pozo en la parte trasera. Nada de lo que había experimentado hasta ese momento le había preparado para conocer a alguien como Huang, y solo podía preguntarse por las circunstancias que habían llevado a este niño precoz y sin supervisión a un lugar remoto de los Apalaches del condado de Clay (Kentucky) uno de los condados más pobres del país.

HUANG ERA EL MEDIANO DE TRES HERMANOS y había nacido en Taipéi (Taiwán) en febrero de 1963. Su padre era ingeniero químico y su madre había dado clases en el colegio de primaria. Los padres de Huang procedían de la ciudad de Tainan, en la costa suroeste. Su idioma nativo era el hokkien taiwanés, pero habían vivido la mayor parte de sus vidas bajo dominio extranjero. Taiwán fue colonia japonesa hasta 1945; en 1949, el general chino Chiang Kai-shek, después de perder el continente frente a Mao Tse-Tung, huyó a Taiwán con su ejército y no tardó mucho en implantar la ley marcial en la isla.

Cuando Huang tenía cinco años, su padre, Shing Tai, encontró trabajo en una refinería de petróleo en Tailandia y trasladó a la familia a Bangkok. Huang tiene recuerdos borrosos del sudeste asiático. Recordó haber vertido líquido para encendedores sobre la piscina de la casa familiar y haberle prendido fuego, y a un mono mascota que pertenecía a un amigo. A finales de la década de 1960, el padre de Huang visitó Manhattan de camino a su formación en el gigante del aire acondicionado Carrier, que estaba transformando la vida en la oficina con un control preciso del clima. Quedó maravillado con la ciudad de Nueva York y regresó decidido a trasladar a su familia a Estados Unidos.

Para preparar la mudanza, la madre de Huang, Chai Shiu, empezó a enseñar inglés a los chicos. Ella no hablaba inglés, pero eso solo era un obstáculo menor. Basándose en su experiencia como maestra de escuela, cada noche hacía que sus hijos memorizaran diez palabras nuevas seleccionadas al azar del diccionario y al día siguiente las repasaban. Al cabo de un año, matriculó a los tres niños en una academia internacional, y Huang comenzó la educación formal en inglés mientras seguía hablando taiwanés con sus padres.

Los planes de la familia para mudarse se aceleraron en 1973, cuando Tailandia se vio asolada por la agitación política. En octubre de ese año, medio millón de manifestantes tomaron las calles de Bangkok exigiendo la disolución de la dictadura militar del país. El gobierno respondió con la fuerza y Huang recuerda haber visto tanques pasando por la calle. Por temor a más agitación, el padre de Jensen los envió a él y a Jeff a Tacoma (Washington) a vivir con un tío. Los padres de Jensen y su hermano pequeño se quedaron. El tío decidió que los chicos debían ir a un internado y buscó una institución dispuesta a alojar a dos niños taiwaneses de diez y doce años no acompañados que vivían a miles de kilómetros de sus padres. Eligió el Oneida Baptist Institute de Kentucky, quizá confundiéndolo con una prestigiosa escuela preparatoria para la universidad.

De hecho, OBI era una academia de rehabilitación para menores situada en un pueblo de trescientos habitantes. El instituto había sido fundado en 1899 por James Anderson Burns, un predicador baptista que buscaba poner fin a una letal y larga disputa familiar (a Burns se le ocurrió la idea de la escuela después de que lo golpearan en la cabeza con un rifle y lo dejaran en una zanja para que muriera). En la década de 1970, a pesar de acoger a algunos estudiantes internacionales, la OBI era principalmente conocida como una institución de última oportunidad.

A su llegada, los hermanos encontraron los jardines de las instalaciones llenos de colillas. «Todos los estudiantes fumaban, y creo que yo era el único chico del colegio que no llevaba navaja», me contó Huang. A Jensen, de diez años, le pusieron un compañero de habitación de diecisiete; en su primera noche juntos, el mayor se levantó la camisa para enseñarle a Jensen los numerosos lugares donde le habían apuñalado en una pelea reciente. El compañero de habitación de Huang era analfabeto y, a cambio de enseñarle a leer, «me enseñó a hacer *press* de banca. Acabé haciendo cien flexiones cada noche antes de acostarme». Huang seguiría una rutina diaria de flexiones el resto de su vida.

Los hermanos Huang cambiaron sus nombres al estilo anglófono para encajar. Jen-Chieh se convirtió en «Jeff» y Jen-Hsun en «Jensen» (su hermano menor, Jen-Che, se convertiría más tarde en «Jim»). Jeff y Jensen se mantuvieron en contacto con sus padres en Tailandia enviando cintas de casete por correo internacional. Con cada casete, primero escuchaban el mensaje de sus padres y luego grababan el suyo encima. Jensen solo recordaba nostalgias ocasionales. Para él, todo era como una gran aventura.

Durante el verano, se esperaba que los estudiantes de OBI se ganaran el sustento con trabajos manuales. A Jeff lo enviaron a una plantación de tabaco; a Jensen lo dejaron para limpiar los retretes de los dormitorios. «No era un castigo», dijo Huang. «Era mi trabajo». Otra de las tareas de Huang era cortar la maleza de los jardines de la escuela con una guadaña. Bays recordaba haberse cruzado con él de camino a la iglesia. «Íbamos conduciendo por el campo y él estaba corriendo en círculos, llevaba una camisa de béisbol y cortaba las malas hierbas», dijo.

Al final de su año en Oneida Elementary, Huang casi había conquistado el colegio. Era el mejor alumno de su clase, por lo que recibió un dólar de plata en una asamblea escolar. Se había enfrentado a los racistas y a los insultadores, incluido, al menos en un caso, un profesor. Cuando sonaba el último timbre de la escuela, Huang tomaba el mando y corría delante de sus compañeros hacia bosques de nogales y robles mientras le perseguían, de forma amistosa, los camorristas del condado de Clay, con el suave barro de los Apalaches bajo los pies.

HUANG PASÓ EL VERANO de 1974 viviendo en la residencia. Todas las semanas esperaba con ilusión ver la película de los domingos por la noche de la ABC con los otros que quedaban. Cuando se acercaba el otoño, comía manzanas frescas del árbol que había fuera junto a su ventana. Empezó séptimo curso en la OBI, mientras Bays seguía en la escuela pública. Huang, que contaba con la protección de su compañero de habitación, curtido en mil batallas, tuvo pocos problemas para adaptarse. Un año después, el padre de Huang encontró trabajo en Estados Unidos y los hermanos abandonaron Kentucky para reunirse con su familia en Oregón. Bays y Huang no volverían a verse durante cuarenta y cuatro años.

Mientras tanto, Bays se convirtió en administrador de una residencia de ancianos y Huang se convirtió en una de las personas más ricas del mundo. A Bays no le sorprendió; me contó que ya de niño creía que Huang estaba destinado a la gloria.

Ambos se reencontraron en 2019, cuando Huang regresó a OBI para donar un edificio a la escuela. «Nunca me había olvidado», dijo Bays.

Para muchos niños, los dos años en Kentucky habrían sido traumáticos. A los diez años, Huang había sido enviado a catorce mil kilómetros de sus padres, a un país extranjero donde apenas hablaba el idioma. Le acosaron, aislaron, obligaron a compartir habitación con un navajero y le encargaron que limpiara los retretes. ¿Qué decía de él que prosperara en ese entorno? «Entonces no había un consejero con quien hablar», me dijo Huang. «En aquel momento tenías que endurecerte y seguir adelante».

Puede que el tiempo haya suavizado los recuerdos de Huang sobre OBI. Cuando donó el edificio, en 2019, habló con cariño de la pasarela peatonal (ahora desaparecida) que cruzaba todos los días de camino a la escuela; se olvidó mencionar que los otros alumnos intentaban tirarlo. Cuando le pregunté por las tareas de la escuela, me dijo que le enseñaron el valor del trabajo duro. «Por supuesto, si me lo hubieras preguntado en aquel momento, probablemente te habría dado una respuesta diferente», me dijo. En 2020, le pidieron a Huang que pronunciara un mensaje inaugural a distancia para los estudiantes de OBI. En su discurso, dijo que su paso por la escuela había sido una de las mejores cosas que le habían pasado.

En 1976, Huang se matriculó en el Aloha High School, en las afueras de Portland (Oregón). Llevaba vaqueros, terciopelo y se peinaba el pelo con forma de casco de moto. Siguió destacando académicamente y su inglés mejoró con rapidez. Aloha era un lugar acogedor, y pronto formó un grupo muy unido con algunos de sus compañeros empollones. «Éramos tres o cuatro y todos estábamos en los mismos clubes: matemáticas, ciencias e informática», me contó Huang. «Ya sabes, ¡los chicos populares! No tenía novia».

El club de informática era especialmente interesante. En 1977, el instituto compró un Apple II, uno de los primeros ordenadores personales fabricados en serie. Huang quedó cautivado por la máquina, la utilizó para disparar a los Klingons en una cuadrícula de texto en el primitivo juego *Super Star Trek* y para programar su propia versión de *Snake* (*La serpiente*) en Basic.

Su otro interés extracurricular era el tenis de mesa. En OBI, Huang había dominado la mesa de ping-pong de la sala de recreo, pero no se tomó el deporte en serio. En el instituto empezó a competir. Su mentor fue Lou Bochenski, el propietario del Paddle Palace, un club de tenis de mesa situado en un salón de baile Elks Lodge transformado. La hija de Bochenski, Judy, había visitado Pekín en 1971, una de las afortunadas invitadas al intercambio «diplomático de ping-pong». Pero Huang nunca había jugado en Asia y utilizaba el agarre clásico.

Huang pasó todo un verano dedicado a practicar. Bochenski quedó tan impresionado que escribió una carta a *Sports Illustrated* donde decía que Huang era «el jugador júnior de tenis de mesa más prometedor del noroeste», a pesar de que solo llevaba tres meses compitiendo. El golpe característico de Huang era su rizo de derecha con efecto, con el que derrotaba a muchos jugadores de mayor nivel, a veces zambulléndose bajo la mesa para devolver golpes que parecían irrecuperables. Al cabo de un año, Huang había alcanzado la clasificación nacional y jugaba la final del campeonato de dobles para menores de dieciséis años en Las Vegas. «Aprendió a jugar al tenis de mesa más rápido que nadie que yo haya visto», dice Joe Romanosky, un amigo del Paddle Palace.

Huang era atlético y tenía buenos reflejos, pero su cualidad única era su concentración excepcional. Cuando se concentraba en mejorar, el resto del mundo se desvanecía. Superaba a todo el mundo; no parecía frustrarse ni estancarse; nunca se estancaba. Por el contrario, Huang observaba, con moderada satisfacción, cómo su paciente dedicación a los fundamentos se manifestaba poco a poco en forma de destreza.

Huang pasaba casi todo el tiempo en el Paddle Palace. Cuando no estaba practicando, trabajaba allí, fregando el suelo por las noches para ganar dinero para las inscripciones de los torneos. Bochenski le dio una llave y, a veces, en lugar de volver a casa de sus padres, Huang dormía en el salón de baile. Las mesas estaban dispuestas en un entorno opulento, con lámparas de araña en lo alto, suelos de madera y bancos acolchados en las paredes. Una fotografía de esta época muestra a Huang, de unos quince años, con pantalones cortos de gimnasia de corte alto de la década de 1970 y calcetines tubulares de rayas. De pie, concentrado en la mesa, un tipo pequeño con corte de pelo tazón golpea la pelota con una expresión de intensidad competitiva. «Era un jugador muy agresivo, siempre a la ofensiva», me dijo Romanosky.

Cuando se acercaba la graduación, Huang consiguió trabajo en Denny's. La cadena nacional de restaurantes era conocida en esa época por su café amargo, sus huevos en polvo reconstituidos, sus hamburguesas de salchicha recalentadas y su horario ininterrumpido. A Huang le encantaba el sitio. Empezó como friegaplatos y ascendió a camarero. «Creo que pienso mejor cuando hay dificultades. Cuando el mundo se desmorona, creo que mi ritmo cardíaco baja», me dijo más tarde. «Quizá sea por Denny's. Como camarero, tienes que lidiar con la hora punta. Cualquiera que haya tenido que lidiar con la hora punta en un restaurante sabe de lo que estoy hablando».

Denny's le dio a Huang un curso intensivo de cocina americana. Allí comió su primera hamburguesa con bacon y queso, su primera salchicha envuelta en hojaldre y su primer filete de pollo frito. Se comió el menú metódicamente; su plato favorito era el «Super Bird», un sándwich con pan de masa madre a la plancha relleno de pechuga de pavo, beicon, tomate y queso. Para un inmigrante que se estaba adaptando a la cultura de un país nuevo, atiborrarse de bazofia de restaurante no podía ser más americano.

HUANG SACÓ NOTAS SOBRESALIENTES e ingresó en la National Honor Society. El deseo de logros procedía de algún lugar en su interior; Huang me dijo que sus padres no eran «padres tigre» y que no le habían presionado académicamente. «En realidad, mis dos hermanos eran pésimos estudiantes», me dijo, aunque rápidamente añadió que ambos eran muy brillantes. Cuando le pregunté a Huang por qué él, el mediano, era el único motivado para rendir bien en la escuela, se encogió de hombros. «No tengo una respuesta para ti», dijo. «Intento no analizarme de esa manera».

Cuando se graduó en el instituto, Huang se había saltado un curso, era un atleta que competía a nivel nacional y tenía un promedio de notas casi perfecto. Sin embargo, optó por no participar en la carrera universitaria y se matriculó en la cercana Oregon State University. Huang me contó que no pensó mucho su decisión y que sus padres no le presionaron para que fuera a otro sitio. Su compañero de instituto Dean Verheiden estudiaba en la Oregon State University por tradición académica y Huang decidió ir también. «Simplemente seguí a mi mejor amigo», me dijo. Otros tenían una interpretación diferente. Huang, que entonces tenía diecisiete años, había vivido en tres países y asistido al menos a cinco colegios e institutos distintos. En aquel momento, la OSU tenía una tasa de aceptación superior al 70 % y no era el centro de formación público mejor clasificado de Oregón, pero el campus estaba a noventa minutos en coche de la casa de sus padres. «Podría haber ido a cualquier parte: a la Ivy League, Stanford, la Costa Este, cualquiera», me dijo un viejo amigo. «Fue a la OSU porque quería estar cerca de casa».

Huang se matriculó en 1980. Por aquel entonces, la Oregon State no ofrecía una titulación específica en informática, así que Huang se especializó en ingeniería eléctrica. Su secuencia introductoria en este campo determinó gran parte del curso del resto de su vida. Aprendió a diseñar circuitos, algo que hizo el resto de su carrera. Y conoció a su futura esposa.

Lori Mills era una estudiante novata y formal de dieciocho años de la Oregon State con gafas y pelo castaño rizado. Su personalidad era amable y despreocupada, pero ansiaba una estructura y vivía su vida de acuerdo con un calendario fijo de responsabilidades: carrera a los veintidós, matrimonio a los veinticinco, hijos a los treinta. Durante la primera semana de clase, fue asignada al azar como compañera de laboratorio de Huang. «Había unos doscientos cincuenta chicos en ingeniería eléctrica, y quizá tres chicas», me dijo Huang. «Ella era la más guapa». Entre los estudiantes masculinos empezó una competición por la atención de Mills, y Huang se sintió en desventaja. «Era el más joven de la clase», me dijo. «Parecía que tenía doce años».

Como no le gustaban sus posibilidades usando el flirteo convencional, Huang adoptó un enfoque diferente. «Intenté impresionarla, no con mi aspecto, por supuesto, sino con mi gran capacidad para hacer los deberes», me dijo. Todos los fines de semana, Huang llamaba a Mills y le insistía para que hiciera los deberes con él. Y se le daban bien los deberes, lo que a veces llamaba su «superpoder». Lori aceptó y se convirtieron en compañeros de estudio.

En sus estudios de laboratorio, Jensen y Lori se encorvaban sobre una rejilla de plástico rectangular conocida como placa de pruebas, cableando componentes para construir amplificadores y máquinas de sumar. El trabajo era delicado y meticuloso e implicaba un grado considerable de contacto directo. El flujo de electricidad se iniciaba en una fuente de energía, pasaba por varios componentes y volvía a la fuente de la que había partido. Los circuitos primitivos podían alimentar bombillas o relojes digitales. Los circuitos más avanzados aprovechaban un componente especial llamado «transistor», que podía actuar como un interruptor digital. Combinando transistores se podía crear una «puerta lógica» y combinando puertas lógicas se podían realizar cálculos rudimentarios: uno más cero, por ejemplo, o uno más uno. Y encadenando estas máquinas de sumar sencillas se podían hacer cálculos matemáticos complejos. El paso final siempre era cerrar el circuito y crear un bucle para que fluyera la electricidad. Al cabo de seis meses, Huang le pidió a Mills una cita formal, ella dijo que sí y, desde entonces, se separaron muy pocas veces.

Huang terminó sus estudios antes de tiempo y se graduó con los máximos honores. Coincidió con la revolución del silicio de la década de 1980. Los estudiantes podían utilizar placas de pruebas, pero el medio preferido para los circuitos lógicos comerciales era un cristal de silicio tratado y conocido como un «semiconductor». Los técnicos «imprimían» circuitos lógicos en discos de silicio mediante luz ultravioleta concentrada y luego los cortaban en pequeños cuadrados llamados «microprocesadores». Como todos los componentes eléctricos de un procesador estaban fijos en su lugar, a veces los microprocesadores también se llamaban «circuitos integrados».

La locura de los ordenadores personales de la década de 1980 creó una gran demanda de microprocesadores. Y por eso también lo hizo la popularidad de dispositivos digitales. Los microprocesadores se colocaban en coches, reproductores de CD, juguetes infantiles, hornos microondas y cualquier otro objeto útil que se le ocurra. Con el tiempo, se convertirían en cargadores de alimentación eléctrica, frigoríficos, tarjetas de crédito y cepillos de dientes eléctricos. Esto significaba que la oferta de diseñadores de circuitos cualificados era limitada (sigue siéndolo hoy en día). A punto de graduarse, Jensen encontró trabajo en la capital mundial del microprocesador: Silicon Valley.

DOS

Integración a gran escala

El amanecer despuntaba en un desolado tramo de carretera de montaña cerca de la frontera entre California y Oregón justo antes del día de Navidad de 1984. Los árboles proyectaban sombras hacia el oeste sobre el asfalto y a través del inclinado capó del llamativo vehículo que avanzaba a toda velocidad por la carretera. El Toyota Supra era un deportivo de dos puertas con un estilo anguloso y un motor de seis cilindros en línea. De frente, con los faros abiertos, el coche parecía una simpática raza de androide. Jensen iba al volante, tomó una curva y luego aceleró por la carretera desierta.

Casi con toda seguridad, debía sentirse satisfecho. En el asiento del copiloto iba su novia, ahora prometida, Lori Mills. Jensen se había declarado la noche anterior, en la magnífica fiesta de Navidad de la oficina organizada por Advanced Micro Devices, el fabricante de microprocesadores donde trabajaba. Había empezado a trabajar en AMD con veinte años, cuando aún no tenía edad para beber, y consiguió un sueldo inicial de 28.700 dólares, una cifra tan impresionante que podía recitarla de memoria cuarenta años después. Jensen vivía con frugalidad y un año después había ahorrado lo suficiente para comprar el coche y un anillo de compromiso.

La fiesta de AMD era el lugar natural para declararse. La fiesta de las vacaciones de Navidad era una de las más extravagantes de Silicon Valley. AMD alquilaba el Moscone Convention Center de San Francisco y obsequiaba a los afortunados empleados con bebidas gratis y música de grupos muy conocidos. Ese año, el grupo de rock Chicago agasajó a los ingenieros reunidos con versiones bailables de *Saturday in the Park* y *25 or*

6 to 4. Cuando Jensen se incorporó a AMD, las compañías estadounidenses más valiosas eran las empresas industriales de la vieja escuela, como DuPont y General Electric. Cuando su generación de empresarios hubiera terminado, estos conglomerados industriales estarían destripados y las tecnológicas dominarían el mercado bursátil.

Por supuesto, Lori aceptó la propuesta. Incluso para los estándares de la época, se habían comprometido muy jóvenes. Jensen solo tenía veintiún años, Lori veintidós y aún no se había graduado en la universidad. Pero ambos se sentían cómodos en la vida doméstica y, con el tiempo, su matrimonio se convertiría en la envidia de su entorno social. Después de declararse, Jensen propuso llevar a Lori a casa para contarles a sus padres la feliz noticia en persona. Era muy amigo de la familia Mills, sobre todo del padre de Lori, un afable patriarca completamente estadounidense que se parecía al actor Jimmy Stewart tanto en su comportamiento como en su aspecto. La familia Mills, por su parte, adoraba a Jensen y creía que su hija, incluso a su corta edad, no podría haberlo hecho mejor. Los amigos de la pareja bromeaban diciendo que Jensen se llevaba mejor con los padres de Lori que con los suyos.

Pero, aunque Huang era formal y prodigiosamente maduro, de vez en cuando tenía ideas que solo se le ocurrirían a un veinteañero, como embarcarse en un viaje de nueve horas en un deportivo por carreteras de montaña nevadas en mitad de la noche después de una fiesta de Navidad de la oficina con alcohol incluido. Cuando salió el sol, Jensen y Lori llevaban más de cinco horas en la carretera. La región por la que viajaban era austera y estaba despoblada, y los antepasados de algunos de los que vivían allí eran los integrantes de la primera oleada de buscadores de fortuna de California que habían excavado en las colinas circundantes en busca de oro. Fue en el cementerio de estas minas en ruinas donde Jensen chocó con la capa transparente de hielo negro que cubría la autopista y que hizo que el Supra derrapara sin remedio. Los neumáticos giraron descontrolados y el vehículo se desvió hacia el arcén antes de salirse de la carretera.

Jensen y Lori estuvieron un momento cabeza abajo. Luego, el coche chocó contra el suelo con un terrible crujido antes de detenerse, desprendiendo por el camino parte de sus lujosos adornos. El Supra quedó destrozado y la pareja atrapada en su interior. Lori, que llevaba su nuevo anillo de compromiso, estaba prácticamente ilesa. Jensen sangraba y tenía el cuello muy torcido.

Estaba amaneciendo, pero la temperatura era gélida y el momento más frío del día. Cuando finalmente llegaron los rescatistas, tuvieron que sacar a la pareja del coche. Jensen necesitó puntos de sutura en varios sitios y tuvo que llevar un collarín durante varios meses. Cuando le pregunté por el incidente años más tarde, expresó sobre todo su pesar por el Supra. «Un coche increíble», dijo.

Con el tiempo, Huang se recuperó y no afectó al compromiso, o tal vez incluso fue más fuerte, por la angustia de la experiencia compartida. Cuando Lori terminó los estudios, Jensen volvió al trabajo. En AMD esbozaba diseños de microprocesadores en papel. Cada hoja representaba una capa distinta del procesador, con transistores en la parte inferior y varias interconexiones en la superior. Cuando terminaba una capa, la llevaba al fondo de la oficina para realizarla, donde se transfería a una hoja transparente de papel celofán de color. Esas hojas de celofán se utilizaban para hacer plantillas llamadas «máscaras fotográficas», que luego se enviaban a un taller de fabricación.

Por alguna razón, todos los trabajadores de máscaras fotográficas de AMD eran mujeres chinas. Se sentaban en los puestos de trabajo y colocaban las plantillas de colores en patrones precisos. Las mujeres no hablaban mucho inglés y Huang, que había crecido hablando el dialecto taiwanés hokkien en casa, no hablaba mandarín. Los dos idiomas son tan diferentes como el alemán y el inglés, pero, poco a poco, en conversaciones con el equipo de máscaras fotográficas, Huang empezó a aprender mandarín, la forma de chino más hablada. «Solo fonéticamente, en conversaciones habituales», me dijo. Las mujeres le recordaban a su madre.

Huang pasó dos años en AMD, una época que recuerda con cariño. Adquirió algunas acciones de AMD a través de un programa de compra de acciones para empleados y las conservó, con ironía creciente, durante el resto de su carrera. Pero, en 1985, un compañero de trabajo le convenció para que dejara AMD por LSI Logic, una innovadora empresa de Silicon Valley que desarrolló las primeras herramientas de diseño de software para arquitectos de procesadores. A mediados de la década de 1980, los ingenieros ya colocaban cientos de miles de transistores en un solo procesador, superando los límites del diseño en papel. La analogía más cercana era cubrir una pista de tenis con un laberinto hecho de mechones de pelo humano.

El proceso «integración a gran escala» de LSI automatizó el diseño de bloques de circuitos de bajo nivel del diseño de circuitos, liberando a los ingenieros para centrarse en la arquitectura de alto nivel. Con el tiempo, estas herramientas de diseño automatizado evolucionaron hacia la insondablemente compleja «integración a muy gran escala» o VLSI, que sigue siendo el punto de entrada para la mayoría de los ingenieros modernos. Con la VLSI se ampliaba tanto la escala que se olvidaba la existencia del transistor individual. Con el paso del tiempo, solo Jensen y unos pocos «ancianos» más recordarían el microprocesador artesanal.

Lori se licenció en 1985 y encontró trabajo en Silicon Graphics, un fabricante de costosas estaciones de trabajo de gráficos 3D. SGI, como lo llamaba todo el mundo, era el otro lugar para trabajar en Silicon Valley en aquella época, y al principio Lori ganaba más dinero que Jensen. Al igual que AMD, SGI estaba situada cerca de la US 101, una estrecha franja de autopista que abarcaba los veinticinco kilómetros que separaban el centro de San José del campus de Stanford en Palo Alto. Conduciendo por esta autopista, se pueden leer señales de salida que dirigen a los municipios de extrarradio, por lo demás poco memorables, de Cupertino, Santa Clara, Milpitas y Mountain View, que albergan, respectivamente, a Apple, Intel, Cisco y Silicon Graphics. El talento estaba muy concentrado en esta zona, y ningún lugar del mundo había generado nunca tanta riqueza por metro cuadrado. Huang estaba ligado al lugar como si estuviera atado, y pasaría el resto de su carrera trabajando en un radio de ocho kilómetros.

Aunque los nombres de las ciudades eran reconocibles, la mayor parte de la arquitectura no lo era. El *glamour* de Manhattan que había encandilado al padre de Huang no se encontraba en Silicon Valley. Las calles no estaban flanqueadas por rascacielos ni efervescencia de peatones. En su lugar, había una anodina colección de edificios modernos de media altura, rodeados de aparcamientos, centros comerciales y hoteles de negocios de larga estancia, y atravesados por autopistas en una depresión geográfica en el extremo sur de la bahía. Detrás de los cristales tintados se encontraban algunas de las mentes más brillantes de la ingeniería, pero desde el exterior el único signo de actividad era el tráfico. Los edificios eran igual de aburridos por dentro. Las oficinas climatizadas de la década de 1980 tenían toscos monitores de rayos catódicos, moquetas monótonas, luces fluorescentes que emitían un zumbido y falsos techos para ocultar los conductos. La distribución preferida era la «oficina de acción» de planta abierta, con disposiciones destacadas reconfigurables de cubículos de distintas alturas. En LSI Logic, los diseñadores habían optado por una cuadrícula de cubículos bajos que los empleados llamaban «el foso». Huang llegó allí en 1985. Llevaba gafas grandes, un reloj de buen gusto y camisas abotonadas con pantalones de vestir, pero todavía conservaba el pelo un poco largo. Para él, el foso era el paraíso. No parecía haber ningún lugar en el mundo en el que prefiriera estar.

Al igual que había hecho en el tenis de mesa, Huang se distinguió rápidamente en LSI por su ética de trabajo surrealista. Uno de los colegas en el foso con Huang era Jens Horstmann, otro ingeniero eléctrico que había llegado a LSI procedente de Alemania como parte de un programa de mentoría de seis meses y nunca se había ido. Horstmann y Huang eran inmigrantes, tenían más o menos la misma edad e incluso las mismas iniciales. Compartían la disposición a sacrificar su vida personal y su cordura para resolver una serie interminable de difíciles problemas técnicos. «Los fines de semana no existían», me dijo Horstmann. «Llegábamos a las siete de la mañana y nuestras novias nos llamaban a las nueve de la noche para preguntarnos cuándo íbamos a volver a casa».

Con el tiempo, Horstmann se convirtió en el amigo más íntimo de Huang. Horstmann era carismático, extrovertido, divertido y, en su vida personal, un poco más imprudente que Huang, con un abanico de intereses y una esfera social más amplios. Sin embargo, en el trabajo Huang era el que asumía más riesgos. Con la dedicación que le caracterizaba, Huang había dominado un programa informático conocido como *Simulation Program with Integrated Circuit Emphasis* (SPICE). Mediante una línea de comandos, Huang introducía una lista ordenada de componentes del circuito y recibía una tabla de texto con datos de voltaje. El primitivo software SPICE se consideraba a menudo una herramienta de enseñanza académica, pero Huang lo utilizó para llevar las capacidades de los circuitos más allá de lo que nadie creía posible.

Cuando los clientes de LSI querían funciones nuevas, la mayoría de los diseñadores se limitaban a responder: «No se puede». Huang respondía: «A ver qué puedo hacer».

Huang se pasaba horas manipulando el simulador, intentando organizar la lista de componentes para hacer posible lo que quería el cliente. Era un trabajo minucioso, sin la ayuda de interfaces gráficas de usuario ni monitores en color. Su concentración era admirable, pero Horstmann conocía a muchos ingenieros que podían llegar a estar igual de absortos en problemas técnicos; lo que diferenciaba a Huang era su capacidad para evitar los callejones sin salida. «Las personas parecidas se pierden, ¿verdad?», me dijo Horstmann. «Se pierden en esos profundos callejones sin salida. Él no. Tiene una gran capacidad para ver cuándo un problema ha alcanzado un cierto nivel de complejidad, no puede progresar con facilidad y tiene que ir en otra dirección».

Los clientes más exigentes de LSI eran los diseñadores gráficos por ordenador, tenían un apetito insaciable por un silicio más rápido. Para servirles, Horstmann, animado por Huang, empezó a firmar contratos para entregar productos que, internamente, ninguno de los dos sabía si LSI podría fabricar en la realidad. Los ingenieros más veteranos les aconsejaron que fueran más prudentes. «¿Sabéis lo que estáis haciendo?», les decían. Si esto falla, puede ser el fin de vuestra carrera. «Era cierto, pero eso nunca nos preocupó», me dijo Horstmann.

Al final, se entregó casi todo lo que prometieron Horstmann y Huang. La recompensa por resolver estos difíciles retos técnicos eran nuevos retos técnicos aún más difíciles. A Huang le encantaba la curva de dificultad; disfrutaba subiendo de nivel de esta forma. «Era capaz de hacer 1 + 1 = 3», me dijo Horstmann. «Con esto quiero decir que no solo trabajábamos para nuestros clientes, sino que convertíamos esos pedidos en herramientas y esas herramientas en metodologías». «La mayoría de los ingenieros no podían hacer esto», me dijo Horstmann, «la mayoría de los ingenieros ni siquiera podían hacer 1 + 1 = 2. Tenías suerte si conseguías uno y medio», me dijo.

En su grupo de amigos, Jensen y Lori eran los responsables. Fueron los primeros en casarse y los primeros en comprar una casa. En 1988 se mudaron a una casa en serie de dos plantas y cuatro dormitorios en la zona este de San José, con un garaje en la parte delantera y un patio trasero donde Jensen podía hacer barbacoas. Tenían trabajos estables y bien remunerados en empresas respetables y maximizaban diligentemente las aportaciones a sus cuentas de jubilación con impuestos diferidos. Adoptaron un perro llamado Sushi y lo mimaron con afecto incondicional. Sushi les devolvió el afecto, apartando cosas a empujones con su entusiasta movimiento de cola.

Horstmann admiraba la relación de Jensen y la vida ordenada que llevaba. También admiraba a Lori, que era una ingeniera con talento. Horstmann recordaba haber hablado con ella de un problema técnico en el que estaba trabajando: el microprocesador de un cliente, integrado en un satélite orbital, funcionaba mal debido a interferencias de rayos cósmicos. Lori había trabajado en un problema similar, que no solo requería conocimientos prácticos de ingeniería eléctrica, sino también de física de partículas. «Era increíble lo profundo y estructurado que era su pensamiento», me dijo Horstmann.

El inconveniente de este enfoque estructurado era que los Huang eran... bueno, eran un poco cuadriculados. Trabajaban constantemente, viajaban poco y apenas socializaban fuera de la industria de los semiconductores. Horstmann recuerda que presentó a Huang a un amigo que regentaba una microcervecería artesanal, una profesión poco habitual en la década de 1980. «Jensen se preguntaba: "¿Cómo conoces a esta persona? ¿Cómo es posible?"», me contó Horstmann. Huang no parecía tener un solo amigo que no trabajara en tecnología.

Huang ascendió varias veces en LSI. También empezó a ir a clases nocturnas en Stanford para obtener un máster en ingeniería eléctrica, pero estaba tan ocupado en el trabajo que tardó ocho años en terminarlo. Huang, que ahora conducía un sensato utilitario, oscilaba entre sus estudios en el oeste del Valle, su casa en el este y su trabajo en el medio, viajando arriba y abajo por la 101 durante años. Cuando por fin obtuvo el título en 1992, gran parte de lo que había aprendido en su secuencia introductoria estaba obsoleto.

Gracias a su trabajo en LSI, Huang conoció a Chris Malachowsky y Curtis Priem, diseñadores de procesadores que trabajaban para Sun Microsystems. Sun, como SGI, fabricaba ordenadores estaciones de trabajo de gama alta para usuarios avanzados, y Priem y Malachowsky eran clientes difíciles que pedían funciones que los vendedores normales no podían ofrecer o ni siquiera entender. «LSI rebuscó en las entrañas de la empresa para encontrar a la persona más técnica orientada al exterior que pudieran asignarnos», me dijo Malachowsky. «Ese era Jensen».

Malachowsky, Priem y Huang formaban un buen equipo. Priem era el arquitecto que pensaba en circuitos y trazaba mentalmente el camino de la electricidad a través de las máquinas de sumar. Malachowsky era el mecánico, aficionado a los coches y los aviones ligeros, podía construir cualquier cosa que Priem pudiera soñar. Huang era el responsable de logística, encargado de la producción de herramientas en LSI para fabricar sus diseños en serie. De los tres, Priem era el más extraño. La combinación de su cara de cerebrito con su mente brillante era una delicia para los fisonomistas. La frente de Priem era enorme, casi alargada, tenía las cejas arqueadas y sus ojos, estrechos y entrecerrados, recorrían la sala mientras hablaba. Hablaba en un monólogo técnico continuo, como un guía turístico, guiando al oyente a través de la arquitectura de los circuitos y haciendo pausas, aquí y allá, para destacar las características importantes. A menudo, el mapa conceptual de lo que Priem estaba describiendo solo existía en su cabeza, pero rara vez parecía darse cuenta, o preocuparse, de si su audiencia podía seguir lo que estaba diciendo.

Priem había llegado a la ingeniería por un camino indirecto. Había crecido en la periferia de Cleveland (Ohio), donde el sueño de su madre era que tocara el violonchelo en una orquesta sinfónica profesional. Priem había perseguido esta ambición hasta el instituto, cuando, en una visita a un campamento de música en Carolina del Norte, se sentó en la última silla de la segunda orquesta. «Me di cuenta de que me esperaba un futuro como profesor de música en un instituto», me dijo Priem. Abandonó el violonchelo y se dedicó a la informática. Se graduó en el Rensselaer Polytechnic Institute, al norte del estado de Nueva York, antes de acabar en Silicon Valley, donde sus excentricidades se consideraron aceptables, al menos durante un tiempo.

Malachowsky era un tipo más práctico; de los tres cofundadores de Nvidia, era el único en el que confiaría para blandir un martillo. Era corpulento, de hombros anchos, manos grandes y tenía un amable rostro ancho. Mientras crecía en Nueva Jersey, Malachowsky se describía a sí mismo como un «pelilargo» al que le gustaba beber cerveza y hacer el tonto con sus amigos. Aunque adoptó un corte de pelo respetable a finales de la década de 1970, conservaba una actitud brusca e irreverente y no era de risa fácil. Para Malachowsky, los ordenadores no eran abstracciones elevadas, sino máquinas tangibles basadas en la realidad física. Priem construyó su propio simulador de vuelo y Malachowsky pilotó su propio avión.

Huang, algunos años más joven y técnicamente un proveedor externo, actuaba más como gerente de los otros dos hombres, trabajando con la planta de fabricación de LSI para garantizar la entrega puntual de un producto de alta calidad. Los tres recuerdan lo bien que se desenvolvían en sus ámbitos de responsabilidad preferidos. «No nos pisábamos nunca», me dijo Malachowsky. Este inusual acuerdo solo fue posible porque Priem y Malachowsky confiaban en Huang; de hecho, confiaban más en él que en sus jefes reales. «En Sun había una política increíble», me dijo Priem.

Huang evitaba el dramatismo y predicaba con el ejemplo, esforzándose al máximo, evitando los cotilleos y repartiendo cuidadosamente el mérito por el trabajo bien hecho. Si un producto iba a llegar tarde o si LSI no podía cumplir alguna función prometida, Huang proporcionaba inmediatamente una descripción detallada de lo que había ido mal, quién era el responsable y qué estaba haciendo para solucionarlo. «Cuando decía que iba a hacer algo, había una probabilidad razonable de que realmente lo hiciera, ya sabes», me dijo Malachowsky. Malachowsky se esforzó por pensar en otros responsables de producto de Silicon Valley que encajaran en esa descripción.

Si Huang tenía un defecto era su extrema franqueza, que a veces le llevaba al terreno del insulto. La brusquedad formaba parte de su encanto, por supuesto, pero podía herir los sentimientos de la gente. No tenía mucha paciencia con los que no estaban de acuerdo con él, y también parecía sorprenderse de que hubiera gente trabajando en su sector que no quisiera pasarse catorce horas al día jugando con el simulador de circuitos. Por supuesto, para los adictos al trabajo pendencieros como Priem y Malachowsky, estos rasgos no eran más que una prueba más de la aptitud de Jensen para la gestión.

La fructífera colaboración de Priem, Malachowsky y Huang dio como resultado la presentación en 1989 de Sun GX, una línea de procesadores gráficos 3D para impulsar estaciones de trabajo de científicos, animadores y modeladores de diseño asistido por ordenador. El procesador tomaba como entrada un esqueleto alámbrico de puntos en el espacio y luego «pintaba» texturas, píxel a píxel, para crear objetos giratorios construidos con poliedros en bloque. Para cualquier observador moderno, los resultados del GX parecerían torpes, pero, si se entrecerraban los ojos para ver los dieciséis colores en un monitor de tubo de rayos catódicos en 1989, tal vez podría ver el futuro de los gráficos por ordenador.

El éxito de Huang con el Sun GX llamó la atención de Wilf Corrigan, el fundador de LSI Logic. Tras su lanzamiento, Corrigan ascendió a Huang para que dirigiera una plataforma de diseño de SOC (*System On a Chip*, sistema en un procesador) que permitía a los clientes condensar múltiples funciones, como gráficos 3D, vídeo, controladores de juegos, en un solo trozo de silicio. La plataforma era popular entre los clientes y Malachowsky, que la observaba desde fuera, creía que Corrigan estaba preparando a Huang para que algún día le sustituyera como director general. «¡Dejaron que este joven de veintitantos años creara toda una división!», me dijo. «Es decir, vieron algo en él». Pero Priem y Malachowsky también vieron algo en Huang. A pesar del éxito del procesador GX, cuando los dos propusieron fabricar una versión más barata para videojuegos de PC, la dirección de Sun los rechazó (un ejecutivo arrogante les dijo que Sun suministraba a científicos, no a *gamers*). Frustrados, Malachowsky y Priem querían construir por su cuenta este procesador para videojuegos de consumo, pero ninguno de los dos se sentía cómodo gestionando un negocio, así que en 1992 los dos hombres se acercaron a Huang y le pidieron que dirigiera su empresa emergente.

Huang tenía que tomar una decisión difícil. Respetaba a Priem y a Malachowsky, pero dirigía su propia división, con un trabajo seguro y en el camino hacia la dirección de una corporación innovadora. La nueva empresa que proponían Malachowsky y Priem no tenía un plan de negocio, ni siquiera un nombre, solo un esbozo de un producto que Sun había decidido que no era lo bastante rentable como para fabricarlo. Además, aunque los dos hombres insistían en que formaban el equipo perfecto, sus compañeros de trabajo pensaban que su relación era disfuncional.

Malachowsky y Priem se peleaban continuamente. «Chris y yo nos peleábamos a gritos», me contó Priem. A veces, las peleas acababan con uno de los dos cruzando la planta de la sala de trabajo y dando un portazo en su despacho. «La gente de nuestro equipo siempre preguntaba: "¿Nos vamos a disolver?"», me dijo Priem. «Pero solo era nuestra forma de relacionarnos». Ambos hombres eran también bastante obstinados. Priem hablaba de la «función de impedancia» de Malachowsky, un término de ingeniería utilizado para describir la oposición al flujo eléctrico a través de un circuito. Cuando se lo comenté a Malachowsky, respondió: «Sí, bueno, no sé cuánto tiempo has hablado con Curtis, pero su interfaz de usuario está muy mal diseñada».

Trabajar con Priem y Malachowsky significaba comprometerse a toda una vida de portazos y bromas de ingeniería. Peor aún, las finanzas personales de Huang estaban al límite. En 1990 nació el hijo de los Huang, Spencer, seguido de su hija, Madison, en 1991 (el perro Sushi respondió a la llegada de los niños intentando robarles el chupete de la boca). El plan principal preveía que Jensen y Lori siguieran trabajando mientras pagaban la hipoteca, pero la familia no había podido encontrar una guardería fiable y Lori acabó dejando su trabajo en Silicon Graphics para criar a sus hijos. Jens Horstmann fue nombrado padrino de los dos hijos de los Huang.

Su propia esposa había abandonado la ingeniería para criar a sus hijos, al igual que la mujer de Chris Malachowsky, Tina. Horstmann me dijo que las tres mujeres eran tituladas en Ingeniería Superior. «En cuanto a mi propia familia, a veces me siento un poco culpable por haberme tomado la libertad de trabajar tan duro y haberme volcado tanto en esto», me dijo. «Es decir, probamos niñeras, probamos cosas..., pero quizá deberíamos haberlo intentado un poco más». Cuando le pregunté a Huang sobre esto, décadas después del nacimiento de sus hijos, pude ver la incomodidad en su rostro al recordar que primero le pidió a su brillante esposa que suspendiera su carrera y luego, con solo seis meses de ahorros en su cuenta bancaria, le pidió permiso para dejar su trabajo por una empresa emergente. Pero Lori le dijo que fuera a por ello. «Ella siempre creyó en mí», me dijo Huang.

EN LOS ÚLTIMOS AÑOS, Huang describiría su rápido ascenso de delineante a director general como una confluencia de casualidades. «Yo era un empleado técnico que había estudiado en una universidad pública y no era especialmente ambicioso», dijo en su discurso de apertura de OBI en 2020. «Si hubieras buscado a alguien para dirigir una empresa algún día, no creo que me hubieras elegido».

Huang gestionó el éxito de su carrera posterior con una humildad admirable, pero a veces esa humildad era exagerada. Todas las personas con las que hablé y que le conocieron en esa época de su vida coincidieron en que Huang dijo algunas mentirijillas en su discurso. Malachowsky lo recordaba como un luchador capaz y excelente con un máster en Stanford y una gran ambición evidente. «Quería dirigir algo a los treinta», me dijo Malachowsky. «Recuerdo perfectamente que cenamos en su casa y nos lo dijo».

Hans Mosesmann, un veterano analista de la industria que más tarde ayudaría a gestionar la salida a bolsa de Nvidia, recordaba una conversación con uno de los antiguos responsables de Huang en LSI al que se le había encargado una evaluación de Huang. El formulario de evaluación se parecía a un boletín de notas, pero el responsable dejó las calificaciones en blanco. Al final escribió: «Jensen es un empleado excelente. Estoy deseando trabajar con él algún día».

Horstmann recordó las fricciones que provocó Huang en LSI, donde a sus veinte y tantos años dirigía una división con 250 millones de dólares de ingresos anuales y con muchos empleados mayores y más experimentados que respondían ante él. Para mediar, Corrigan contrató a un director sénior de Intel para que gestionara la línea de productos de forma conjunta. Huang se indignó y, utilizando la palabra más soez del diccionario del ingeniero, consideró que la contratación era política. «Había creado esa división de la nada y ahora se la quitaban», dijo Horstmann. Quizá fue esta última humillación la que llevó a Huang a desertar. Si Malachowsky y Priem eran detestables, también eran brillantes, y Huang era su primera y única elección para dirigir su empresa emergente de gráficos, simplemente no confiaban en nadie más.

Pero Huang no se comprometió de inmediato. Sabía que las empresas de nueva creación eran difíciles, las de hardware lo eran aún más y las de hardware de consumo eran las más difíciles de todas. La mayoría no pasaban de la fase de prototipo, y muchas ni siquiera llegaban tan lejos. Para Huang, la toma de decisiones era un proceso clínico con poco espacio para emociones inútiles como la esperanza. Para él, los negocios no eran más que otro problema de ingeniería.

Los ingenieros trataban de descomponer problemas complejos en principios rectores sencillos que pudieran aprovecharse para lograr un efecto poderoso. Para poner en marcha una empresa emergente, primero Huang necesitaba entender esos principios. Tuvo que estudiar el mercado, la cadena de suministro, la competencia, la tecnología y la idoneidad del producto. Tuvo que organizar llamadas telefónicas de prospección con clientes, desarrolladores de juegos y expertos en gráficos por ordenador. Tuvo que examinar a fondo años de aburridos informes sobre el estado de la industria, hojear gráficos de barras, cifras de ventas y encuestas a clientes en busca de un atisbo de tendencia al alza. En otras palabras, tuvo que hacer los deberes. Y solo había un lugar donde hacerlos.

TRES

Nuevo proyecto

El legendario Denny's estaba al lado de una autopista en San José, la señal del poste brillaba como un faro en medio de un paisaje degradado de gasolineras y escaparates de envío de dinero. Los suelos enmoquetados del restaurante tenían un estampado de color malva y burdeos y, en 1993, aún se podían encontrar ceniceros en algunas mesas. Un largo mostrador de restaurante con taburetes daba a la cocina; al fondo, había una zona tranquila donde los clientes podían disfrutar durante horas de tazas de café que se rellenaban sin límite. Un cartel en el escaparate delantero anunciaba el desayuno Grand Slam, que consistía en huevos, salchichas, beicon y tortitas por 3,99 dólares. El restaurante nunca cerró.

Huang había sugerido el punto de encuentro. Estaba cerca de su casa y a veces llevaba allí a sus hijos a comer. En la zona tranquila del fondo solía haber policías tomando café y rellenando informes. En 1993, el estado de California sufría la peor oleada de crímenes de su historia, con más de cuatro mil personas asesinadas en un solo año. A pesar de su proximidad al rico Silicon Valley, la ciudad de San José no se salvó.

Huang estaba sentado en una mesa rodeado de policías, con su portátil y sus trabajos de investigación esparcidos a su alrededor. Chris Malachowsky y Curtis Priem estaban sentados con él. La cocina no les entusiasmaba especialmente y ambos abusaban principalmente de la promoción de la taza de café que se rellenaba. Huang compensó esta transgresión charlando con los camareros, pidiendo un plato de comida tras otro y dejando propinas extravagantes.

Sun Microsystems había renunciado a entrar en el mercado de consumo de hardware de videojuegos para PC. También lo había hecho Silicon Graphics, la antigua empresa de Lori, líder del sector de gráficos 3D (sus empleados estaban ocupados animando los dinosaurios CGI de *Parque Jurásico*). La falta de inversión en juegos para PC por parte de las grandes empresas creó un vacío en el mercado, que ahora una brigada de empresas de nueva creación se apresuraba a llenar.

El concepto consistía en utilizar el hardware empleado para pintar los esqueletos alámbricos de aviones a escala y dinosaurios, y reutilizarlo para crear figuras animadas controlables en juegos tridimensionales. Para ello era necesario producir en serie circuitos baratos y eficientes, así como una fina capa de software que «funcionara sobre el metal», de modo que los programadores de juegos pudieran acceder a las estructuras de computación que había debajo. El dispositivo final sería una placa de circuito periférica con un procesador gráfico en su núcleo. Para instalar la placa, los usuarios de ordenadores domésticos desatornillarían la carcasa metálica exterior del ordenador e insertarían la placa del circuito en una ranura determinada de la placa base.

El producto se conocía como «aceleradora gráfica» y al menos treinta y cinco competidores estaban intentando fabricarlo. A Huang le preocupaba que no hubiera espacio para un trigésimo sexto. El mayor experto en gráficos por ordenador era Jon Peddie, autor de varios libros de texto sobre el tema. Huang se había puesto en contacto con Peddie para hacerse una idea del mercado, y pronto ambos se hicieron amigos, Huang le estuvo llamando sin cesar y haciéndole hasta muy entrada la noche. Peddie le aconsejó a Huang que el espacio estaba demasiado saturado y que muchos de los mejores ingenieros ya trabajaban para otras empresas emergentes. «Le dije que no lo hiciera», me contó Peddie. «Fue el mejor consejo que nunca siguió».

En Denny's, Priem y Malachowsky principalmente observaban. «Yo estaba allí por la tarta», recordó Priem, «y, sinceramente, solo para observarle». El número mágico de Huang era 50 millones de dólares, era la facturación mínima anual que había determinado que tendría que producir su empresa emergente para que valiera la pena el esfuerzo. Tenía una hoja de cálculo en su portátil que contenía proyecciones de facturación para los próximos años. Huang modificaba una variable en una celda y las proyecciones caían por debajo de 50 millones de dólares. Luego volvía a modificar una variable en otra celda y las proyecciones superaban esa cifra.

Después de algunas sesiones parecidas, Huang se había convencido. Poco después, Priem, Malachowsky y Huang, todavía sin nombre para su empresa, entraron en la oficina del abogado de Palo Alto Jim Gaither, pidiendo el registro. Gaither, que una vez asistió a 129 reuniones de consejos distintas en un único año natural, era uno de los asesores más solicitados. Los tres hombres le impresionaron, especialmente Huang, que le impactó como un líder por naturaleza. «Tomé una decisión rápida, de ninguna manera se iban a marchar de nuestras oficinas sin decidir quedarse conmigo», me dijo Gaither.

Gaither habló con los fundadores de estructura corporativa y luego redactó la documentación. La empresa emergente no tenía nombre, así que como marcador de posición Gaither escribió «NV» como las siglas de *new venture* en inglés y que puede traducirse como nuevo proyecto. Fue una coincidencia sorprendente, porque Priem y Malachowsky ya llamaban a su procesador gráfico prototipo NV1, y bromeaban diciendo que al igual que el Sun GX haría que los competidores se pusieran «*green with envy*» (verdes de envidia). Priem escribió una lista de palabras que encajaban con el concepto «NV», para ello usó diccionarios de diversos idiomas, incluido el latín. De esta lista, los tres se decidieron por «Nvision», hasta que una búsqueda en el registro reveló que ese nombre ya estaba siendo utilizado por un fabricante de papel higiénico reciclado respetuoso con el medio ambiente. La siguiente selección de la lista fue «Nvidia», de la palabra latina *invidia* que significa «envidia».

Los tres hombres volvieron a Denny's para finalizar los detalles del acuerdo. Huang sería el director general de Nvidia, Priem el director técnico y Malachowsky el vicepresidente de ingeniería. Todos ellos tendrían la misma participación en las acciones de la empresa. Mientras Priem y Jensen comentaban los detalles, Malachowsky pasaba por delante de una ventana de vidrio que daba a una arteria principal. Contempló un Taco Bell y una gasolinera en decadencia iluminada por lámparas de vapor de sodio. Era una vista raquítica y anónima sin demasiado que recomendar, y su mirada vagó a la deriva hacia arriba hasta que se dio cuenta con un sobresalto de que la parte superior de la ventana por la que estaba mirando tenía agujeros de bala.

Malachowsky volvió rápidamente con sus cofundadores. «Mirad con atención esa ventana», dijo en un susurro controlado. «¡Tiene agujeros de bala! ¡Creo que las personas suben a ese paso elevado para disparar a los polis!». Priem y Huang levantaron la vista de sus documentos para mirar la prueba. Pagaron la cuenta, dejaron una propina enorme y abandonaron el restaurante por la relativa seguridad de la casa de Priem situada en una urbanización. Pasaron años hasta que alguno de ellos volvió por allí.

Por eso, la historia de que Nvidia se fundó en un Denny's agujereado por las balas no es completamente cierta, en realidad los fundadores firmaron los documentos en el adosado de Curtis Priem en San José. Sin embargo, en lo que respecta a la creación de mitos corporativos, la historia era bastante buena y, ahora, el comedor donde los tres hombres se reunían para tomar café luce una hermosa placa (si la quieren ver, la dirección es 2484 Berryessa Road en San José). La gerencia dice que hace años que nadie dispara al restaurante.

El paso final para Nvidia fue la capitalización, una formalidad que podía hacerse con una cantidad arbitraria de dinero. Al llevar la documentación firmada a la oficina de Gaither, este sugirió que Jensen simplemente le diera todo el efectivo de su cartera, que resultó ser unos 200 dólares. A cambio, Jensen recibió formalmente un tercio de las acciones de Nvidia, que con el tiempo demostraría ser una inversión respetable. La siguiente vez que vio a sus cofundadores recogió su parte del dinero, y la empresa se convirtió en una realidad. Jensen cumplió treinta años en febrero de 1993; el certificado de constitución de Nvidia se presentó en abril, unas seis semanas después. «No cumplió su plazo», me dijo Malachowsky.

La clásica empresa de Silicon Valley empieza en un garaje. Nvidia invirtió el cliché al trasladar los muebles de Priem al garaje y trabajar desde las dos habitaciones de la planta superior de su adosado situado en una urbanización (Priem se quedó con una tercera habitación para él). Aunque pasaron varios meses antes de que la empresa recibiera financiación inicial, el procesador GX había sido tan impresionante que varios empleados de Sun dejaron sus puestos para trabajar en Nvidia sin remuneración inmediata, suponiendo que sus salarios serían compensados cuando Huang reuniera fondos. «Pensábamos que éramos especiales, pero fue agradable ver que otras personas también lo pensaban», dijo Malachowsky.

No todos creían en Nvidia. Horstmann recordó haber estado bebiendo cerveza con Huang en su casa y que Huang recibió una llamada de su madre. Horstmann no pudo seguir la conversación, que se desarrollaba en taiwanés, pero recordó que se acaloró. Después de colgar, Huang regresó exasperado. «¿Puedes creerlo?», dijo. «Mi madre me acaba de decir que deje Nvidia y vuelva a trabajar para una gran empresa».

En el adosado, una de las habitaciones estaba ocupada por el grupo de hardware, que diseñaba circuitos para estaciones de trabajo Sun de alta gama. La otra habitación estaba ocupada por el grupo de software, que diseñaba los protocolos que los desarrolladores de videojuegos necesitarían para comunicarse con el procesador. La oficina del director general estaba en el primer piso, en una pequeña mesa redonda junto a la cocina. Por diseño o casualidad, Jensen se había colocado en el centro del flujo natural de personas: los empleados que iban al frigorífico a buscar bebidas o aperitivos tenían que pasar junto a él. Sin importar cuánto poder adquiriera, buscaría permanecer en el centro del tráfico durante el resto de su carrera.

Parque Jurásico llegó a los cines dos meses después de la fundación de Nvidia. Por primera vez, una película integraba de forma convincente imágenes generadas por ordenador en secuencias de acción real. Lograrlo requirió una potencia de procesamiento descomunal: para hacer una toma de tres segundos de un tiranosaurio atravesando un tronco los animadores habían invertido diez meses de renderizado. El resultado del procesador NV1 de Nvidia sería comparativamente primitivo, aunque la diferencia era de grado más que de tipo. «Incluso hoy en día, los videojuegos interactivos y los efectos especiales en las películas siguen siendo básicamente bloques que se deslizan y chocan entre sí», dijo Peddie.

El objetivo más importante de Nvidia era diferenciar de alguna manera el NV1 de las decenas de otros productos que llegaban al mercado. Para lograrlo, Priem, el arquitecto, dotó tanto al procesador como al software de funciones enigmáticas. Para pintar los esqueletos de malla de alambre, el NV1 utilizó un método llamado «mapeo de texturas cuadrático», cuyo objetivo era añadir profundidad y realismo al proceso. Para el software, Priem utilizó un enfoque «orientado a objetos», que permitía a los programadores diseñar bloques de código reutilizables. La primera vez que le pregunté a Priem sobre la arquitectura del NV1, habló sin interrupciones durante veintisiete minutos. «Quería construir una arquitectura que durara cien años», me dijo.

Mientras Priem lideraba el desarrollo del NV1, Huang recaudó fondos. Con la ayuda de Gaither, Nvidia consiguió audiencias con Sequoia Capital y Sutter Hill Ventures, dos de las empresas de capital de riesgo más grandes de Silicon Valley. La noche anterior a su presentación en Sequoia, Huang tuvo dificultades para elaborar un plan de negocios para su empresa. «Estuve toda la noche trabajando en ello, pero al final no tenía nada», me dijo. «Y todavía no lo tengo».

Lo que sí tenía era el apoyo del fundador de LSI, Wilf Corrigan. Al día siguiente, Huang y Priem viajaron a las oficinas de Sequoia para presentarle su idea a Don Valentine, el fundador de la firma y famoso por su brusquedad (la pregunta favorita de Valentine para las empresas emergentes era: «¿A quién le importa?»). La presentación salió mal, Huang fue torpe en su presentación y Priem lo interrumpía con comentarios técnicos irrelevantes. Después de esta actuación poco inspiradora, Valentine llevó a Huang aparte y le dijo: «Bueno, eso no ha sido muy bueno. Pero Wilf Corrigan dice que tengo que financiarte, así que estás en el negocio».

Sequoia y Sutter Hill emitieron cheques por varios millones de dólares cada una. A cambio, los inversores obtuvieron puestos en la junta directiva. El puesto de Sequoia lo ocupó Mark Stevens, un hombre afable y extrovertido de treinta y tres años con un MBA de Harvard. El puesto de Sutter Hill lo ocupó Tench Coxe, un hombre afable y extrovertido de treinta y seis años que también tenía un MBA de Harvard. Ambos vestían mucha ropa de la marca Patagonia y podía ser un poco difícil distinguirlos.

Coxe y Stevens coincidieron en que fue Huang, específicamente, y no la propuesta de Nvidia, lo que les llamó la atención. «La razón por la que apoyamos a estos chicos es porque eran informáticos de talla mundial», dijo Coxe. «El director general promedio intentará escuchar al cliente, pero en informática eso es un gran error, porque los clientes no saben qué es posible. ¡No saben qué se puede hacer!». Coxe observó que, posteriormente, Intel y Microsoft tuvieron dificultades bajo una gestión más convencional: «Jensen, desde el principio, fue un ingeniero de clase mundial que podía ver qué era posible».

EN 1994, Nvidia había conseguido espacio de oficina en un pequeño centro comercial de Sunnyvale y empezado a trabajar en el NV1. La oficina era lúgubre, con una moqueta deshilachada, un falso techo con manchas de agua y suelos de linóleo en la sala de descanso. A menudo, los olores de un restaurante chino contiguo de comida para llevar se filtraban por la ventilación, y compartían el baño con otra empresa. Enfrente de la oficina había un banco Wells Fargo que era blanco de los asaltantes locales. «¡Mientras alquilábamos ese espacio, atracaron ese banco dos veces!», dijo Malachowsky. «Podías ver los atracos desde nuestra ventana delantera».

La parte trasera de la oficina se convirtió en un centro recreativo. El almuerzo se celebraba alrededor de una mesa de ping-pong, donde Huang ocasionalmente enseñaba a sus empleados. En otra sala estaba el laboratorio de informática, donde el equipo desmontado estaba junto a un pequeño televisor portátil conectado a una consola de juegos Sega. Sega, el único fabricante de consolas que utilizaba el método de mapeo de texturas cuadrático, era la plataforma favorita de Priem. Mantenía las puntuaciones más altas en la mayoría de los juegos y a menudo jugaba en medio de la jornada laboral, echado hacia atrás con el pie sobre la rodilla y conduciendo una motocicleta en una pantalla de nueve pulgadas.

Junto al laboratorio estaba la sala de conferencias, donde Huang instaló su centro de mando. Allí, con su impecable caligrafía en mayúsculas, Huang había dibujado en la pizarra blanca descripciones de la estrategia empresarial y las fechas de entrega próximas para el NV1. Con rotuladores de borrado en seco, también había dibujado diagramas precisos de la arquitectura del procesador en verde, rojo y naranja. Al quedarse sin espacio en la pizarra, dibujó en las paredes de la sala de conferencias. Huang no tenía formación artística ni había estudiado caligrafía, pero todo estaba nítido y con colores coordinados; simplemente le gustaban las cosas claras.

Estar dentro de la oficina de Huang era como estar dentro de su cerebro. Los miembros de la junta directiva quedaron impresionados al ver su plan maestro para Nvidia rodeando la sala donde se reunían. «Su caligrafía es increíblemente buena», dijo Coxe. Un hito importante en sus inicios era «crear el diseño de la fotomáscara», cuando el plano del primer procesador prototipo se enviaría a la planta de fabricación. Huang estaba en una reunión de la junta directiva porque la fecha de creación del diseño de la fotomáscara se acercaba, cuando escuchó una ovación de sus empleados fuera. Salió corriendo de la sala hacia el laboratorio, con la esperanza de ver un esquema terminado de su primer producto. En cambio, encontró a sus trabajadores reunidos alrededor de una consola de videojuegos, donde Priem había establecido un tiempo récord en Road Rash. Furioso, Huang confiscó la consola y se la dio a sus hijos. «Jensen siempre era el adulto de la habitación», dijo uno de los primeros empleados. «Incluso cuando era el más joven de la habitación, era el adulto».

NVIDIA SIGUIÓ UN MODELO DE NEGOCIO DE «PROCESADOR COMERCIAL»: subcontrató la fabricación de los procesadores a una fábrica en Europa y el ensamblaje, la distribución y la venta minorista de la placa de circuito terminada al proveedor estadounidense Diamond. Nvidia solo se encargaba del diseño y el control de calidad del microprocesador. A medida que se acercaban las fechas de producción, los empleados trabajaban hasta altas horas de la noche. Pronto, el laboratorio se llenó de contenedores vacíos de comida a domicilio y cajas de dulces a granel.

Una de las primeras contrataciones de Nvidia fue Jeff Fisher y todavía sigue en la empresa. Usó una videocámara VHS para documentar el día en que se entregaron los prototipos NV1. En el vídeo granulado, un grupo variopinto de jugadores se reúne con entusiasmo alrededor de una caja rígida protectora. Todos son hombres. Un murmullo recorre la multitud reunida cuando se abre la caja y se muestra un conjunto de quince procesadores encapsulados en carcasas negras protectoras. Priem, con unos alicates en la mano, abre una caja para mostrar una lámina impresa de silicio del tamaño de una uña. Mientras los hombres valoran esta pequeña maravilla, vuelven a ser niños, su lenguaje corporal es inquieto y enérgico.

Los empleados de Nvidia que aparecen en el vídeo llevan espléndidas camisas de los noventa con pequeños botones para mantener el cuello en su sitio y estampados llamativos sobre tela gruesa. Muchos llevan las camisas metidas por dentro de la cintura de sus vaqueros sin cinturón. Huang, que estaba de viaje con su familia, se perdió el desempaquetado del prototipo, pero una fotografía tomada por aquella época lo muestra con gafas redondas y gruesas, y una camisa con pequeños botones para mantener el cuello en su sitio de rayas rojas y blancas debajo de un chaleco elegante. Fisher recordó el exceso de almidón que Huang usaba en la colada. «Estaba muy, muy, muy bien planchado», dijo Fisher. Ahora Nvidia tenía que «validar» estos prototipos en busca de defectos. A cargo de esta tarea estaba Dwight Diercks, otro de los primeros empleados de Nvidia que aún sigue en la empresa. Diercks había nacido en una distinguida familia de criadores de cerdos de Minnesota y aún conservaba su aspecto. Era un hombre grande y regordete que se movía con pesadez (de verdad, con pesadez) por la sede de Nvidia con su enorme camisa de cuadros metida en sus vaqueros holgados. Tenía el cabello rubio, ojos azules y un aire serio, propio del Medio Oeste. Varias personas de la empresa me dijeron que no lo subestimara.

Diercks ejecutó una serie de clips gráficos conocidos como «demostración de arte» usando el prototipo, luego inspeccionó cada fotograma en busca de errores. Fue un trabajo minucioso, similar a editar una película fotograma a fotograma. Una vez finalizada la validación, Nvidia le envió al fabricante europeo un plano de errores corregidos y el fabricante inició la producción en serie del procesador. Incluso con la fecha de lanzamiento del NV1 acercándose, Huang estaba mirando hacia el NV2 y había firmado un acuerdo con Sega para desarrollar el acelerador de gráficos para la próxima consola Dreamcast. Como parte del acuerdo, Nvidia también equipó sus placas NV1 con un procesador de sonido y un controlador de *joystick*, lo que permitió a Sega trasladar sus juegos al PC. El mayor atractivo fue *Virtua Fighter*, que representaba artistas marciales en cuadriláteros de bloques. Los anuncios del juego mostraban a un hombre hecho de rectángulos siendo lanzado a través de una pantalla de televisión.

Era posible que el procesador no saliera lo bastante rápido. En 1995, el mercado de gráficos 3D había superado las predicciones más optimistas de Huang gracias a dos juegos superventas. *Myst*, lanzado en septiembre de 1993, era un elegante juego de estimulación mental ambientado en una isla misteriosa y que rápidamente se convirtió en el título más vendido de la historia de los juegos para PC. *Doom*, lanzado tres meses después, era una fusión de ciencia ficción y terror en la que el jugador viajaba por Marte disparando perdigones a demonios. *Myst* y *Doom* representaban polos conceptuales opuestos de lo que los videojuegos podrían ser, pero ambos vendieron millones de copias y ambos hicieron que los jugadores acudieran en masa a las tiendas a comprar aceleradoras gráficas.

La NV1 se lanzó a un mercado abarrotado en otoño de 1995. Los clientes que acudían a las tiendas de electrónica durante esa Navidad se encontraban con docenas de fabricantes de procesadores compitiendo por su atención. Además de Nvidia, estaban Matrox, S3, 3dfx, Cirrus Logic y ATI. La confusa situación no mejoró gracias a los socios de placas de circuito impreso de Nvidia, que vendían conjuntos de procesadores de Nvidia bajo el nombre comercial «Diamond Edge» y, al mismo tiempo, conjuntos de procesadores de la competencia 3dfx bajo el nombre comercial «Diamond Monster».

El embalaje de este equipo era feo, y el estante de exhibición minorista para periféricos de ordenador, que antes albergaba una lúgubre variedad de componentes de módem e impresora, se redujo a un desastre psicodélico. Los productos también eran caros; una tarjeta Diamond Edge con el procesador NV1 costaba 249 dólares, más que una Super Nintendo. Al abrir la caja fea encontrabas una placa de circuito aún más fea, una lámina de plástico verde con condensadores incrustados y una carcasa de epoxi moldeada. La cosa parecía endeble y desechable, como de hecho lo era: los aceleradores gráficos se volvían obsoletos rápidamente y era necesario sustituirlos cada dos años. La variable más importante en la hoja de cálculo de Huang era el número de clientes dispuestos a comprometerse con esta costosa escalera de actualización.

La respuesta resultó ser más de lo que nadie esperaba. Los desarrolladores de juegos, inspirados por *Myst* y *Doom*, estaban adoptando el PC, que los liberó de los ecosistemas de hardware controlados de Sega y Nintendo. Títulos clásicos como *Civilization II* y *Command & Conquer* aparecieron en esta época, hipnotizando a los jugadores con una rejugabilidad infinita y flujos interminables de pequeñas decisiones que debían tomar. Los juegos de PC no siempre eran «divertidos» en el sentido literal de la palabra, pero eran completamente adictivos y los jugadores perdían horas o incluso días en la experiencia. Un jugador que había invertido en una tarjeta gráfica de calidad podía presenciar el ascenso y la caída de un imperio antes de mirar el reloj al amanecer y presionar las palmas de las manos contra las cuencas de sus ojos legañosos.

A finales de año, Nvidia había vendido más de cien mil procesadores NV1, impulsada por la demanda de *Virtua Fighter*, que venía incluido con las tarjetas. Confiado en su producto, Huang se embarcó en una oleada de contrataciones y Nvidia creció hasta tener más de cien empleados. «De repente, parecía que éramos una empresa real, ¿verdad?», dijo Diercks. «La fiesta de Navidad de ese año fue realmente exagerada». Hasta el primer trimestre de 1996 no surgieron los problemas. Después de que se agotaran los encantos de *Virtua Fighter*, los clientes descubrieron que el NV1 tenía problemas para renderizar otros juegos. La mayoría de los programadores preferían construir objetos 3D usando triángulos, no mapeo cuadrático. «No tenía un búfer de profundidad y solo renderizaba superficies curvas», dijo Tim Little, un desarrollador de juegos que trabajó con el NV1. «Como resultado, realmente no se podía determinar cómo ordenar los objetos en la escena». Esto provocó errores graves de *clipping*, donde los personajes del juego se hundían en las aceras o se teletransportaban a través de las paredes. En los peores casos, el NV1 dejaba de comunicarse con el sistema operativo Windows por completo, lo que producía la famosa pantalla azul de la muerte. «Fue una catástrofe», declaró Little.

Con pocos títulos compatibles, las ventas del NV1 disminuyeron, y los clientes insatisfechos aprovecharon las generosas políticas de devolución de las grandes superficies para llevar las tarjetas a las tiendas. Unos meses después del lanzamiento, Diercks fue de compras a Fry's Electronics, donde vio docenas de llamativas cajas Diamond Edge en las estanterías, abiertas y con el precio rebajado. Justo cuando Nvidia había aumentado su plantilla, la demanda de su único producto desapareció.

Mientras tanto, los desarrolladores de juegos se alejaban del enfoque experimental de Priem. En 1995, cansado de ver cómo los periféricos gráficos colapsaban su sistema operativo, Microsoft anunció el lanzamiento de su propio estándar DirectX para desarrolladores de juegos. El estándar solo admitía triángulos, lo que dejó la línea NV estancada. A pesar de su prometedor inicio, el NV1 fue un fiasco.

Décadas después, Priem seguía defendiendo el producto, pero los otros dos fundadores hablaban del NV1 con el tipo de amargura desconcertada y negativa que se reserva para recordar relaciones que fracasaron o auditorías fiscales (en concreto, Huang calificó el NV1 de «desastre» y Malachowsky de «mierda»). Pero era aún peor, porque Nvidia había construido toda su cadena de suministro en torno a futuras repeticiones de este mismo dispositivo. El plan maestro de Huang no solo preveía el lanzamiento del NV2 de Sega, sino también del NV3, basado en la misma arquitectura. Ahora tendría que borrar su caligrafía perfecta y sus intrincados diagramas, con las manchas de tinta en la pizarra blanca como un recordatorio provocador de sus mejores planes. «Fallamos en todo», dijo Huang sobre aquellos primeros días. «Absolutamente todas las decisiones que tomamos fueron erróneas».

CUATRO

Treinta días

Cuando David Kirk llegó a las oficinas de Nvidia por primera vez en 1996, enseguida se dio cuenta de que la empresa estaba condenada. Kirk era un experto en gráficos que trabajaba como consultor en el Valle, que era como ser un experto en fracaso. Había visto fracasar a muchas empresas emergentes, incluida la suya, y Nvidia mostraba todos los síntomas de una compañía que se precipitaba hacia la insolvencia. Los empleados tenían un aspecto demacrado y parecían desmoralizados, el estrafalario producto no encajaba en el mercado y los fundadores, supuestamente amistosos, ahora estaban en un callejón sin salida debido a un «debate técnico» que, obviamente, era algo más que un simple debate y en el que se discutía de algo más que de tecnología. Kirk era escéptico sobre Nvidia: como condición para su contratación había insistido en recibir un cheque en papel entregado en mano al final de cada semana laboral. No estaba seguro de que la empresa siguiera activa más tiempo.

El ambiente en Nvidia era espantoso. Poco antes de la llegada de Kirk, Huang había informado a sus empleados en una reunión sobre las consecuencias de la debacle del NV1. La empresa se estaba quedando sin dinero y, según dijo Huang, había que abandonar la arquitectura NV1 original. La mayor esperanza de supervivencia de Nvidia era abandonar Sega y asociarse con Microsoft; entonces la empresa intentaría derrotar al resto de los fabricantes del mercado con un procesador de imitación asequible. Por desgracia, este «giro» significaba el despido de la mayoría de los empleados.

Los que quedaran trabajarían horas extra mientras Jensen buscaba dónde hacer recortes para diseñar, fabricar y enviar una aceleradora gráfica en un tiempo récord.

Tras el anuncio, Huang redujo el personal de más de cien empleados generales a una lista escuálida de treinta y cinco ingenieros. Kirk llegó después y entró en una inquietante oficina medio abandonada. Los fluorescentes colgaban sobre bloques de cubículos bajos, la mayoría vacíos. Al fondo de la oficina había un «emulador de hardware», un extraño y feo artilugio que Huang había comprado con los últimos fondos de la empresa. La supervivencia de Nvidia dependía del rendimiento de esta misteriosa monstruosidad. El emulador de hardware permitía construir microprocesadores de simulación y probarlos. Pero esta explicación se queda un poco corta: en esencia, el emulador era un microprocesador de prueba, pero fabricado con código y no con silicio. La máquina era pesada, lenta y no parecía que estuviera completamente terminada, con los circuitos expuestos y marañas de cables a la vista que serpenteaban por el suelo. Era demasiado grande para caber en el laboratorio informático, así que los empleados habían apartado la mesa de ping-pong para hacerle sitio en la sala de descanso.

El plan de Huang era utilizar este emulador para saltarse el costoso paso de la creación de prototipos y pasar directamente a la producción en serie con solo un boceto digital. En la historia de la industria de los semiconductores, ninguna empresa había omitido nunca la creación de prototipos, pero tenía que funcionar. Huang asignó turnos dobles en el emulador, con Diercks trabajando en la máquina durante el día y Kirk tomando el relevo por la noche.

Después de algunas semanas programando el emulador, Kirk se dio cuenta de que tenía una segunda función tácita en Nvidia: frenar las ambiciones técnicas del cofundador Curtis Priem. Kirk había inventado la técnica de mapeo cuadrático utilizada en el NV1, pero cuando llegó a Nvidia aconsejó a la empresa que la abandonara. «Solo era una idea», dijo Kirk. «Tengo muchas ideas». Pero esto solo hizo que Priem impulsara el mapeado cuadrático con más agresividad. Priem era un purista que tachó los compromisos técnicos de concesiones sin carácter a los peces gordos. «Curtis tiene una forma de pensar que considera el punto final», dijo Malachowsky. «Pero en realidad no tiene en su estructura cosas como seguir en el negocio».

Kirk pronto se dio cuenta de que la difícil cuestión de si utilizar o no el mapeo cuadrático era un indicador de la cuestión más interesante de quién mandaba realmente en Nvidia. Priem, el director técnico, quería total autonomía para establecer la hoja de ruta técnica de la empresa. Huang, el director general, quería que los clientes dejaran de devolver sus productos a las tiendas. Malachowsky, el mediador, parecía haber perdido el control de la discusión. Cuando Kirk llegó, lo que había empezado como una discusión a puerta cerrada sobre la arquitectura de los circuitos se había convertido en un griterío público delante de los pocos empleados consternados que quedaban.

A muchos les resultaba difícil trabajar con Priem. «Curtis y yo no nos llevábamos muy bien», dijo Kirk, haciéndose eco de un sentimiento que otros expresaron de forma menos cortés. «Era un técnico realmente brillante, pero no tenía don de gentes». Claro que Priem era raro, y a menudo ideaba soluciones peculiares a problemas sencillos. Un ejemplo fue su planteamiento del problema del correo electrónico no deseado. La mayoría de la gente utilizaba un filtro de correo no deseado o simplemente convivía con él. La solución de Priem consistió en crear miles de direcciones de correo electrónico diferentes, una para cada destinatario.

Pero, por muy testarudo que pudiera ser Priem, no era rival para Huang. Cuando Jensen explicaba su punto de vista por primera vez, lo hacía con voz mesurada, pasando de las premisas a los argumentos y de ahí a las conclusiones. En ese momento se encendía la mecha, y el interlocutor tenía dos opciones: estar de acuerdo con su línea de pensamiento o arriesgarse a la explosión. Los que le contradecían solían sorprenderse cuando estallaba con furia, reprendiéndoles cruelmente delante de sus colegas. Así era la «Ira de Huang».

El origen y las causas de la ira de Huang no estaban claros, ni siquiera para quienes le conocían bien. Jens Horstmann, su mejor amigo, me contó que cuando Huang trabajaba en LSI Logic no era conocido por sus estallidos temperamentales; solo cuando cambió al puesto de director general empezó a tener explosiones de ira con frecuencia. «Nunca olvidaré la primera vez que lo vi explotar», me contó un empleado de Nvidia. «Llevaba un par de meses trabajando allí y Jensen siempre había sido muy encantador y autocrítico. De repente estaba gritando a pleno pulmón delante de un centenar de personas».

Los espectadores eran importantes para Huang, cuando reprendía a un empleado solía hacerlo en público para que otros pudieran aprender de la experiencia. («El fracaso debe compartirse», decía Huang). Si un proyecto se retrasaba, Huang ordenaba al responsable que se levantara y explicara al público, con todo detalle, todo lo que había ido mal. A continuación, Huang hacía un análisis fulminante de su rendimiento. Estas sesiones de problemas corporativos no eran para todo el mundo. «Puedes ver enseguida quién va a durar aquí y quién no», me dijo Diercks. «Si alguien empieza a ponerse a la defensiva, ya sabes que no durará mucho en Nvidia».

Diercks creía que había un método para eso. «Nunca se limitaba a gritar a alguien», dijo. «Esperaba a una reunión, con un grupo de gente alrededor, para que pudiera convertirla en una oportunidad educativa para todos». Pero las críticas de Huang no siempre eran constructivas, a veces se limitaban a insultos. Un antiguo empleado recuerda una ocasión en la que no hizo bien una tarea de poca importancia. Huang se enfrentó a él delante de tres docenas de ejecutivos, le preguntó cuánto tiempo llevaba en la empresa y cuál era su salario. El empleado facilitó las cifras tímidamente; en su cabeza, Huang calculó la retribución de la carrera del empleado y le pidió que se la devolviera toda. El ejercicio no parecía una broma. «Hablaba muy en serio», dijo el empleado. «Casi no dormí durante tres semanas».

Era casi tan duro ver una de las diatribas de Huang como ser su destinatario. Varios empleados de Nvidia describieron cómo se retorcían de incomodidad mientras Huang diseccionaba a uno de sus colegas. Kirk me dijo que Huang solo le gritó una vez, cuando intentó intervenir en nombre de otra persona. «Jensen estaba allí torturando a este tipo y yo no podía soportarlo más, así que intervine. De repente, ¡yo era el objetivo!» dijo Kirk. «Es como en un campo de batalla donde el arma está disparando a algo y tú te levantas y dices: "¡Eh, deja de disparar!". Entonces el arma se gira y empieza a dispararte a ti».

• • •

La participación de Priem en Nvidia era igual a la de los demás y los documentos de constitución se habían firmado en su casa. Había invitado a Huang a dirigir su empresa, aunque podría haber invitado a otra persona. Como observó Malachowsky, el acuerdo implícito en su relación laboral siempre había sido que los fundadores respetaran sus distintos ámbitos de competencia, es decir, que Huang se dedicara a los negocios y Priem a la tecnología. Así que quizá fuera comprensible que, cuando Huang violó ese acuerdo, Priem reaccionara como si lo hubieran traicionado.

Pero Priem no tenía influencia. A pesar de poseer alrededor de una décima parte de las acciones de Nvidia, no había solicitado ni se le había ofrecido un puesto en el consejo de administración de la empresa y Malachowsky tampoco tenía un puesto en el consejo. Huang los había convencido de que, como director general, solo él debía formar parte del consejo. Por eso, Malachowsky y Priem, que detestaban tanto los negocios, las llamadas de ventas y las reuniones del consejo que contrataron a otra persona para que fuera su jefe, aceptaron este acuerdo pacíficamente, aunque con cierta ingenuidad. Con el apoyo del consejo a la estrategia de Microsoft, Huang acabó por anular unilateralmente a Priem. ¿Qué iba a hacer Priem?

Aún quedaba una dolorosa conversación por mantener. Sega había acordado pagar a Nvidia un millón de dólares al recibir prototipos funcionales del NV2. A mediados de 1996, Huang entregó estos prototipos, los únicos procesadores de su clase jamás fabricados. Con mucho respeto, Huang informó entonces a Sega de que Nvidia no ayudaría a construir la Dreamcast porque la empresa se estaba rindiendo a Microsoft, pero, dado que la entrega de los prototipos cumplía técnicamente los términos del contrato, esperaba que Sega le pagara de todos modos, o Nvidia iría a la quiebra. «Se lo tomaron bastante bien, considerando la situación», me dijo.

Una vez cobrado el cheque de Sega, Huang lo utilizó para comprar el emulador. Era el último dinero de Nvidia. El protocolo de intervención ya había empezado, con las facturas de la empresa organizadas en el orden en que podía retrasarse el pago. Primero estafarían a los proveedores, luego a los servicios públicos y, por último, a los empleados. Pasara lo que pasara, Huang estaba decidido a pagar las nóminas hasta el día en que se apagaran las luces.

La emulación era una apuesta arriesgada. Si los transistores del futuro procesador NV3 estaban mal colocados, el fracaso de la producción real arruinaría a su empresa. Pero Huang se estaba abriendo a nuevos frentes de riesgo. Durante la mayor parte de su vida, en los estudios, en el atletismo y en la escala corporativa, Huang había competido por el primer puesto.

Ahora podía disfrutar de la bendición de llegar el último. Contemplando la larga cola de competidores que tenía delante, Huang se dio cuenta de que estar en último lugar era algo así como divertido y, de hecho, mejor que estar en medio. Una empresa en último lugar podía hacer lo que quisiera. Podía tomar el atajo que nadie se atrevía a usar.

Por supuesto, para los encargados de trabajar con el emulador, el último puesto era menos emocionante. Los videojuegos de la época renderizaban unos treinta fotogramas por segundo para generar la ilusión de movimiento. El emulador invertía esta proporción y renderizaba un fotograma cada treinta segundos, lo que rompía la ilusión y hacía imposible jugar. Bajo la dirección de Diercks, los ingenieros revisaron el fragmento de vídeo de demostración en una atroz cámara ultralenta. El alucinante proceso de revisión duró semanas, pero poco a poco el emulador fue desvelando sus secretos. «Redujimos lo que normalmente era un ciclo de desarrollo de doce meses a unos tres», dijo Diercks.

Cuando Diercks terminaba la jornada, Kirk tomaba el relevo por la tarde. A menudo era el último trabajador de la oficina, y por la noche descargaba la tensión con una pistola de plástico, batiendo las puntuaciones más altas de Priem en *Virtua Cop*, el juego de disparos en tercera persona de Sega. «Una vez que entiendes la mecánica de un juego, puedes averiguar cómo ganarle», dijo Kirk. «Molestar a Curtis solo era un extra». A medida que la emulación se acercaba a su fin, las tensiones entre Huang y Priem volvieron a estallar. Priem recordó una discusión en un pasillo por cuestiones técnicas. «Le dije a Jensen lo que debía hacer y empezó a gritarme por todo lo que tenía que hacer», dijo Priem. «Fue entonces cuando me di cuenta de que él estaba completamente solo».

OTRA VENTAJA de llegar el último era que podías moverte después de que lo hubieran hecho todos los demás. Para conseguir publicidad poco a poco, los competidores de Nvidia enviaban tarjetas de prueba a los revisores de hardware de revistas y sitios web. Kirk habló sutilmente con sus contactos en los medios de comunicación para ver qué capacidades habían conseguido implementar estos competidores. Como Nvidia planeaba omitir la fase de prototipado y la de preestreno, había tiempo suficiente para clonar esas capacidades en el NV3.

El NV3 llegó a la fase de crear el diseño de la fotomáscara a principios de 1997. Cuando los planos se enviaron a Europa para su producción, las tres docenas de empleados de Nvidia lo celebraron con cervezas en una franquicia de *cheesesteak*[1] de un centro comercial cercano. En el restaurante, Jensen hizo un brindis, pero más tarde admitió que no tenía ni idea de si el NV3 funcionaría de verdad. «Estaba al cincuenta por ciento», me dijo, «pero de todos modos íbamos a cerrar». Mientras se fabricaban los procesadores, Jensen le ofreció a Kirk una oferta de trabajo permanente y una compensación en acciones al límite de lo estúpido. Aunque significaba trabajar para Curtis Priem, Kirk pensó que, en conciencia, no podía rechazar la oferta. Huang le dio el título de director científico.

Los procesadores NV3 terminados llegaron a finales de primavera. La supervivencia de la empresa dependía de que cada uno de los 3,5 millones de transistores de cada carcasa estuvieran perfectamente armonizados con la emulación. Diercks montó las carcasas en un probador de circuitos y reprodujo el fragmento de vídeo de demostración. Funcionó con fluidez y sin fallos, creando por primera vez la ilusión de movimiento a treinta fotogramas por segundo. El NV3 era principalmente un procesador de imitación, pero tenía un par de innovaciones.

En primer lugar, podía transportar 128 bits a la vez de la memoria al procesamiento, duplicando el estándar del sector. En segundo lugar, era multifuncional como una navaja suiza: podía acelerar videojuegos, redimensionar una hoja de cálculo y reproducir un DVD. Para enfatizar este amplio rango de funciones, el NV3 fue rebautizado como tarjeta aceleradora RIVA 128 (*Real-Time Interactive Video and Animation*, vídeo y animación interactivos en tiempo real).

El procesador se distribuyó a los vendedores aguas abajo de Nvidia, que lo montaron en placas de circuito y lo vendieron en Best Buy. Para cuando las placas llegaron a las tiendas, en agosto de 1997, Nvidia seguía funcionando por inercia. «Humo», dijo Huang. «No nos quedaba nada». Ahora, Nvidia, que no había enviado ninguna tarjeta de prueba a la prensa de videojuegos,

1. *Cheesesteak* es un tipo de sándwich originario de Filadelfia (Pensilvania). Lleva en su interior pequeñas tiras de carne y una cantidad también pequeña de queso fundido *cheddar* o *provolone*. Fuente: Wikipedia (`https://es.wikipedia.org/wiki/Cheesesteak`).

tenía que mendigar la cobertura de los medios. Afortunadamente, a los críticos les gustó el producto. «Renderiza hasta cinco millones de triángulos por segundo, es la mejor tarjeta aceleradora que el dinero puede comprar», escribió uno de ellos. Nvidia vendió un millón de tarjetas RIVA en los cuatro primeros meses.

Después del lanzamiento de RIVA, Huang invirtió en emuladores y abandonó los prototipos físicos. «Actualmente, somos el mayor usuario de emuladores del mundo», dijo Huang. La predisposición en el sector de los semiconductores a utilizar los prototipos de hardware había parecido razonable: imagínese intentar vender un coche que nunca se ha sometido a una prueba de choque real. La creación de prototipos parecía el enfoque práctico que adoptaría el «adulto en la sala». Pero Jensen, que trabajaba a todas horas y confiscaba las videoconsolas de sus empleados, aprendió que los adultos en la sala no se arriesgaban lo suficiente. El NV1, un diseño revolucionario que seguía las mejores prácticas del flujo de trabajo del sector, había sido un fracaso. El NV3, un aspirante a producto montado a lo loco e improvisado a toda prisa, había sido un éxito. A veces hay que apostar.

La experiencia fue liberadora para Huang. La desesperación, no la inspiración, fue la madre de la victoria. Huang animó a sus empleados a conservar la mentalidad que habían adoptado durante el periodo de trabajo intensivo (*crunch*) de RIVA, pidiéndoles que actuaran siempre como si la empresa estuviera tambaleándose al borde de la quiebra aun cuando estuviera consiguiendo enormes beneficios. Durante los próximos años, Jensen abría las presentaciones de personal con las palabras «Nuestra empresa está a treinta días de quebrar». Incluso hoy en día, en Nvidia esta frase sigue siendo el lema corporativo.

CINCO

En paralelo

La discusión final entre Jensen Huang y Curtis Priem duró casi todo un día en 1998. Nadie podía recordar el tema que la inició, únicamente la larga batalla en la sala de conferencias en la que se gritaban el uno al otro, luego se calmaban y recuperaban la compostura solo para volver a enfadarse. A medida que pasaban las horas, ambos hombres se quedaron afónicos y, aunque el personal de Nvidia ya estaba acostumbrado a esta disfunción, los empleados intuían que la situación había llegado a una crisis y que el divorcio era inminente. Al final, Priem fue el primero que le puso fin, caminó con frialdad y rapidez hacia su despacho, dio un portazo y se quedó allí enfurruñado. Cuando salió, se negó en redondo a hablar con Huang.

Priem agotó toda buena voluntad con su intransigencia. Con el NV1, se le había dado una hoja en blanco para que diseñara exactamente lo que quisiera, pero, cuando vio que su producto sobrante se acumulaba en las estanterías de las tiendas, su ego nunca se recuperó del todo. A principios de ese año, Huang había ascendido a David Kirk para colaborar en el desarrollo de la arquitectura técnica de Nvidia, convirtiendo al antiguo subordinado de Priem en su igual. Poco después, Priem, en un intento infantil de mantener su influencia, había bloqueado a varios empleados de la base de datos de producción, impidiéndoles enviar su trabajo.

Chris Malachowsky había resuelto este tipo de disputas en el pasado, pero finalmente se rindió. Por consejo de la junta, Nvidia contrató a un mediador. «El mediador había trabajado anteriormente con John Sculley y Steve Jobs en Apple, lo que acabó con el despido de Jobs», me dijo Priem. «Dijo que Jensen y yo estábamos considerablemente peor». Para entonces, la dirección de Nvidia había desarrollado un dicho: «Nunca dejes que Curtis hable con los inversores y nunca dejes que Curtis hable con los clientes». Como Priem admitió más tarde, «ambas cosas eran ciertas».

Después de la mediación, Priem fue degradado dos veces más. Durante un tiempo fue asesor técnico de Kirk, pero esta función le pareció inadecuada. «No quería trabajar para mí ni para ninguna de las otras personas que había tenido como subordinados directos», dijo Kirk. Finalmente, Priem fue reasignado a la gestión de la cartera de patentes de Nvidia, un trabajo que le mantenía al margen de la toma de decisiones diarias. Kirk llegaría a supervisar a casi mil personas en Nvidia. Priem nunca volvería a dirigir a más de cuatro.

A pesar de la humillación, Priem conservó sus acciones de Nvidia. Tanto Huang como Malachowsky seguían considerándolo un amigo y, cuando Priem se casó en 1999, un año después de su segunda degradación en tres años, Malachowsky fue su padrino. Priem había visto el potencial del mercado de los videojuegos, había dado nombre a la empresa y le había dado una sede a la incipiente empresa emergente en las habitaciones de su casa. Pero, a partir de 1998, tuvo poco que ver con el éxito de Nvidia.

DAVID KIRK SE CONVIRTIÓ en el asesor de confianza de Huang. Kirk tenía formación académica y no disfrutaba de la cultura laboral de alta presión de Silicon Valley; la primera vez que hablé con él me llamó desde Hawái, donde llevaba una camiseta con el texto «Procrastination University» y estaba bebiendo una copa de vino. Parecía un profesor popular cuyo curso tenía lista de espera, no un empresario. Pero los modales amables de Kirk escondían una actitud despiadada hacia la competencia. Su padre ausente era alcohólico y él había sido un niño enfermizo cuyo desarrollo físico se había visto limitado por ataques crónicos de amigdalitis estreptocócica.

Quizás estas experiencias le habían dado una ventaja. «¿Esos que dicen que ganar no importa?», preguntó Kirk, alzando la voz con una entonación delicada y poco amenazadora. «Nunca han ganado nada». Kirk y Huang combinaban una amplitud imponente de conocimientos técnicos con talento para el ingenio rastrero. Mientras Nvidia triunfaba, muchas otras empresas emergentes de tarjetas gráficas fracasaban. Huang detectó la oportunidad y creó una lista de referencia de competidores en la pizarra blanca de su oficina. Después, tras consultar con Kirk, identificó a los dos o tres mejores ingenieros de cada empresa y empezó a planear estrategias para captarlos.

Kirk recuerda que mostró la RIVA 128 a un competidor en una feria. Cuando el ingeniero vio lo que podía hacer, renunció en el acto. «Le contraté a los pocos días y eso acabó con la empresa, perfecto», dijo Kirk. «Porque, ya sabe, les quité al cerebro». Kirk, apacible y magistral, tenía instintos de depredador. «Teníamos a todos los genios de todas las otras empresas emergentes y, a medida que conseguíamos superar a más y más pequeñas empresas, para las que quedaban cada vez era más difícil seguir vivas».

En 1993 en Denny's, Huang había imaginado compartir un gran mercado con muchos competidores. En 1998, quería el pastel para él solo. «Todavía hay cuarenta empresas en este espacio», le dijo Huang a Kirk. «En cinco años habrá tres: una grande al mando, una rezagada en proceso de recuperación y una pequeña intentando desestabilizar a las otras dos». Huang tenía el objetivo de ser el líder.

Aunque parecía perfecto para el puesto, al principio Huang no había sido un emprendedor natural. «Al principio había muchas cosas que no entendía», recuerda Tench Coxe. Pero podía aprender, le gustaba mucho aprender. Huang se formó leyendo todos los libros de negocios que pudo encontrar. «Si entras hoy en su despacho, está totalmente abandonado; nunca lo utiliza», me dijo un empleado. «Pero está lleno de pilas y pilas de libros de negocios».

Desde un punto de vista literario, o incluso desde la perspectiva del mercado de masas, Huang no se consideraría muy culto. Los libros más populares entre los habitantes de Silicon Valley incluían *El manantial* de Ayn Rand, la serie de *La fundación*, de Isaac Asimov y *Guía del autoestopista galáctico* de Douglas Adams. Huang no había leído ninguno de ellos. De hecho, Huang me dijo que nunca había leído ninguna obra de ciencia ficción y que el único novelista que recordaba que le había gustado era Paulo Coelho.

Pero el conocimiento de Huang sobre libros de negocios era enciclopédico. Dwight Diercks recordaba a Huang discutiendo con otro ejecutivo sobre cuánto debían costar los productos de Nvidia. «El tipo tenía un MBA, pero nunca había leído un libro sobre fijación de precios», dijo Diercks. «Seguramente Jensen había leído diez o quince». A medida que avanzaba la discusión, Huang detuvo el debate y le pidió al MBA que le dijera sus tres libros favoritos sobre fijación de precios. El tipo titubeó un rato, incapaz de nombrar un solo título. Huang enumeró sus tres favoritos y le dijo al ejecutivo que reanudaría la discusión cuando los hubiera terminado. El libro de negocios que más le gustaba a Huang era *El dilema del innovador*, del profesor de la Harvard Business School, Clayton Christensen. Se publicó por primera vez en 1997 y popularizó el término «innovación disruptiva» para describir cómo las empresas en ejercicio pierden terreno frente a las empresas emergentes competidoras. Aunque la palabra «disrupción» ha perdido sentido por su uso excesivo, merece la pena volver a estudiar el material original. En el modelo de Christensen, las pequeñas empresas pueden quitarles terreno a las grandes dando servicio a nichos de clientes marginalmente rentables que los líderes del mercado han descartado.

Los innovadores disruptivos de Christensen no estaban necesariamente relacionados con la tecnología avanzada: entre ellos había recicladores de chatarra y fabricantes de palas hidráulicas. Su mejor ejemplo de disruptor era Honda, que inicialmente tuvo éxito a principios de la década de 1960 vendiendo la motocicleta todoterreno Honda Super Cub a los adolescentes estadounidenses (los Beach Boys escribieron una canción sobre ella). Las grandes empresas, como General Motors, ignoraron el mercado de las motos de motocross porque, en igualdad de condiciones, era preferible vender un Cadillac a un hombre de negocios que una Super Cub a Brian Wilson. Pero, al despreciar las motos, GM le dio a Honda la oportunidad de prosperar. Con el tiempo, Honda aprovechó su experiencia para fabricar un coche compacto y asaltó la industria automovilística estadounidense desde abajo.

La idea de Christensen sostenía que era más fácil subir por la escalera mecánica de la rentabilidad que bajarla. Bajar significaba reducir voluntariamente los márgenes de beneficio fabricando deliberadamente productos inferiores, lo que solía disgustar a los inversores y hacía que los ejecutivos se sintieran como si estuvieran corriendo en una rueda de hámster. Esto llevó a Christensen a su recomendación más duradera y contraria a la intuición: «Hay momentos en los que es correcto no escuchar a los clientes, invertir en productos de menor rendimiento que dan lugar a márgenes más bajos y dedicarse a mercados pequeños en lugar de a mercados importantes». Era un punto que el debate de moda sobre la «disrupción» en la prensa popular solía pasar por alto.

Huang se obsesionó con Christensen, un obispo mormón encumbrado pero sumamente amable que había jugado al baloncesto en la universidad. Leyó todos los libros de Christensen, asignó *El dilema del innovador* a su personal ejecutivo y más tarde contrató a Christensen como consultor. Fue Christensen quien explicó, por primera vez de verdad, por qué las grandes empresas como Sun y Silicon Graphics se habían negado a invertir en hardware de videojuegos para PC, no era porque odiaran a los jugadores, sino porque los márgenes eran pésimos en comparación con las estaciones de trabajo y porque, triunfaran o fracasaran, los jugadores no supondrían inicialmente una diferencia sustancial en sus finanzas.

Pero, al ceder el mercado de los juegos de PC a Nvidia, las empresas de estaciones de trabajo habían cometido un error fatal, como había hecho GM al ignorar a Honda décadas antes. Nvidia, al igual que Honda, actualmente vendía productos de bajo margen a adolescentes, pero, si la analogía se mantenía, mañana podrían alcanzar las estaciones de trabajo empresariales de Sun Microsystems y SGI. A veces, Jensen incluso hablaba a sus ejecutivos sobre la posibilidad de desbancar a Intel, entonces una de las empresas más valiosas del planeta.

Mientras tanto, Nvidia sobreviviría en el territorio de Intel mediante una estrategia de retirada táctica continua. «Hoy en día no competimos con Intel», dijo Huang en 2023, describiendo su relación del gato y el ratón. «Cada vez que se nos acercan, recojo mis procesadores y salgo corriendo». El evangelio de Christensen aconsejaba a Nvidia vender productos poco convencionales, que Intel no concebiría fabricar, a clientes a los que nunca querría dar servicio. «Jensen nos decía, incluso entonces, que algún día Nvidia podría ser más grande que Intel», recordó Kirk. «Solo era una cuestión de estrategia».

La demanda de tarjetas RIVA de Nvidia superó la capacidad de producción de su proveedor europeo, así que Huang empezó a buscar otros proveedores. El mejor fabricante independiente de procesadores del mundo, por consenso unánime, era la Taiwan Semiconductor Manufacturing Corporation, cuyo enorme complejo de Tainan fabricaba una parte significativa del silicio mundial. TSMC no diseñaba sus propios procesadores, simplemente los fabricaba para distribuidores como Nvidia.

El auge de este tipo de servicios de plantas de fabricación de semiconductores independientes fue responsable de una oleada de innovación informática, que permitió a los advenedizos experimentar con diseños radicales. TSMC cumplía los pedidos con una precisión y eficiencia incomparables, fruto de una cultura laboral extraordinariamente exigente. Los trabajadores describían la estructura jerárquica de la empresa como «militarizada» y seguían un horario de turnos «996», trabajaban de nueve de la mañana a nueve de la noche, seis días a la semana.

Huang había fracasado repetidamente en su intento de llamar la atención de TSMC. Tras dejar una serie de mensajes de voz, escribió una carta personal a Morris Chang, el director general de la empresa, y la envió por correo sin esperar respuesta. Poco después, Huang recibió una llamada. Era el final de la jornada laboral y muchos de sus empleados habían empezado a jugar. «Había bastante alboroto en la oficina, cogí el teléfono, fuera la gente se estaba riendo y gritando», dijo Huang. «Y les dije: "¡Eh, chicos, tranquilizaos, es Morris!"». («En realidad, lo que dijo fue: "Que todo el mundo se calle de una puta vez, tengo a Morris Chang al teléfono"», según un ingeniero veterano).

Chang había pasado su vida trabajando con el silicio. Nació en China en 1931 y llegó a Estados Unidos procedente de China continental siendo un adolescente. Había sido un ejecutivo de éxito en Texas Instruments durante muchos años, pero en la década de 1970 no fue elegido para el puesto más alto, un desaire que algunos observadores atribuyeron al racismo antiasiático. Entonces Chang se trasladó a Taiwán y tomó el control de TSMC, que, bajo su dirección, creció hasta convertirse en la mayor empresa tecnológica de Asia.

Chang se encariñó enseguida con Huang. «Era una empresa muy pequeña, de hecho, casi estaba a punto de quebrar», dijo Chang. «Y yo era una persona más mayor que dirigía una empresa mucho más grande. ¡Pero él se mostró tan abierto, cercano y sincero durante nuestra conversación! Me sentí muy a gusto». No tardaron mucho en firmar un contrato.

Chang y Huang tenían mucho en común. Ambos eran inmigrantes chinos que trabajaban en un sector tecnológico que, en aquella época, estaba gestionado casi en su totalidad por hombres blancos. En relación con su proporción en la población estadounidense, los empleados asiáticos estaban sobrerrepresentados en las empresas tecnológicas de Silicon Valley, pero sospechosamente infrarrepresentados en los puestos de alta dirección. (En 2010, los estadounidenses de origen asiático solo representaban el 0,3 % de los puestos directivos de las empresas, a pesar de constituir más del 5 % de la mano de obra cualificada de EE. UU. La consultora de gestión Jane Hyun ha denominado a este fenómeno el «techo de bambú»). Cuando le pregunté a Huang por el techo de bambú, pareció desdeñarlo: tuve la sensación de que la política de identidad no era lo suyo. «Soy el único CEO chino del momento», dijo, «pero nunca me ha pasado. Y no me pasa actualmente». TSMC fue fundamental para el éxito a largo plazo de Nvidia, pero la relación empezó con un comienzo difícil. A principios de 1998, TSMC aplicó mal un proceso químico al final del proceso de fabricación, que produjo cortocircuitos en muchos de los procesadores. El error estuvo a punto de arruinar a Nvidia, que había invertido la mayor parte de su capital circulante en la cadena de producción. Más de la mitad de los procesadores tuvieron que ser desechados. Nvidia solo consiguió salvarse vendiendo acciones a algunos de sus socios de circuitos impresos. «En aquella ocasión también estuvimos a punto de quebrar», dijo Diercks. «No es solo una expresión».

Pero, con el tiempo, la relación de Nvidia con TSMC demostró ser muy beneficiosa para ambas empresas, sobre todo a medida que los procesadores de Nvidia se hacían cada vez más complejos. Para Huang, también hubo un beneficio personal: el acuerdo le dio una razón para volver a Taiwán, que no visitaba desde que era niño. La primera visita de Huang a una fábrica de TSMC a finales de la década de 1990 le llevó a uno de los entornos más estériles del planeta. Cubierto con botines, guantes y cubrecabeza, entró en una ducha de aire, donde se colocó sobre una alfombrilla pegajosa y levantó los brazos, con el mono ondeando al viento mientras un ventilador de techo arrastraba pelusa, pelo, polvo, piel, suciedad, mugre y otros desechos variados. De la ducha pasó a través de un compartimento estanco al centro de fabricación, donde un ventilador más suave y continuo proporcionaba un incesante flujo de aire vertical desde el techo y a través del suelo enrejado.

Aquí estaban las sagradas máquinas de fotolitografía o insoladoras grabando patrones idénticos en placas de silicio replicadas en ciclos lentos e invisibles. Nadie se atrevía a poner un dedo sobre una de ellas: el proceso de impresión era tan delicado que una sola pisada podía alterarlo. Tras semanas de estratificación, las obleas se cortaban en procesadores individuales con una sierra de alambre recubierta de diamante y se enviaban aguas abajo para el empaquetado. En un buen año, las fábricas de TSMC podrían producir decenas de millones de procesadores.

Huang dejó las instalaciones y regresó a los famosos mercados nocturnos del país para atiborrarse de la comida taiwanesa que había disfrutado de niño. Hablaba el idioma y casi podía pasar por un lugareño, pero recordaba poco del lugar, salvo un doloroso episodio que nunca olvidaría. Cuando Huang tenía unos cuatro años, se había acercado demasiado a un vendedor de uno de los puestos y este, que estaba limpiando un cuchillo, le dio involuntariamente en la mejilla y le hizo sangrar. Ahora Huang había vuelto y todavía llevaba la cicatriz del antiguo accidente.

Por muy rico o famoso que se hiciera, Huang nunca se perdía una oportunidad de volver a los mercados nocturnos. A menudo se deleitaba con un tazón hirviendo de sopa de fideos con carne, el plato nacional del país. Era una comida que se disfrutaba mejor sentado en un taburete de plástico a un lado de una calle concurrida. Mientras picoteaba tiras de costillas estofadas y hojas de mostaza con un par de palillos desechables, Huang ya estaba ideando un matrimonio transpacífico entre su rudimentario equipo estadounidense y la gran doncella de Taiwán.

JOHN CARMACK SIEMPRE SE SINTIÓ defraudado por los diseñadores de hardware. El programador jefe de *Doom* y *Quake* era un cirujano del código al que le gustaba rebuscar en las tripas de los procesadores gráficos que renderizaban sus juegos superventas. Para iluminar un pasillo de una estación espacial, la mayoría de los programadores se basarían en algoritmos preconfigurados. El equipo de Carmack, hackeando la estructura de dirección de la variable subyacente, había construido su propio método, uno que requería que Carmack conceptualizara el flujo de información a nivel de ceros y unos individuales. Un observador lo llamó «el fragmento de código más hermoso que jamás ha leído».

Carmack era rubio, delgado y no poseía aptitudes sociales fuera de lo común. Tenía la voz nasal, hablaba rápido y acentuaba sus comentarios técnicos con un «mmmmm» de vez en cuando. Cuando programaba, se aislaba del mundo durante semanas, se retiraba a habitaciones oscuras y trabajaba catorce horas al día. Generalmente, salía con algo inolvidable. *Quake*, su obra maestra, fue el primer videojuego de disparos tridimensional superventas. El juego utilizaba la aceleración de gráficos para renderizar monstruos poligonales a los que el jugador podía disparar con una pistola que disparaba clavos (Trent Reznor proporcionó los efectos de sonido del juego). *Quake II*, la continuación con escenas violentas y gore, enviaba a los jugadores a un planeta lejano para luchar contra cíborgs convertidos en zombis y construidos a partir de partes desmembradas del cuerpo humano (el juego salió durante mi primer año de universidad y me retrasó años).

Ambos juegos incluían un modo «combate mortal» que permitía el combate multijugador. Las modificaciones personalizadas de Carmack hacían que los juegos de *Quake* funcionasen con más fluidez que cualquier otro del mercado, pero la renderización simultánea de docenas de participantes en el mismo escenario de combate seguía siendo un reto. «Queríamos un *Quake* que respondiera más rápido para que nuestros clientes pudieran alcanzar y fragmentar a alguien», me dijo Carmack. «La mayoría de las aceleradoras gráficas de hardware no podían ofrecer eso».

Huang vio una oportunidad. En las oficinas de Nvidia en Sunnyvale, las consolas Sega ya no se usaban. *Quake* lo había conquistado todo y el personal había desarrollado tanta adicción que Huang había prohibido los combates mortales durante el día. Fabricantes de PC como Dell incluían las aceleradoras gráficas de Nvidia directamente en los ordenadores nuevos, saltándose el canal minorista de periféricos. «Cada vez estaba más claro que quien mejor renderizara este juego en concreto iba a ganar la guerra de los gráficos», dijo Kirk. Huang encargó a su equipo que construyera un procesador nuevo solo para Carmack: una Stratocaster personalizada para el Jimi Hendrix de la programación. Una de las cosas que Carmack quería eran múltiples «sombreadores de píxeles». Eran los algoritmos que asignaban colores a píxeles individuales en una escena tridimensional. Ejecutando más de un algoritmo de sombreado a la vez, primero se podía decorar la pared con una fuente de luz y después con salpicaduras de sangre.

Pero el doble de sombreadores significaba el doble de cálculos. 3dfx, líder del mercado de aceleradoras gráficas, había resuelto el problema colocando dos procesadores gráficos en la misma tarjeta. Kirk y su equipo tenían en mente una solución más radical. ¿Y si se dividía el sombreado de píxeles en dos conjuntos de datos y se ejecutaba el mismo conjunto de instrucciones en cada canal, al mismo tiempo y todo ello en un solo procesador? El método era adecuado para el renderizado de gráficos, que tendía a volver a ejecutar los mismos tipos de cálculos una y otra vez.

Huang se mostró escéptico al principio. Este enfoque, conocido como «computación paralela», ya había sido probado por proveedores de superordenadores caros. «Silicon Valley está plagado de cadáveres de anteriores empresas de plataformas de computación paralela», dijo. «Excepto nosotros, nunca se ha creado ni una sola empresa de computación paralela, ninguna, cero». Pero entonces Huang empezó a razonar a partir de principios básicos. Carmack no se detendría en dos canales de píxeles separados, supuso. A medida que los juegos de disparos fueran ganando en complejidad, siempre querría más. Imaginemos una escena con muchas fuentes de iluminación: un estadio lleno de luces, con múltiples armas disparando y una nave espacial estrellándose a lo lejos, en un mundo iluminado por dos soles gemelos. Al dedicar un procesador a cada fuente de luz, 3dfx acabaría quedándose sin espacio en la placa de circuito. La única forma de satisfacer las necesidades futuras de Carmack era multiplicar los canales en un solo cuadrado de silicio.

Sin embargo, antes de comprometerse Huang tenía que hacer los deberes. Tenía que comprender por qué este planteamiento había fallado tantas veces. Los potentes superordenadores paralelos de Seymour Cray se tambaleaban y los clientes se quejaban de su elevado coste y complejidad. Larry Ellison, el fundador de Oracle, había invertido millones en la empresa emergente de computación paralela nCube; a finales de la década de 1990 también estaba fracasando. El problema era que programar en paralelo era difícil: actuar sobre dos o más flujos de datos a la vez requería cambiar entre varios bancos de memoria, y la curva de aprendizaje era empinada. Esto dejaba a las empresas de computación paralela en una posición vulnerable frente a Intel.

Los procesadores de Intel usaban el planteamiento en serie estándar y hacían un cálculo a la vez. Pero su potencia crecía exponencialmente y se duplicaba cada dieciocho meses más o menos, seguían una predicción que hizo por primera vez en 1965 el antiguo director general de Intel, Gordon Moore, una predicción que se había cumplido tantas veces que se la conocía como la «ley de Moore». Fuera de los ámbitos técnicos especializados, como las predicciones meteorológicas y la física de partículas, la ley de Moore garantizaba que un procesador, la CPU que todo lo consume, era suficiente para dar respuesta a las necesidades de los usuarios, incluso de los más exigentes. «Si tenías un fragmento de software y necesitabas que se ejecutara más rápido, había una opción», me contó el especialista en computación paralela Bill Dally. «Podías moverlo a un ordenador paralelo y reescribir un millón de líneas de software. O simplemente podías esperar a que la CPU duplicara su velocidad dentro de dos años».

La ley de Moore ya había consumido el segmento del mercado de placas de circuito de periféricos en el que operaba Nvidia en un principio. Tal y como se concibió por primera vez en 1993, la aceleradora gráfica 3D sería una de las muchas tarjetas complementarias para montar en la placa base, junto con las tarjetas de sonido, de red, de impresora, etcétera. Pero, a finales de la década de 1990, Intel ya había integrado las funciones de sonido, red e impresión en la placa base.

Solo quedaban las tarjetas gráficas 3D, las únicas supervivientes de un ecosistema diezmado. Resistieron por su capacidad para devorar; absorbían toda la capacidad de computación disponible y pedían más. Las otras funciones del PC multimedia estaban limitadas: una vez que se procesaba sonido con una calidad equivalente a la de un disco compacto, no se necesitaba más potencia de cálculo. Sin embargo, con los gráficos 3D la demanda nunca cesaba. Con los gráficos 3D, no habías terminado hasta que no vivías dentro de Matrix. «Eso fue algo que Intel pasó por alto, el recorrido que tenían las empresas de gráficos», dijo Hans Mosesmann. «La demanda de potencia de procesamiento en ese espacio era básicamente infinita». La CPU no se pondría a la altura del renderizado 3D, ni ahora ni nunca. El doble de velocidad no era suficiente en ninguna parte.

LA RIVA TNT SE LANZÓ en junio de 1998. «TNT» eran las siglas de «*twin texel*»[1] (texels dobles), canales duales de renderizado de píxeles gobernados por un sofisticado mecanismo de conmutación. Carmack estaba encantado con su Stratocaster, a la que llamaba «la tarjeta perfecta». Adaptó *Quake III: Arena* específicamente para la arquitectura de doble canal y aconsejó a su legión de admiradores que la experiencia de juego con *Quake* era mejor usando el hardware de Nvidia. Carmack también vio lo que Huang había profetizado: que los jugadores y los juegos le darían a Nvidia una base para romper el mercado más rentable de las estaciones de trabajo. «La TNT era mucho mejor, en muchos casos, que un ordenador de 10.000 dólares», dijo Carmack.

No era el único programador que se dio cuenta. Kirk, además de quedarse con los mejores empleados de las empresas emergentes en quiebra, ahora estaba robando empleados de Silicon Graphics. Uno de ellos era Dan Vivoli, un antiguo ingeniero que se había pasado al marketing. Vivoli utilizó la TNT para establecer Nvidia como marca. Tras el respaldo de Carmack, los clientes empezaron a convertir en fetiches los productos de Nvidia, lo que atrajo la atención de Jensen. La pila de material de lectura de su despacho pronto incluyó numerosos manuales de marketing.

1. Un *texel* es la unidad mínima de una textura tridimensional utilizada por gráficos diseñados por ordenador. Fuente: `https://proyectoidis.org/texel/`.

Nvidia nunca anunció directamente a los clientes las capacidades paralelas del TNT, ¿por qué confundirlos? En su lugar, aprovechó el sueño de vivir de algún modo dentro del ordenador. Esta fantasía tenía un extraño y poderoso atractivo. El concepto de «Matrix», una alucinación informática compartida, no se originó con la película de 1999, sino con la novela *Neuromante* de 1984 de William Gibson. En una entrevista concedida en 2011 a *The Paris Review*, Gibson recordó su inspiración:

> Recuerdo pasar caminando por delante de un salón recreativo de videojuegos, que era un nuevo tipo de negocio en aquella época, y ver a niños jugando a esos anticuados videojuegos de madera contrachapada estilo consola. Los juegos tenían una representación gráfica muy primitiva del espacio y la perspectiva. Algunos ni siquiera tenían perspectiva, pero anhelaban tenerla y también más dimensiones. Incluso con esta forma tan primitiva, los niños que jugaban estaban tan implicados físicamente que me pareció que querían estar dentro de los juegos.

Nvidia no tenía una declaración de objetivos (Huang no creía en ellos), pero la observación de Gibson podría haber servido como tal. El objetivo era la inmersión, la inmersión total en mundos digitales renderizados con un nivel de detalle en las imágenes que hacían desaparecer la realidad. Lo que Gibson había intuido a partir del lenguaje corporal, Huang lo estaba redescubriendo a partir del razonamiento deductivo. El trabajo de Nvidia no habría terminado hasta que los jugadores vivieran dentro del juego.

Pero, al perseguir este objetivo, los ingenieros de Nvidia estaban jugando a un juego mucho más peligroso incluso de lo que se imaginaban. Dentro de la TNT había un secreto, un secreto oculto y demoníaco enterrado tan profundamente en la arquitectura del silicio que ni Huang ni Kirk ni Carmack ni Vivoli ni nadie en el mundo sospechaba que estaba ahí. Si abriera la tapa de ese procesador TNT e inspeccionara el circuito desnudo con un microscopio, encontraría un cambio no solo en la disposición de los transistores, sino en todos los ordenadores, y quizá en toda la humanidad, para siempre. Dentro de ese diminuto procesador había un secreto que cambiaría el mundo.

SEIS

Jellyfish

Los jugadores de la propuesta se reunieron alrededor del tablero de backgammon en la elegante habitación del hotel Bristol Suites de Dallas (Texas), en 1997. La partida que tenían ante ellos no se parecía a ninguna otra que hubieran visto. Representando a la humanidad estaban Nack Ballard y Mike Senkiewicz, dos de los mejores jugadores vivos. Como agente de las máquinas estaba Malcolm Davis, que apostaba fuerte contra la raza humana y hacía movimientos dictados por el ordenador que tenía a su lado.

Unos meses antes, Garry Kasparov había perdido contra el ordenador de ajedrez de IBM, Deep Blue, en una partida que despertó el interés de todo el mundo. («Rápido y fulminante, el ordenador destrona a Kasparov», tituló *The New York Times*, junto con una fotografía del genial gran maestro ruso con la cara entre las manos). La competición de backgammon equivalente en Dallas no atrajo tanta atención, salvo por los jugadores que entraban y salían de la sala. Estos hombres se pasaban la vida dando rienda suelta a su obsesión por los juegos abstractos de estrategia. Jugaban al go, al póquer, al Scrabble, al *bridge* y al ajedrez, a menudo a un nivel de élite. Reían, charlaban e intercambiaban fajos de billetes después de casi cada tirada de dados. No siempre iban bien vestidos ni tenían una buena forma física, en general y, fuera de los círculos especializados, sus nombres apenas se conocían. Pero fue esta competición en Dallas, que pasó desapercibida, y no la derrota de Kasparov en Nueva York, lo que marcó el comienzo de la nueva era de las máquinas.

Ballard era el mejor de ellos. Era un hombre alegre, corpulento, de cara ancha y patillas que estudiaba backgammon seis horas al día y había sido varias veces número uno del mundo. Con un ruido sordo, agitó los dados en el cubilete de cuero y los arrojó al tablero. Kasparov se había mostrado visiblemente inquieto ante Deep Blue, pero Ballard tenía una concentración de tipo zen en la posición que se iba a producir. Meditó su jugada en silencio y luego movió dos fichas en el tablero.

Cuando terminó, Davis tiró su propio dado y luego consultó con el ordenador sobre la posición actualizada. Él también era un maestro del backgammon, pero en 1997 estaba seguro de que el software estaba superando a los humanos en el juego. Apoyaba esta afirmación ofreciéndose para jugar como agente del ordenador contra cualquier otro jugador por 200 dólares el punto. El backgammon era un juego de rachas y, si la evaluación de Davis sobre las habilidades del ordenador era incorrecta, podría costarle 100.000 dólares o más. Pero confiaba en su máquina, que ejecutaba un tipo de software de inteligencia artificial radicalmente distinto a todos los anteriores.

El programa se llamaba «Jellyfish». Lo que hacía especial a Jellyfish era que se trataba de una «red neuronal» cuya estructura estaba inspirada en el cerebro biológico. En lugar de ejecutar código escrito por programadores humanos, Jellyfish tomaba decisiones pasando información a una red de neuronas artificiales cuyas sinapsis se representaba en el ordenador como una enorme matriz de números o «pesos». La cuadrícula evaluaba la posición y enviaba una respuesta a través de este sistema nervioso sintético.

Apareció un tosco cuadro de diálogo con la recomendación de Jellyfish. Davis movió las fichas en el tablero. De vez en cuando, el programa recomendaba una jugada controvertida, lo que provocaba desacuerdos entre los espectadores y un aluvión de apuestas paralelas. Mientras continuaba la charla, Ballard volvió a tirar los dados y reanudó su ensoñación sobre el tablero.

• • •

LA PARTIDA DE BACKGAMMON de Dallas atrajo tan poco el interés de la comunidad de IA como de la prensa. En 1997, los principales informáticos consideraban las redes neuronales poco más que juguetes. Se concibieron por primera vez como «redes nerviosas» en la década de 1940, cuando los primeros experimentadores recrearon físicamente las neuronas y sinapsis del cerebro utilizando un complejo hardware electromecánico. Estos gigantescos artilugios absorbían mucha energía y dinero, pero apenas producían nada útil hasta que, en 1969, el influyente investigador del MIT Marvin Minsky demostró que una sola capa de neuronas era incapaz de realizar una sola de las operaciones lógicas más sencillas. La financiación desapareció y la mayoría de las máquinas se desmontaron.

En los años siguientes, la IA sufrió muchos falsos arranques y se ganó una reputación como cementerio de carreras profesionales. Los primeros avances de la IA «simbólica» fracasaron en el primer invierno de la IA, en 1974. En la década de 1980, el renovado interés por la IA de «sistemas expertos» creó una breve burbuja bursátil que estalló tras el lunes negro de 1987. Los gobiernos de Japón, Reino Unido y Estados Unidos lanzaron ambiciosas iniciativas de IA, gastando miles de millones de los contribuyentes en grandes estrategias de investigación. En todos los casos, analistas independientes llegaron a la conclusión de que el dinero se había malgastado en su mayor parte.

Mientras tanto, en las décadas de 1970 y 1980, un grupito de científicos informáticos renegados siguió investigando las redes neuronales, creyendo que la destartalada maquinaria de antaño podría recrearse con software y que múltiples capas de neuronas podrían superar las limitaciones que una sola capa no podía. La mayoría de los investigadores de IA consideraban que estos inconformistas estaban equivocados o posiblemente locos, pero en 1986 el psicólogo cognitivo David Rumelhart, en colaboración con los científicos informáticos Geoffrey Hinton y Ronald Williams de la Universidad de California en San Diego, publicó un elegante procedimiento matemático para entrenar redes neuronales multicapa llamado «retropropagación».[1] El método permitía a los investigadores perfeccionar las neuronas artificiales del ordenador en respuesta a información nueva, de la misma manera que el cerebro humano forma nuevas conexiones sinápticas en respuesta al aprendizaje de una tarea.

La retropropagación reavivó la comunidad de redes neuronales inactiva y permitió que los ordenadores funcionaran de una forma totalmente nueva. La retropropagación permitió crear programas informáticos que no necesitaban ser programados explícitamente y que los sistemas informáticos crearan sus propias reglas y evolucionaran.

A finales de la década de 1980, el investigador Gerald Tesauro, que también trabajaba en IBM, abandonó el popular grupo de investigación de ajedrez de la empresa para conquistar el humilde juego del backgammon. Sin el caché del ajedrez ni la mística del póquer, el juego consistía esencialmente en una carrera en la que los jugadores intentaban matar las fichas del otro mientras se movían en direcciones opuestas por un tablero de veinticuatro puntos siguiendo las tiradas de dos dados de seis caras. La imprevisibilidad del juego lo hacía atractivo para los jugadores, pero para Tesauro el backgammon tenía un atractivo diferente. Simulando las tiradas de dados podía generar

---

1. La retropropagación utiliza el cálculo multivariable y el álgebra lineal para atribuir los nuevos hallazgos a través de una pila de redes en capas. La retropropagación lo consigue determinando primero el grado de error de la salida de la red neuronal existente. Este valor de error se utiliza a continuación para calcular un conjunto de derivadas parciales conocido como «gradiente», que fundamentalmente intenta determinar qué neuronas están más «equivocadas». Una vez determinado el gradiente, la retropropagación reajusta las neuronas en la dirección opuesta. El proceso completo se repite un número indefinido de veces.
La técnica de retropropagación fue descubierta por primera vez en 1970 por el matemático finlandés Seppo Linnainmaa, aunque Linnainmaa no la aplicó explícitamente a las redes neuronales. En 1974, el experto informático estadounidense Paul Werbos redescubrió la retropropagación de forma independiente y le presentó la técnica a Marvin Minsky en el MIT como una solución a los problemas descritos en el libro de Minsky *Perceptrons*. Pero Minsky, según cuenta Werbos, prácticamente le echó de su despacho y le disuadió de utilizar la técnica. (Más tarde, Werbos supuso que Minsky estaba molesto por no haber descubierto él mismo la retropropagación). En 1986, Rumelhart, Williams y Hinton reintrodujeron la retropropagación como un método de entrenamiento de redes neuronales y la técnica recibió una atención generalizada.

rápidamente cientos de miles de partidas artificiales de backgammon, que eran datos de entrenamiento a partir de los que podría aprender una red neuronal.

Tesauro trabajó en este proyecto casi en solitario, ya que, al igual que ocurría con las redes neuronales, pocos investigadores de IA se tomaban el backgammon en serio. Primero, entrenó a sus redes neuronales para que imitaran a los mejores jugadores humanos, pero este enfoque produjo pocos resultados valiosos. Hacia 1990, Tesauro decidió probar un enfoque diferente. Eliminó de la red neuronal todos los consejos estratégicos sobre el juego del backgammon, dejando solo las reglas y un conjunto inicial de neuronas ponderadas aleatoriamente. Luego hizo que el ordenador jugara cientos de miles de partidas contra sí mismo.

La técnica se conocía como «aprendizaje por refuerzo» y Tesauro fue la primera persona que consiguió que funcionara. Al principio, el programa era desalentador y movía las fichas sin rumbo. Sin embargo, al cabo de unos miles de partidas la red neuronal había aprendido que dejar una ficha sola era malo, pero que apilar dos fichas juntas era bueno, con lo que alcanzó el nivel de un principiante competente. Después de decenas de miles de partidas, la red neuronal empleaba conceptos más avanzados, como usar varias pilas de fichas para construir un muro. Después de doscientas mil partidas, la red neuronal, a la que Tesauro llamó TD-Gammon, jugaba a un sólido nivel intermedio. En los años siguientes, Tesauro expuso a TD-Gammon a millones de partidas simuladas y, en 1995, TD-Gammon empleaba estrategias nunca antes vistas por los humanos. La red neuronal ya no se limitaba a aprender. Estaba innovando.

Sin responsabilidades por el conocimiento recibido, TD-Gammon descubrió un enfoque nuevo del backgammon. Determinó que los jugadores humanos arriesgaban demasiado para establecer una ventaja inicial y que las aperturas conservadoras eran mejores. Al mismo tiempo, a menudo renunciaba a una victoria garantizada en el final del juego en un intento codicioso de doblar su puntuación, una estrategia que la mayoría de los jugadores humanos consideraba temeraria. Durante la partida, TD-Gammon realizaba una serie de jugadas más sutiles que los expertos humanos solo entendían tras una profunda introspección. En 1995, el maestro del backgammon Kit Woolsey escribió a Tesauro elogiándole después de jugar contra su creación:

> La comparación entre TD-Gammon y los ordenadores de ajedrez de alto nivel me parece fascinante. Los ordenadores de ajedrez son magníficos en posiciones tácticas en las que se pueden calcular variaciones. Su punto débil son las partidas de posicionamiento imprecisas en las que no es obvio lo que está pasando. TD-Gammon es justo lo contrario. Su punto fuerte son las batallas de posicionamiento imprecisas en las que la clave es el juicio, no el cálculo...
> En lugar de una máquina tonta que puede calcular cosas mucho más rápido que los humanos, como los ordenadores que juegan al ajedrez, ha construido una máquina inteligente que aprende de la experiencia de forma muy parecida a como lo hacen los humanos.

Pero IBM fracasó al comercializar el proyecto de Tesauro: ¿por qué un vendedor de servidores empresariales iba a vender software comercial de backgammon a unos pocos cientos de clientes? Claro, por qué.

Este adorable rincón del mercado lo ocupó en 1994 el investigador noruego Fredrik Dahl. Dahl era un hombre fuera de lo común al que le gustaba el backgammon, el ajedrez, las batallas de tanques simuladas, el jiu-jitsu y buscar hongos comestibles en el bosque. Trabajaba para el Ministerio de Defensa noruego, donde simulaba los resultados de una hipotética invasión soviética. Su trabajo se inspiró en la película de 1983 *Juegos de guerra*, protagonizada por Matthew Broderick. En esa película una IA intenta iniciar una guerra nuclear.

Dahl me aseguró que no quería llegar a ese punto, pero mostró un gran interés en cuestiones militares: tras la caída de la Unión Soviética se suprimió la financiación de la investigación de Dahl. «Fue una época horrible», dijo (creo que estaba bromeando). Para su tesis doctoral, Dahl había construido una red neuronal que modelaba los resultados de los combates haciendo que el ordenador librara millones de batallas simuladas contra sí mismo. Esta estructura se transfirió con facilidad al backgammon y Dahl no tardó en superar los resultados de Tesauro.

En 1994, Dahl presentó Jellyfish, la primera red neuronal vendida al público. Jellyfish se había entrenado con muchos millones de partidas de backgammon, pero, a pesar de este intenso proceso computacional, el producto final era lo suficientemente pequeño como para caber en un disquete de 3,5 pulgadas, que Dahl vendía a través de su primitivo sitio web. De este modo se estableció una distinción temprana entre la complicada etapa de entrenamiento de la IA, que era como aprendía el ordenador, y la etapa de inferencia, que era como el ordenador desplegaba su conocimiento. Esta última era mucho menos costosa: podría establecerse un paralelismo entre el cerebro humano de un kilo, que se encarga de la inferencia, y los cientos de millones de años de condicionamiento evolutivo que le han proporcionado el entrenamiento.

Dahl estaba en sintonía con estas analogías biológicas. Había elegido el nombre «Jellyfish» (medusa) como homenaje al antiguo cnidario acuático cuya «red nerviosa» controlaba sus sistemas de estímulo y respuesta. Su programa «solo tenía un centenar de células cerebrales, lo que me pareció equiparable a la medusa», afirmó. Ese era el poder de las estructuras neuronales: todo lo que se necesitaba para conquistar el backgammon o sobrevivir 500 millones de años en un ecosistema marino peligroso o incluso defenderse de los soviéticos eran un centenar de pequeñas células.

Para obtener una muestra estadística adecuada, Ballard y Senkiewicz habían acordado jugar trescientas partidas cada uno contra Jellyfish. Ballard, que en una ocasión había jugado ochenta y cuatro horas seguidas, estaba acostumbrado a estos maratones de backgammon y consiguió mantener la concentración. Venció al ordenador en cincuenta y ocho partidas, y se embolsó 11.600 dólares. Pero Senkiewicz perdió una cantidad casi equivalente, Davis cubrió pérdidas y la competición fue declarada un empate. Ballard estaba contento con su victoria individual, pero un análisis posterior demostró que había tenido suerte con sus tiradas de dados y supo que había llegado su hora. Nunca más un ser humano sería tan temerario como para desafiar a un programa de backgammon por dinero.

La noticia de la partida de Jellyfish se extendió rápidamente por toda la comunidad del backgammon con un fuerte sentimiento tribal. Deep Blue era un superordenador inasequible económicamente cuyo método de fuerza bruta no era reproducible por los humanos y, por lo tanto, no cambió de forma fundamental el enfoque experto del ajedrez (de hecho, Deep Blue fue desmantelado después de su victoria en 1997). Jellyfish, por el contrario, era un software asequible que podía ejecutarse en cualquier máquina Windows y revolucionó el juego. Consultando Jellyfish en su ordenador doméstico, el maestro Kit Woolsey publicó *New Ideas in Backgammon* (*Nuevas ideas en el backgammon*), una colección de posiciones en las que la opinión de la red neuronal divergía mucho de la intuición humana. Pronto quedó claro que el ordenador siempre tenía razón. Con el tiempo, los analistas aprendieron a evaluar la habilidad de un jugador humano no por el número de partidas que ganaba o perdía, sino simplemente por cuánto difería su juego de este resultado ideal del ordenador.

Jellyfish fue la primera red neuronal que superó a los humanos en cualquier juego. A continuación, Dahl centró su atención en el póquer. Utilizando técnicas de aprendizaje por refuerzo, pronto construyó o quizá sería mejor decir evolucionó una red neuronal capaz de vencer a cualquier jugador del mundo en la variante Texas Hold'em para dos jugadores, con límite y «cara a cara». Dahl concedió la licencia de esta red neuronal a un fabricante de máquinas de monedas que instaló el robot de póquer en los casinos del Strip de Las Vegas y ofrecía a todos los interesados jugar con dinero real. Una vez más, nadie pudo vencer a la máquina.

Pero la revolución se detuvo ahí. Aunque ganó bastante dinero con la operación de las máquinas de monedas, cuando Dahl intentó crear un programa similar para el Hold'em sin límite, se encontró con problemas. Se podía apostar cualquier cantidad porque era sin límite y el conjunto de datos sintéticos era mayor que los universos cerrados que había construido para el póquer con límite y el backgammon. La red neuronal sin límite de Dahl tuvo problemas para aprender de esta abrumadora cantidad de datos. «Hacía jugadas razonables, pero nunca conseguía lo que yo esperaba», dijo.

Dahl trabajó en este problema durante muchos años. El obstáculo era que casi no tenía ni idea de cómo funcionaba realmente su robot de póquer. La estructura de su red neuronal no era más fácil de interpretar que el sistema nervioso de un invertebrado, y tratar de separar las estrategias de juego examinando los pesos individuales de la red era como tratar de desentrañar la conciencia observando las células cerebrales a través de un microscopio.

Esta era la crítica que se hacía a las redes neuronales y lo que predisponía a la comunidad académica en su contra. Una vez que una red neuronal alcanzaba un nivel de entrenamiento, y casi siempre lo alcanzaba, rara vez había una forma obvia de mejorarla. La programación clásica era ordenada y lógica, pero alterar las redes neuronales requería una mentalidad diferente. Dahl lo comparó con realizar un experimento biológico: los resultados eran impredecibles y la alteración de variables aparentemente menores podía tener todo tipo de resultados inesperados. Dahl probó todo lo que se le ocurrió para mejorar su robot de póquer sin límite. Jugó con su función de evaluación, se peleó con la memoria de su ordenador, recolocó el disparador de activación de las neuronas, incluso sintetizó un universo de datos más simple para que el robot lo explorara, pero nunca consiguió que jugara a un nivel experto.

Al final, Dahl se rindió, como tantos otros investigadores de redes neuronales antes que él. Dejó de lado el robot de póquer y se puso a analizar datos médicos con técnicas convencionales. Muchos críticos de las redes neuronales eran apóstatas igualmente desilusionados que habían disfrutado de un éxito inicial con la tecnología antes de pasarse años publicando resultados mediocres. Dahl nunca llegó a engrosar las filas de los incrédulos, pero su fe fue seriamente puesta a prueba. «Lo descarté», dijo el hombre que vendió al público su primera red neuronal. «Lo descarté porque no tenía los datos». No veía ninguna solución y lo intentó todo. No podía imaginar qué podría hacer que las redes neuronales tuvieran éxito.

SIETE

Combate mortal

Johnathan Wendel apuntó con su arma al montón de munición y esperó. Jugando bajo el nombre de usuario «fatal1ty», Wendel fue uno de los primeros jugadores profesionales, y en 1999 buscaba ser el mejor. Tenía una larga racha de victorias en torneos de *Quake III: Arena* y a menudo conseguía victorias impecables, su punto fuerte era su habilidad para meterse en la cabeza de sus oponentes. Se había dado cuenta de que este rival parecía demasiado aficionado a la munición, y se preparaba para activar una trampa.

La mayoría de los jugadores profesionales eran empollones flacuchos, pero Wendel era un atleta musculoso que jugaba al hockey sobre hielo, al tenis y al golf. Con ojos azul claro, pelo rubio con toques de castaño claro y cara ancha y masculina, parecía un deportista de fraternidad de una comedia de la década de 1980. Wendel había descubierto su talento para el *Quake* de competición a los quince años, venciendo a un centenar de universitarios en un torneo celebrado en Wichita (Kansas) en 1996. Entonces abandonó la universidad para dedicarse a los videojuegos de manera profesional. «La cosa es que, si ganas un solo torneo, te olvidarán, ¿vale?», dijo Wendel, refiriéndose a su héroe Tiger Woods. «Esta gente se olvidará de mí si no gano más».

Wendel se centró en *Quake* con la competitividad demencial de un atleta profesional. Hacía sesiones de *sparring* de lucha a muerte (*deathmatch*) de ocho a doce horas diarias y rompió con su novia para poder practicar más. Ganó montones de torneos y fue el jugador con mayores ingresos en videojuegos competitivos durante siete años consecutivos. Una vez, después de ganar un torneo en Texas, se quitó los auriculares, apretó el puño y soltó un grito triunfal mientras su oponente con gafas se encogía en su sudadera con cremallera. Wendel, mucho más corpulento, con una cazadora de la NFL y pantalones cargo parecía a punto de tirarle de los calzoncillos (típica broma de abusón) a su oponente.

Wendel usaba simulacros para perfeccionar su instinto de tiro rápido. Se sentaba frente a la pantalla con el dedo sobre un ratón; cuando la pantalla se ponía verde, hacía clic con el ratón lo más rápido posible. Con la práctica, logró reducir su tiempo de respuesta a 140 milisegundos. Entre sesiones de entrenamiento en el ordenador, Wendel corría varios kilómetros, lo que creía que mejoraba sus reflejos. Aficionado a las metáforas deportivas, se comparaba con un piloto de Fórmula 1 pisando a fondo el acelerador al inicio de la carrera.

A través de sus auriculares, Wendel oía los pasos de su adversario acercándose al montón de munición. El entrenamiento de Wendel se activó y colocó el dedo suavemente sobre el botón del ratón. El truco era empezar a disparar justo antes de que apareciera el adversario. En el momento crítico, Wendel pulsó el botón y el tiempo se ralentizó.

Wendel utilizaba una Nvidia TNT2 para renderizar el juego. Los procesadores de productos básicos podían renderizar *Quake III* a veintidós fotogramas por segundo. La tecnología de procesado en paralelo de Nvidia podía aumentar ese valor hasta los sesenta y seis fotogramas. Esta mejora crítica doblaba de cinco a diez la cantidad de fotogramas en la ventana de 140 milisegundos de reacción de Wendel. Ese era el margen que necesitaba.

Wendel empezó a disparar uno o dos fotogramas antes de poder ver al otro jugador. Transcurrieron treinta milisegundos (tres centésimas de segundo) y, entonces, el enemigo se colocó en su línea de fuego. El procesador Nvidia actualizó. Un fotograma de daño y el procesador volvió a actualizar. Otro fotograma de daño y otro, y con cada fotograma el procesador ejecutaba unos doscientos millones de cálculos individuales. A través de sus auriculares, Wendel oyó satisfactorios gruñidos de dolor hasta el último fotograma, cuando el oponente se desplomó hecho papilla y, con eso, «fatal1ty» había contabilizado otra muerte.

Wendel comparó su relación con Nvidia con la de Michael Jordan con Nike. La compañía le proporcionó hardware gratuito y, a cambio, él publicitaba sus capacidades siempre que podía. Wendel sabía poco sobre la tecnología de procesamiento paralelo que hacía funcionar las tarjetas; cuando le pregunté por ella en 2024, respondió encogiéndose de hombros. Lo único que sabía era que nada renderizaba la lucha a muerte (*deathmatch*) como la TNT2. «La velocidad de fotogramas de esa máquina era una locura», dijo Wendel. Actualizaba su tarjeta cada vez que aparecía una mejora, y pronto todos los jugadores profesionales hicieron lo mismo.

A Wall Street le encantó. Nvidia lanzaba tarjetas nuevas cada seis meses, el doble de rápido que cualquier otro fabricante. La empresa presentaba una línea de productos nueva para el comienzo de las clases cada otoño y luego actualizaba ese producto en primavera. La demanda se aceleró con la llegada de los monitores de pantalla plana y, en pocos años, los aceleradores gráficos se convirtieron en un estándar en la mayoría de los PC. A principios de 1999, menos de seis años después de su fundación, Nvidia salió a bolsa con una valoración de 600 millones de dólares. Sequoia, que inicialmente había valorado a Nvidia en 6 millones de dólares, registró una cifra que se multiplicó por cien, pagando las pérdidas de otras innumerables inversiones especulativas. Las acciones, que cotizaban a 12 dólares en el NASDAQ bajo el símbolo NVDA, se duplicaron de inmediato; a finales de año habían alcanzado los 60 dólares. Los archivos corporativos mostraron que Priem, Malachowsky y Huang poseían cada uno más de tres millones de acciones.

Ahora Huang era centimillonario, pero su nueva riqueza no lo distrajo de su objetivo de aplastar y absorber a la competencia hasta que solo quedara su empresa. Dwight Diercks no recordaba fiestas ni champán ni sensación de alivio, ni siquiera felicitaciones de su jefe. Compartió conmigo un correo electrónico que había guardado de Huang:

> «El equipo de TNT2 tiene que hacer todo lo posible para cruzar la meta. Cada minuto, en Dell y Compaq están luchando por el negocio de las placas base. Las Savage 4 de S3 funcionan bien en Camino, pero seguimos luchando. No hay más tiempo. Hagan lo que sea necesario para lograrlo. Necesitamos victorias en diseño para arrebatarle cuota de mercado a ATI, contener a S3 y llevar a Nvidia al siguiente nivel.

> Recuerden, hay tres prioridades: una, dos y tres. Contamos con 250.000 unidades de lanzamientos de TNT2 para abril para completar nuestro primer trimestre. Háganlo y tenemos que certificar los prototipos como corresponde. Consíganlo».

Diercks negó con la cabeza asombrado. «Escribió esto el día después de la salida a bolsa», dijo.

EN EL CORREO ELECTRÓNICO SE MENCIONABAN los competidores ATI y S3, pero la némesis de Nvidia era 3dfx. Sus tarjetas Voodoo habían sido los aceleradores gráficos líderes durante los últimos dos años. A finales de 1999, Huang presentó al asesino de Voodoo. Se llamaba GeForce, abreviatura de «*Geometry Force*». Impulsado por el NV10, podía renderizar diez millones de triángulos por segundo y alterar los colores de los píxeles en la escena 3D para que coincidieran con la ubicación de las fuentes de luz móviles. Unificar «transformación e iluminación» en una sola plataforma era un logro buscado desde hacía tiempo, y Nvidia quería alardear de ello. «Básicamente, ahora podían hacer por 2 dólares lo que una estación de trabajo podía hacer por 2.000», dijo Jon Peddie.

Huang recurrió a Dan Vivoli, el comercializador que había reclutado de Silicon Graphics. Vivoli era un tipo inteligente que vio un presupuesto limitado como una oportunidad. Había notado que, al tomar decisiones de compra, los jugadores dependían de media docena de revisores de hardware independientes. Vivoli se puso en contacto con los revisores y les informó de que la GeForce era la primera «unidad de procesamiento gráfico» o «GPU» del mundo. De hecho, Vivoli había inventado este término, pero los revisores empezaron a agrupar productos en la categoría. Pronto, las aceleradoras gráficas se conocieron universalmente como GPU. «Inventamos la categoría para poder ser los líderes de ella», dijo Vivoli.

Los ingenieros de 3dfx se enfurecieron ante la maniobra de Nvidia. «Hubo situaciones en las que Nvidia hizo algunas trampas en los análisis comparativos», dijo Peddie. «Así que sí, los superaron en marketing. ¡Pero también en ingeniería! Simplemente dirigieron mejor su empresa». La GeForce podía gestionar cuatro canales de renderizado en un solo procesador. Un prototipo de la Voodoo 4 más cara de 3dfx utilizaba cuatro procesadores y, aun así, no podía hacer lo mismo. El frenético ciclo de lanzamiento de seis meses de

Nvidia dejó a los perfeccionistas de 3dfx en desventaja. En cierto momento, uno de los fundadores de 3dfx especuló públicamente sobre declarar una tregua entre ambas empresas para que se pudieran establecer estándares técnicos antes del lanzamiento de la siguiente generación de productos. «Fue entonces cuando supe que lo teníamos», dijo Kirk. «Estábamos en un combate mortal con 3dfx y uno de nosotros tenía que morir».

Los experimentos de extracción de cerebros de Kirk fueron otra fuente de discordia continua. A medida que los ingenieros desertaban a Nvidia, a menudo traían consigo ideas registradas. Esto creó problemas legales: desde 1996 y hasta 1999, S3, Silicon Graphics y 3dfx presentaron demandas por infracción de patentes contra Nvidia, y un cuarto competidor, Matrox, presentó una demanda alegando que Nvidia había alentado a sus empleados a violar acuerdos de confidencialidad. Las otras tres demandas se resolvieron extrajudicialmente, pero 3dfx no fue a la conciliación; en lugar de eso, la empresa en quiebra apostó su supervivencia a la victoria en el juicio. En agosto de 2000, durante una desastrosa reunión de resultados, el director general de 3dfx, Alex Leupp, dijo a los inversores que 3dfx iba camino de perder más de 100 millones de dólares en un solo trimestre. Una hora más tarde, Nvidia anunció que presentaría una contrademanda a 3dfx, haciendo sus propias reclamaciones de infracción de patentes bastante cuestionables. Muchos consideraron cruel el momento de la demanda; algunos especularon con que Huang había presentado de manera deliberada una demanda molesta que sabía que no ganaría, solo para aumentar las facturas legales de 3dfx, que en ese momento tenía poco efectivo.

Un mes después, el juez del caso emitió un fallo preliminar a favor de 3dfx y rechazó por completo la contrademanda de Nvidia. 3dfx se apresuró a cobrar, pero Nvidia, mediante astutas maniobras legales, logró detener el pago. Desesperado, Leupp intentó vender 3dfx a Intel, ofreciendo el fallo favorable contra Nvidia como lo único de valor que poseía. Pero Intel no quería formar parte de esta mezquina disputa, ni tampoco nadie más. Con el dinero agotándose y su producto tambaleándose, 3dfx se vio obligada a admitir la derrota y ofrecerse a Nvidia.

Huang había ganado. Su recompensa fue una futura brigada de nuevos empleados que lo odiaban. Los archivos judiciales revelaron más tarde que, dentro de 3dfx, a Huang se le llamaba «Darth Vader». («En realidad lo llamaban cosas peores», dijo Peddie. «Puedo decirle que algunos de los otros nombres que le daban eran muy poco respetuosos»). Llegados a este punto, los rumores sobre Huang eran casi mitológicamente siniestros: se llevaba a los empleados; robaba ideas; manipulaba a los espectadores; daba patadas en los dientes a sus competidores caídos. Sin embargo, principalmente odiaban a Huang porque les había dado una patada en su trasero corporativo colectivo. «Nvidia se hizo enemigos por el camino a medida que ascendía al poder, incluso con socios y proveedores», dijo Peddie. «Jensen, podría decirse que es un amigo personal mío, pero era implacable».

El programador Ben Garlick recibió su aviso un viernes de diciembre por la tarde, junto con el resto de la oficina de 3dfx en Austin (Texas). Las estaciones de trabajo bloquearon a todo el mundo y el cuerpo de seguridad acompañó a los empleados fuera del edificio, deteniéndose para inspeccionar mochilas y bolsos. Los empleados merodearon por el estacionamiento hasta que un responsable de recursos humanos llamó su atención y les indicó que se reunieran en el almacén situado al otro lado de la calle. Los complejos de oficinas en Texas no se diseñaron teniendo en cuenta a los peatones, y así comenzó una procesión indigna de rehenes vestidos con un estilo ejecutivo informal que primero se metieron dentro de un canal de drenaje, luego continuaron en desbandada por una vía de servicio sin señalizar y finalmente llegaron a un almacén lleno de hardware gráfico sin vender y, de hecho, invendible. Aquí se informó a los empleados que, con efecto inmediato, 3dfx los despedía a todos. «Ese fue un día divertido», dijo Garlick.

Sin embargo, los afortunados tuvieron consuelo. Nvidia había declinado comprar la totalidad de 3dfx, pero había ofrecido comprar activos específicos por valor de 70 millones de dólares. Leupp había aceptado y la demanda fue retirada. Más tarde, documentos internos revelaron que Huang valoraba a los mejores ingenieros de 3dfx en 1 millón de dólares por persona. Esta estimación reflejaba tanto su valor para Nvidia como el valor de mantenerlos alejados de sus competidores. En el almacén, se les dijo a los empleados despedidos que se fueran a casa durante el fin de semana y esperaran junto al teléfono una posible oferta de trabajo de Huang. De una lista de aproximadamente quinientos candidatos, Huang, consultándolo con Kirk, había elaborado una lista de 120 empleados de 3dfx que Nvidia quería quedarse. Estos empleados desconfiaban de Huang. Durante el fin de semana corrieron rumores de que

Nvidia era un taller clandestino y Huang era un tirano que les gritaba a los empleados a pleno pulmón. Algunos afirmaban que no trabajarían para ese hombre a ningún precio. Garlick era más realista. Se acercaba la Navidad y necesitaba un trabajo.

Fue uno de los primeros en recibir una oferta. Garlick era un programador cualificado, aunque modesto (le pregunté si sus contribuciones valían 1 millón de dólares y me dijo: «Algo parecido»). Regresó al almacén el lunes siguiente y Huang en persona le presentó un aumento del veinte por ciento, beneficios y opciones para la compra de acciones. Garlick aceptó el trabajo y se quedó en Nvidia durante los siguientes diecisiete años. «Mi teoría es que Jensen en el fondo es una buena persona que tuvo que ser despiadada», dijo Garlick. «A diferencia de otros directores generales, que en el fondo eran despiadados y trataban de aparentar ser buenas personas». Huang fue tan encantador que, de los 120 empleados que reclutó, 106 se unieron al lado oscuro.

A Garlick le dieron acceso al código base de Nvidia y quedó horrorizado por lo que vio. «Básicamente, era cáncer», me dijo. «Ya sabe, las células cancerosas no son eficientes. Simplemente mutan, crecen y se expanden». En 3dfx, Garlick se había sentido orgulloso de la elegancia de su programación, desarrollando sistemas metódicos con comentarios claros, lo que permitía a otros programadores mantener y mejorar su trabajo con facilidad. «En el tiempo que dedicamos a hacerlo limpio, quebramos», dijo. El enfoque de Nvidia era descuidado, con bloques de código escritos durante un delirante *crunch* de medianoche que servían de base para sistemas críticos. «¡Qué desmadre! ¡El código era una porquería, la cadena de herramientas era un desastre y la cuestión era que no les importaba una mierda!», dijo Garlick. «No les importaba nada más que la siguiente creación del diseño de la fotomáscara».

De esta manera, Nvidia había acumulado una gran cantidad de «deuda tecnológica» tomando atajos una y otra vez que con el tiempo dieron como resultado un código menos sostenible y que creaba problemas para los programadores posteriores. Pero, a medida que Garlick se acostumbraba a estos atajos, llegó a comprender el valor del planteamiento de Nvidia. «Había una brillantez extraña en todo eso: simplemente iterar, iterar, iterar, ejecutar, ejecutar, ejecutar», dijo. «Como lo veo ahora, la deuda tecnológica es la cicatriz de la batalla del superviviente».

• • •

CON LAS NUEVAS CONTRATACIONES, Nvidia tenía más de seiscientos empleados, frente a los únicos treinta y cinco de hacía cuatro años. La empresa se trasladó a una nueva sede en Santa Clara, cerca de la US 101, y alquiló un complejo de edificios curvos de varias plantas, de cristal y acero, unidos por pasarelas elevadas, adornados con esculturas, rodeados de aparcamiento, junto a la autopista y que se extendían sobre 4,5 hectáreas de terreno. Las nuevas oficinas no olían a comida para llevar. No olían a nada. Había llegado la respetabilidad modernista con sus implicaciones aburridas y predecibles.

Las trampas del parque de oficinas suburbano (las granjas de cubículos, las interminables filas de coches, los espantosos restaurantes de cadena) fueron satirizadas de manera memorable en la película *Trabajo basura* de Mike Judge de 1999. Judge había basado la película en el tiempo que estuvo trabajando en uno de los competidores de Nvidia, una empresa emergente de tarjetas gráficas situada a solo un poco más de tres kilómetros cerca de la US 101. Judge había odiado este entorno de trabajo, pero los miembros de Nvidia con los que hablé nunca mencionaron el aburrimiento o una sensación de oportunidad perdida. Habían tomado la decisión de pasar gran parte de su vida en los cubículos, y el mundo corporativo les sentaba bien. Huang colaboró al buscar incansablemente idioteces burocráticas para eliminar. Varios jefes le recuerdan al personaje principal de Office Space que use la portada correcta para sus informes TPS. Los ingenieros de software del mundo real a menudo presentaban ese tipo de documentación de «especificación de procedimiento de prueba», pero, si alguna vez Huang hubiera descubierto que uno de sus directores estaba desperdiciando un tiempo precioso de ingeniería con preocupaciones sobre las portadas, sospecho que lo habría arrastrado al centro del foso de cubículos y lo habría crucificado.

Muchas de las nuevas contrataciones de Nvidia, que solían trabajar para empresas de juegos, llegaron esperando una cultura más flexible. «En 3dfx, el lema era "Trabaja mucho, diviértete mucho"», dijo un exempleado. «En Nvidia, era más bien "Trabaja duro"». Los turnos largos eran lo habitual, y el ciclo de lanzamiento de seis meses creaba una presión constante. «El resultado final eran fechas de entrega casi sin parar y una sensación constante de ir con retraso», recordó otro empleado.

Otros apreciaron la profesionalidad de Nvidia. «Al menos sabías que el lugar iba a seguir funcionando», dijo un veterano. Las compañías de videojuegos rara vez tenían un código de vestimenta, y algunos programadores se permitían una dejadez excesiva. Karen Huaulme, otra empleada de 3dfx, recordó haberse perdido en un complejo de oficinas a las afueras de Dallas buscando la sede de iD Software, el creador de *Quake*. Resolvió su problema siguiendo a la persona peor vestida que pudo encontrar, un joven pálido de pelo largo y enmarañado, con chanclas y una camiseta andrajosa. La condujo directamente a la puerta principal de iD.

En Nvidia, nadie usaba nunca chanclas en la oficina. Huaulme también me contó que, en empresas anteriores, sus colegas hombres a veces cuestionaban agresivamente sus referencias; en otras ocasiones, asumían una especie de confianza excesiva sobona. Había pocas empleadas en Nvidia, sobre todo en aquella época, pero a Huaulme le pareció un lugar relativamente seguro. «En Nvidia me sentía protegida de ese tipo de cosas», dijo.

Kirk hizo muchas de las entrevistas de contratación. Años antes, en su propia empresa emergente, se había visto obligado a despedir a cien ingenieros, una experiencia tan dolorosa que días después él mismo había renunciado. Decidido a no repetir nunca esta experiencia, Kirk determinó que la mejor manera de evitar despidos era ser selectivo con las personas que contrataba. El formato inicial de entrevistas en Nvidia consistió en varias rondas seguidas de una decisión de contratación por consenso. Pero el personal técnico, reacio a hacer que la gente se avergonzara, se limitó a las tonterías estándar de las entrevistas: «Recuerda una vez que superaste dificultades», «¿cuál es tu mayor debilidad?», «¿por qué las tapas de las alcantarillas son redondas?».

Kirk estaba frustrado y le parecía que su personal perdía el tiempo. Sabía cómo respondería Jensen: reuniendo al personal técnico en una sala de conferencias y gritándoles. Al igual que Diercks, Kirk creía que los arrebatos de Huang eran intencionados. «Gritarle a la gente formaba parte de su estrategia de motivación», dijo Kirk. «Podrías pensar que simplemente está loco, pero yo creo que era premeditado. ¡Y funciona! Fastidia a la gente, pero funciona». Kirk creía que el público era fundamental: «Quiere que sirva para todos. Nunca le gritaría a cualquier tipo en el pasillo. Cuando está torturando a la gente, la está obligando a aprender una lección, y no me cabe duda de que nunca la olvidarán».

Al darse cuenta de que sus empleados no sabían cómo contratar a sus propios sustitutos, Kirk optó por el Método Educativo Jensen Huang. De manera deliberada y con gran intencionalidad, Kirk reunió a sus ingenieros en una sala de conferencias. Entonces Kirk, el amable Kirk que evitaba el conflicto y rara vez levantaba la voz, comenzó a gritar. «¡¿Qué diablos estáis haciendo?!», gritó Kirk a su personal. «Acabáis de entrevistar a un tipo con el que contaréis para hacer la mitad de vuestro trabajo, ¡y ni siquiera os habéis molestado en averiguar si puede hacerlo! Ahora tendréis que hacer el doble de trabajo, ¡y él recibirá la mitad de vuestro salario!». Kirk, con satisfacción, observó el silencio atónito de sus empleados. «Lo vamos a traer de nuevo, y ahora le voy a hacer preguntas, porque ninguno de vosotros sabe cómo hacerlo», dijo.

El desafortunado solicitante de empleo volvió para encontrarse en un teatro de interrogatorio. Con su personal presente, Kirk comenzó la entrevista con una pregunta fácil: «¿Está familiarizado con cómo dibujar un triángulo?». Una vez que el candidato respondió a esa pregunta, Kirk aumentó suavemente la dificultad. «Bien, ¿cómo dibuja los bordes de un triángulo?»; después de responder, Kirk continuó: «¿Qué pasa si una de las coordenadas del triángulo es cero? No se puede dividir por cero, entonces ¿qué hace?». Kirk avanzó hacia un territorio más difícil hasta que sintió que había llegado al límite de la comprensión del candidato. Luego vino la pregunta final, un desafío técnico exigente que Kirk estaba seguro de que el candidato no sabía cómo responder.

La oferta de un trabajo dependía de lo que viniera después. A menudo, los candidatos mentían o intentaban inventar algo. Eso era un suspenso automático. Otros admitían perplejos que no sabían. Eso también solía ser un suspenso. Los ingenieros que pasaban la prueba eran los que se daban cuenta de que no estaban participando en una entrevista de trabajo, sino en un diálogo socrático. Estos ingenieros podían repasar la serie de preguntas que los habían llevado hasta este punto y luego avanzar en sus conocimientos en la entrevista, utilizando las respuestas anteriores para descubrir la nueva. En quince minutos, Kirk aprendía más sobre las capacidades del candidato que su personal en ocho horas de entrevistas estructuradas, y su personal aprendió a hacer las preguntas correctas.

Nadie era más selectivo con las personas que contrataba que Huang. Cuando Nvidia triunfó, la familia de Huang lo presionó para que repartiera el botín. «Sus padres insistieron y dijeron: "Mira, tienes que darles trabajo a tus hermanos"», dijo Jens Horstmann. Huang se negó y provocó conversaciones tensas. Básicamente, dijo: «No puedo justificarlo. No creo que encajen en nuestra cultura», recordó Horstmann. A pesar del estímulo familiar, Huang nunca contrató a sus hermanos.

El hermano mayor de Jensen, Jeff, ocupó diversos puestos de ingeniería a lo largo de su carrera profesional. Horstmann recordó una ocasión en la que los tres estaban construyendo una terraza en el patio trasero de Jensen. Horstmann y Jensen hicieron la construcción; Jeff la supervisó. «Ni siquiera sabía sostener una pistola de clavos», dijo Horstmann. El hermano menor de Jensen, Jim, había seguido a Jensen a la OSU, donde obtuvo el mismo título en ingeniería eléctrica. Mientras Jensen estaba dirigiendo Nvidia desde el adosado de Priem, Jim optó por lo seguro y se fue a trabajar a Intel. Permaneció allí durante los siguientes treinta años, desarrollando y manteniendo herramientas de software. «Era un ingeniero trabajador y sólido», dijo Horstmann. «Pero esta clase de asumir riesgos empresariales, ya sabes, estar dispuesto a aceptar el fracaso y ser castigado por ello, no lo vi en él».

En lugar de darles trabajo a sus hermanos, Huang les dio propiedades. A principios de la década de 2000, liquidó algunas de sus acciones de Nvidia y usó las ganancias para comprar una parcela de terreno considerable en Los Altos Hills, una comunidad acomodada con vistas a Silicon Valley, que actualmente es el tercer código postal más rico de Estados Unidos. Allí, bajo la supervisión de Lori, encargó una mansión de 550 metros cuadrados con cinco dormitorios, siete baños, piscina y un garaje enorme. Compró dos Ferrari (para él y para ella) y empezó a coleccionar whisky caro. Donó su antigua casa, con la terraza, a Jeff.

Pero ni siquiera una casa de ensueño a medida podía cumplir con los estándares de Jensen. A medida que su fortuna aumentaba, desarrolló la quisquillosa actitud de «impecable» propia del cliente con un patrimonio muy elevado. Un día, al volver a casa del trabajo, notó que las puertas de cristal del jardín de su mansión no se alineaban perfectamente con la vista a la caseta de la piscina trasera. La falta de simetría le molestó, así que ordenó desplazar la caseta y, con un gasto considerable, hizo que la movieran cinco metros y medio hacia un lado.

• • •

La línea GeForce consolidó a Nvidia como líder del mercado. Simultáneamente, Nvidia lanzó Quadro, una línea de GPU profesionales para modelado computacional avanzado y animación digital. Como se pronosticó, Nvidia se acercaba a Silicon Graphics y, como se pronosticó, algunos de los antiguos responsables de Jensen venían a trabajar para él. En el año 2000, Huang contrató a Tommy Lee, que había sido su primer jefe en LSI.

El crecimiento en el sector de las aceleradoras 3D coincidió con una época de auge en el mercado de valores. Nvidia no era una puntocom volátil: lanzaba un producto real, tenía ingresos reales y publicaba ganancias reales. Aun así, era una empresa tecnológica que operaba en una burbuja tecnológica. A principios de 2000, Nvidia anunció un acuerdo para desarrollar un procesador para la consola de juegos domésticos de Microsoft todavía sin nombre, y el precio de las acciones de Nvidia superó los 100 dólares por acción. El precio desencadenó el cumplimiento de una serie de retos corporativos hechos tomando unas copas con alcohol en algún retiro corporativo unos meses antes. Malachowsky se perforó la oreja. Priem se afeitó todo el pelo de la cabeza excepto un trozo cuadrado en la parte superior, que se tiñó de verde y esculpió en él el logotipo de Nvidia. Huang se tatuó el logotipo en la parte superior del brazo y luego se quejó del dolor durante muchos años.

En 2001, Nvidia vendía GPU por valor de mil millones de dólares al año. La única firma capaz de igualar el ritmo de innovación de Nvidia era ATI, con sede en las afueras de Toronto. La línea de productos estrella de ATI era Radeon. Radeon, como GeForce, era un acelerador refrigerado por ventilador con canales de píxeles paralelos. Sus procesadores se fabricaban en las mismas instalaciones de TSMC que GeForce, y Kwok Yuen Ho, cofundador y director general de la compañía, era, como Huang, un inmigrante con una vena ferozmente competitiva cuya compañía había bordeado la bancarrota varias veces antes de tener éxito. Con la introducción de la línea Radeon, el mercado de las GPU se instaló en un duopolio estático, y durante las siguientes dos décadas, GeForce y Radeon lucharían por la supremacía, con ambas líneas de productos ocupando el primer puesto durante un tiempo. (Hoy en día, GeForce ha tomado una gran ventaja). A pesar del éxito, Huang siguió siendo precavido. En 1996, la empresa líder en aceleradoras gráficas era S3 Graphics. En 1999 había desaparecido. En 1998, la empresa líder era 3dfx. En el año 2000, también había desaparecido. No había ninguna garantía de que a Nvidia no le iba a suceder lo mismo. Uno de los libros de negocios apilados en la oficina de Huang, escrito por el director general de Intel, Andy Grove, se titulaba *Solo los paranoides sobreviven*.

Las amenazas competitivas eran inherentes a cualquier empresa capitalista, pero en el sector de los microprocesadores esas amenazas eran de un tipo diferente. Para un negocio como Coca-Cola, una vez que establecías una fórmula ganadora, el producto se vendía solo; tu trabajo no era manipular el éxito. La industria de los microprocesadores era más como el negocio de la moda: si tu producto de hoy se parecía al de ayer, habías cometido un terrible error. En semiconductores, todo se reinventaba desde cero cada pocos años. Esto era cierto para las herramientas de software utilizadas para diseñar los procesadores, para las máquinas de fotolitografía ultravioleta utilizadas para imprimirlos y para la arquitectura de los propios procesadores. El primer procesador de Nvidia contenía un millón de transistores. En el año 2000, los procesadores de Nvidia contenían veinte veces más transistores, enfriados por ventiladores de alta velocidad y comprimidos en la mitad del espacio. «Todo lo que es sólido se desvanece en el aire», escribió uno de los primeros observadores del capitalismo, o, como declaró Andy Grove un tiempo después, «todos necesitamos exponernos a los vientos del cambio».

Jensen no era el único que apostaba en el sector. Todos los ejecutivos debían hacerlo. La precisión cada vez mayor de la fabricación de transistores elevaba el coste de participación en cada nuevo ciclo de producto y, como tal, la industria se parecía a un torneo de póquer de alto riesgo en el que las apuestas aumentaban constantemente. Si te quedabas quieto en el torneo, tu montón de fichas menguaría. Tu única oportunidad de sobrevivir era encontrar una mano prometedora y apostar todas tus fichas, y luego volver a hacerlo.

Una apuesta costosa que hizo Huang fue añadir sombreadores (*shaders*) programables a las GPU. La tecnología gráfica de la época solía renderizar escenas con un aspecto de «plástico» o «chicloso». Kirk quería dar a los programadores mejores herramientas de iluminación, pero añadir los sombreadores significaba sacrificar ganancias para construir una infraestructura que no usarían muchos desarrolladores de juegos, al menos no al principio.

«Si haces esto, te costará un poco más durante un tiempo», le dijo a Huang. «Pero luego todos lo querrán, y eso hará que todos intenten alcanzarnos».

Al igual que con los canales paralelos, al principio Huang era escéptico. Solo se convenció cuando empezó a considerar el coste de no implementar los sombreadores. La única garantía en su industria era que habría más transistores. A medida que eso sucediera, los gráficos se volverían más baratos y fáciles de renderizar. Huang había logrado mantenerse por delante de sus competidores hasta ahora, pero su negocio de «comercio» de activos ligeros era esencialmente solo un montón de ingenieros sentados de brazos cruzados en un parque de oficinas de Silicon Valley. Si esos ingenieros no estuvieran desarrollando constantemente tecnología nueva y difícil de replicar, los fabricantes en Asia empezarían a copiar sus procesadores y Nvidia dejaría de existir. «Si no reinventamos los gráficos de ordenador, si no nos reinventamos a nosotros mismos y no abrimos el lienzo para las cosas que podemos hacer en este procesador, nos convertiremos en un producto genérico hasta dejar de existir», dijo Huang más tarde. No arriesgarse era el mayor riesgo de todos.

Los primeros modelos de GeForce con sombreadores programables se presentaron en junio de 2001. Xbox, la consola de juegos de Microsoft, se lanzó en noviembre de 2001, acompañada por su juego distintivo, *Halo*. El juego era un juego de disparos (*shooter*) al estilo de *Quake* y *Doom*, pero, en lugar de desarrollarse en el infierno, la acción tenía lugar en un mundo artificial con forma de anillo y una hermosa iluminación naturalista, renderizada por el hardware de Nvidia. El éxito de *Halo* impulsó el valor total de mercado de Nvidia por encima de los 20.000 millones de dólares. Dos semanas después, Nvidia se incorporó al índice del mercado bursátil S&P 500. Sustituyó a Enron.

A los treinta y ocho años, Huang era uno de los directores generales más jóvenes del índice. En ocho años había pasado de intercambiar ideas de productos en una mesa de comedor a dirigir una de las quinientas empresas más valiosas de Estados Unidos. Había superado y asimilado a todos sus competidores menos uno y, en las semanas posteriores a la selección para el índice, Huang incluso se convirtió brevemente en un multimillonario sobre el papel. Pero el mercado de valores era un árbitro voluble del valor, y la gloria de Huang duró poco. Pasarían catorce años antes de que volviera a ver tanto dinero.

OCHO

El bucle de compulsión

Jensen impulsó la bola hasta el otro lado de la mesa con un satisfactorio golpe seco, toc, que generó un efecto tremendo. Estaba practicando su *loop* de derecha, que había sido su golpe mortal cuando competía. Reposicionó su cuerpo cuando llegó la siguiente bola, girando y acercándose con rapidez, giró las caderas, la pala se balanceó arriba y abajo, y envió la bola por encima de la red en una trayectoria curva. Toc. Repitió está acción, golpear y volver a la posición, golpear y volver a la posición, su cuerpo giraba alrededor del pie pivotante como un pistón mecánico.

Las cosas no iban bien en el trabajo. Toc. El mercado bursátil se desplomaba al desinflarse la burbuja de las puntocom. Toc. El último producto GeForce se había lanzado con un ventilador defectuoso que hacía que sonara como un soplador de hojas. Toc. El negocio de la Xbox se venía abajo. Toc. Nvidia estaba siendo investigada por fraude contable. Toc, toc, toc, toc. Jensen dejó la pala, estaba cubierto de sudor.

Huang había vuelto a las mesas en 2002 después de ponerse en contacto con Joe Romanosky, su viejo amigo y compañero de ping-pong. Romanosky se sorprendió por la llamada; no había hablado con Huang durante casi veinte años. Los dos conversaron cordialmente durante un rato, poniéndose al día de los viejos tiempos. Romanosky recordó aquella vez en la universidad cuando Huang había participado en un torneo de ping-pong en una penitenciaría estatal. Huang ganó con facilidad ante un público de presos y no pudo resistirse a presumir. «Tenía un montón de golpes con truco, pero había sido capaz de ocultarlo como si fuera parte del partido», dijo Romanosky. «Ya sabes, como los Harlem Globetrotters».

En la llamada, Huang mencionó que había creado una empresa que fabricaba equipos para videojuegos. «Parecía muy ilusionado», dijo Romanosky. Huang le envió una GPU al hijo de Romanosky, que construyó un ordenador en torno a ella. Romanosky, devolviendo el favor, encargó para Huang su marca favorita de pala de ping-pong. Poco tiempo después, Huang volvió a practicar y contrató a un exolímpico para que le entrenara.

Romanosky, que trabajaba en San Diego como ingeniero de Boeing, empezó a volar a la zona de la bahía con su mujer para pasar tiempo con Jensen y Lori. En el jardín contiguo a su casa de la piscina que había sido necesario desplazar, Huang había instalado una gran parrilla japonesa *Teppanyaki*, donde practicaba los trucos de un chef de Benihana. Mezclaba arroz frito, lanzaba comida al aire y estaba experimentando con un volcán de aros de cebolla. Sin embargo, nunca llegó a dominar el arte de atrapar una gamba a la plancha con el sombrero, y muchas acababan en el suelo.

En las cenas en el patio trasero, Huang hablaba de su familia, sus hijos o sus intereses, de cualquier cosa menos de negocios. Romanosky tenía cuidado de no preguntar porque leía los titulares de los periódicos. Huang obsequió a Romanosky con su creciente colección de whisky, las esposas de ambos se hicieron amigas y Romanosky invitó a Huang a acampar en las Sierras (Huang declinó la invitación). «Es muy afectuoso y simpático», dijo Romanosky. «No es en absoluto un ejecutivo superestrella cuando nos sentamos juntos. Me parece que es muy auténtico».

Las impresiones de Romanosky sobre Huang se parecían muy poco al magnate obsesivo que describían sus colegas y competidores. Romanosky solo veía a un hombre travieso lleno de vida y energía, y amante de la diversión, el mismo Jensen que siempre había conocido. Parecía que, de alguna manera, Huang era capaz de compartimentar su persona empresarial y su vida familiar. Me pregunté si Romanosky había visto alguna vez un atisbo de Darth Vader. «Si está ahí, ha desconectado ese lado de sí mismo», dijo Romanosky. «Es un tipo muy cálido y hogareño. Ese es el Jensen que conozco».

• • •

ENTRE EL VERANO DE 2001 y el invierno de 2002, el precio de las acciones de Nvidia cayó más de un noventa por ciento y la salud de Huang también se desplomó al unísono. Los problemas empezaron en enero de 2002, cuando la Comisión de Bolsa y Valores de Estados Unidos (*U.S. Securities and Exchange Commission*) abrió una investigación sobre la contabilidad de Nvidia. Investigaciones similares habían revelado tramas para inflar los beneficios en Worldcom y Enron, lo que provocó una sospecha generalizada de engaños corporativos. En julio, Nvidia se vio obligada a modificar tres años de ganancias y, poco después, la directora financiera, Christine Hoberg, fue despedida.[1] Tench Coxe me dijo que su despido fue desafortunado y que el consejo nunca perdió la confianza en Huang. «La SEC estaba buscando algo ilegal», dijo. No le faltaba razón: los resultados modificados mostraron que Nvidia era más rentable de lo que se había declarado.

El escándalo contable se produjo durante una de las peores caídas del mercado de la historia. Aquejado por el estallido simultáneo de la burbuja de las puntocom, los atentados del 11-S y la quiebra de Enron, el índice S&P 500 perdió casi la mitad de su valor. Coincidiendo con estas desgracias, Nvidia empezó a discutir con Microsoft. La disputa se atribuyó a cuestiones de precios y propiedad intelectual, pero el creciente sentimiento de legitimación de Nvidia también influyó.

Los empleados de Nvidia eran abiertamente elitistas. Se consideraban los mejores, y lo eran, pero a veces su orgullo podía parecer narcisismo. En las semanas previas al lanzamiento de la Xbox, Microsoft organizó un banquete para celebrar el lanzamiento de la consola, en el que Bill Gates pronunció un discurso de felicitación. Los técnicos de Nvidia estaban sentados al fondo, compartiendo mesa con los fabricantes de los estabilizadores de goma que evitaban que la Xbox resbalara de las estanterías. Hablando conmigo décadas después, Kirk recordaba esta disposición de asientos con la indignidad herida de una dama de honor colocada en la mesa de los rechazados. «Sí, ya sabes, somos un socio importante en este proyecto, junto con los que fabrican los pequeños pies de goma», me dijo.

---

1. Posteriormente la SEC imputó a Hoberg por fraude, la acusó de ocultar a los auditores corporativos 3 millones de dólares de gastos no registrados. Hoberg pagó una multa de 600.000 dólares, pero no admitió ninguna ilegalidad.

Kirk insistió en que estaba bromeando, pero, al igual que con Huang, las bromas de Kirk eran a menudo mecanismos de transmisión de verdades mordaces y desagradables. Tal vez fuera un descuido del organizador del evento, pero, para Kirk, el hecho de que le confinaran con los especialistas en inyección y moldeado de caucho fue una señal deliberada de que Microsoft no iba a ser cautivo de un humilde proveedor de hardware. El desaire no se olvidó pronto y, poco después, la relación comercial se deterioró. Microsoft empezó a pedir a Nvidia grandes volúmenes de envíos y reducciones de precio, Nvidia alegó que su contrato no le obligaba a cumplir tales exigencias y la discusión pasó a un arbitraje. Para la siguiente generación de Xbox, Microsoft cambió a ATI.

Sin embargo, de todos estos problemas, el peor para Nvidia fue la lenta adopción de los sombreadores programables. Para que la apuesta funcionara, la empresa tuvo que convencer a los desarrolladores de que adoptaran un lenguaje de programación nuevo. Para ello, Nvidia comercializó sus sombreadores a través de «Dawn», un duendecillo CGI vestido de manera inadecuada, con alas de mariposa, antenas y grandes pechos. Dawn adornaba la portada del libro de texto de programación de Nvidia, *The Cg Tutorial*, cuyo contenido menos excitante consistía en diez capítulos de transformaciones de vértices, canales de píxeles y ejemplos de código informático y, por supuesto, ejercicios para hacer en casa. La penetración fue lenta.

La ira de Huang, invisible para Romanosky, encontró cada vez más espacio para expresarse en el trabajo. A principios de 2003, Nvidia lanzó la tristemente célebre GeForce FX, propensa a velocidades lentas de renderizado y conocida entre los jugadores como «*dustbuster*» (aspiradora) por su ventilador defectuoso e hiperactivo. El dispositivo fue criticado por autores de reseñas y usuarios, incluido el hijo de trece años de Huang, Spencer. Una noche, Jensen llegó a casa y se encontró una revista de videojuegos con una dura crítica del dispositivo esperándole y una nota adhesiva. «Papá», decía la nota, «creo que tienes que subir el nivel».

Huang organizó una reunión en la que los jefes de producto expusieron, ante unos cientos de personas, todas las decisiones que habían tomado y que habían conducido al fracaso. Huang les gritó a todo pulmón durante casi una hora. «"Aterrador pero catártico", así es como lo describiría yo», dijo Sharon

Clay, una de las ingenieras responsables del control de calidad. Las diatribas de Huang inspiraban tanta culpa como miedo y, a menudo, describía con detalle cómo, al defraudar a sus clientes, los empleados de Nvidia habían defraudado también a sus familias («Creo que principalmente me mueve la culpa», me dijo Huang).

Nvidia realizaba revisiones periódicas del rendimiento de los empleados y, tras la debacle de GeForce FX, Clay temía que la siguiente dijera RI: «Requiere mejora» (*RI: Requires Improvement*). Esto, en Nvidia, era como recibir el «Punto Negro» de la muerte. Para la GeForce FX, Clay había realizado cuatro o cinco pruebas de control de calidad. Para su sucesora las amplió a cien, y finalmente a miles. «Cuando empezamos todo el proceso, no podía imaginarme la solución que acabamos encontrando cuando nos pusimos a pensar, eh, correctamente», afirmó.

Así que la degradación nunca llegó, ni para Clay ni para ningún otro miembro del equipo de control de calidad. En su lugar, el equipo de marketing de Nvidia grabó un vídeo satírico protagonizado por los directores de producto, en el que la tarjeta se convertía en un soplador de hojas. El vídeo se distribuyó a la prensa y las GeForce actualizadas se lanzaron para triunfar seis semanas después. Mucha gente de Nvidia me dijo que la cólera de Huang imponía una especie de disciplina en la empresa, al estilo de un general militar o un entrenador de fútbol profesional. «No creo que grite más que cualquier otro director general de Fortune 500», me dijo un empleado. «Mira, su trabajo no es ser tu amigo. Su trabajo es llevarte más allá de donde nunca creíste que podrías llegar».

Incluso aquellos a los que no les gustaban estas tácticas de gestión solían tener cosas positivas que decir sobre Huang a nivel personal. Tim Little, un antiguo empleado, recordaba haber recibido un correo electrónico con el asunto «Arrastra tu penoso culo para cruzar la línea de meta». Little llevaba semanas de viaje, lejos de su familia, trabajando hasta altas horas de la noche en el simulador de circuitos; sentía que ya no le quedaba nada más que dar y respondió al correo electrónico enviando su dimisión. Unas noches más tarde, hacia las dos de la madrugada, cuando Little estaba terminando uno de sus últimos turnos, llegó Huang y se sentó a su lado en el simulador. El resplandor del monitor iluminaba su rostro exhausto y Huang recordó su propia carrera profesional, los sacrificios que había hecho, las muchas noches que había pasado lejos de su familia, a menudo trabajando en el simulador de circuitos. Expuso con sinceridad que no estaba seguro de que todo esto valiera la pena. Le ofreció a Little devolverle su trabajo si lo quería; cuando Little lo rechazó, Huang le dio las gracias por sus servicios a la empresa y se marchó. «Eso fue, sin lugar a dudas, el punto culminante de mi trabajo allí», me dijo Little.

De los más de cien antiguos y actuales empleados de Nvidia con los que hablé para este libro, casi todos tenían una historia tierna que contar sobre Huang. Un empleado, el mismo al que Huang había humillado delante de docenas de personas pidiéndole la devolución íntegra de su sueldo, me contó que, cuando más tarde le diagnosticaron un grave problema médico, Huang se ofreció a pagarle de su bolsillo el tratamiento completo. Cuando Ben Garlick decidió dejar Nvidia por una empresa emergente, se sorprendió al recibir una apasionada petición personal de Huang para que se quedara. «Estábamos sentados juntos en esta mesa de conferencias, y él estaba tan cerca de mí que casi chocábamos las rodillas, ¡y me estaba suplicando!», dijo Garlick. Garlick era un directivo de primera línea a cargo de diez personas en una empresa de miles. «Ni siquiera creía que Jensen supiera mi nombre», dijo. La combinación de amor, miedo y culpa de Huang era una motivación seductora y poderosa. «Sentías que no podías defraudarle», dijo Clay. «Simplemente no podías».

EN ESA ÉPOCA, Curtis Priem acabó por rendirse. Sus responsabilidades habían estado limitadas durante años, y finalmente dejó de ir a la oficina («Tuvo un conflicto con otro miembro del personal ejecutivo y creo que decidió que estaba despedido», me dijo Kirk). Priem empezó a liquidar sus acciones de Nvidia para hacer una gran serie de donaciones, la mayoría a su *alma mater*, el Rensselaer Polytechnic Institute, al norte del estado de Nueva York. Priem fue nombrado miembro del consejo de administración del instituto y el dinero se utilizó para construir un centro de artes escénicas de 200 millones de dólares y, más tarde, para comprar un ordenador cuántico.

Priem se retiró a un espléndido rancho de 6 millones de dólares en la cordillera del Diablo, al este de Oakland. Su posición elevada en la cresta le ofrecía una vista que dominaba la bahía. Contemplando la puesta de sol por encima de su manada de reses dentro del vallado, podía, en un día despejado, divisar los cinco puentes principales que cruzaban el agua resplandeciente. Compró un avión a reacción Gulfstream para trasladarse de California al RPI y viceversa; para compensar su huella de carbono, invirtió en tecnología ecológica experimental y desconectó su rancho de la red eléctrica. Pasó por un divorcio complicado y desagradable, y luego empezó a buscar una fórmula que pudiera, según sus propias palabras, «reparar la Tierra».

En una serie de transacciones fragmentadas entre 2004 y 2006, Priem vendió todas sus acciones de Nvidia. «Por eso las acciones no subieron», dijo. «Básicamente, vendimos grandes cantidades cuando empezaban a subir». Si hubiera conservado esas acciones y no hubiera hecho otra cosa que jugar a los vaqueros durante veinte años, Priem tendría hoy un valor de más de 100.000 millones de dólares, lo que le convertiría en una de las personas vivas más ricas del mundo, pero me dijo que no se arrepentía de su decisión. Si hubiera conservado las acciones, habría tenido el 99,9 % de su patrimonio neto invertido en las volátiles acciones de una arriesgada empresa tecnológica para la que ya no trabajaba, y no le parecía una buena idea.

Como si fuera George Bailey (uno de los protagonistas de la película *Qué bello es vivir*), Priem me pidió que pensara a dónde habían ido a parar sus desaparecidos e inesperados beneficios. «Las acciones salieron a la venta, pero no es que desaparecieran. Están en planes de pensiones. Están en casas de personas. Es como si hubiera aportado 100.000 millones de dólares a nuestra economía», afirmó. «Voy camino de donar 500.000 millones a lo largo de mi vida, y para conseguirlo he invertido la mayor parte de mi tiempo y esfuerzo. En el fondo de mi mente, intento imaginar qué haría con una fundación de 100.000 millones de dólares, y no es fácil. Ni siquiera sabría cómo regalar eso».

AL FINAL, NVIDIA FUE RESCATADA por los jugadores. Incluso con sus acciones a un nivel pésimo, la empresa comercializaba algunos de los procesadores de silicio más complejos jamás fabricados. Estos procesadores, combinados con la llegada de Internet de banda ancha a los hogares y el desarrollo de los ordenadores domésticos multimedia, inauguraron lo que algunos críticos llamaron más tarde la Edad de Oro de los juegos para PC. Los desarrolladores aprovecharon el nuevo hardware para crear títulos clásicos como *Call of Duty*, *Half Life 2*, *Los Sims* y *World of Warcraft*. «Los juegos de PC alcanzaron su punto álgido entre 2000 y 2005», opinó un observador nostálgico.

¿Era este el mejor uso de una tecnología de este tipo? La subcultura de los juegos de PC era tóxica: de ella surgió 4chan y, más tarde, la campaña de acoso Gamergate. Los jugadores de PC llamaban «campesinos» a los de consola y se referían a sí mismos como la «raza superior del PC». Los pioneros de los gráficos se sentían frustrados por el evidente estancamiento del desarrollo estético en los títulos punteros, que reflejaba o tal vez producía la inmadurez de los clientes. Nvidia había dotado a los desarrolladores de una herramienta extraordinaria y los desarrolladores la habían utilizado para renderizar monstruos, tiroteos, persecuciones de coches y escenas sangrientas. «Es asombroso cuando piensas en todo el trabajo que conlleva y la trivialidad de algunos de los resultados», dijo Jon Peddie.

Pero tenía sentido desde el punto de vista comercial. Los jugadores de PC eran el mejor tipo de clientes: adictos. Por su diseño, los videojuegos ofrecían recompensas de forma aleatoria. Los casinos utilizaban tácticas similares para mantener a los adictos a las máquinas de monedas pegados a sus sillas. En 2001, John Hopson, un investigador que trabajó para el estudio que creó *Halo*, describió el «bucle de compulsión» de los videojuegos: mejorar el personaje del jugador, enviarle a completar una misión, recompensarle con un botín y repetir. A algunos jugadores les resultaba difícil escapar de este bucle. Los investigadores observaron que los jugadores empedernidos mostraban comportamientos asociados al abuso de sustancias. Se daban atracones. Sufrían síndrome de abstinencia. Mentían a amigos y familiares sobre el tiempo que pasaban jugando. Borraban sus juegos un día y volvían a descargarlos al día siguiente. En 2013, el manual de diagnóstico de la American Psychiatric Association añadió una entrada para el «trastorno de juego en Internet», señalando que los hombres jóvenes eran especialmente susceptibles. Los síntomas añadían «bajo rendimiento escolar, en el trabajo o las tareas domésticas» y «deterioro de la higiene personal».

Sin embargo, para otros los juegos ofrecían fascinantes mundos alternativos llenos de significado, retos y oportunidades. Puede que *World of Warcraft* sea adictivo, pero a través de él los jugadores entablaron amistad con compatriotas de todo el mundo. Aproximadamente una cuarta parte de los jugadores jugaba dos horas al día o más. Nvidia los llamaba «entusiastas» y eran los mejores clientes. Muchos habían empezado a jugar con Nintendo de niños y se habían pasado al PC en la edad adulta. En términos absolutos, el mercado del PC tenía menos clientes que el de las consolas, pero esos clientes gastaban mucho más en sus sistemas. Entre sesión y sesión, algunos incluso conseguían trabajo.

Con el apoyo de Nvidia, para los fanáticos de los juegos el PC para jugar se convirtió en lo que el *muscle car* era para los fanáticos de los coches de carreras. Los ordenadores para jugar personalizados, denominados «*rigs*» en el mercado anglosajón, podían equiparse con miles de dólares en accesorios. Los comerciantes vendían carcasas transparentes con iluminación interior de colores para mostrar el hardware. Al igual que los fanáticos del automóvil abrían el capó de sus coches para revelar sus motores, los entusiastas de los PC publicaban fotos de sus equipos en foros de Internet presumiendo de sus placas base con *overclock* y de la velocidad de renderizado de sus GPU.

A medida que el mercado de los videojuegos maduraba, el precio de las acciones de Nvidia se recuperaba. De hecho, incluso cuando las acciones se estaban hundiendo, Nvidia nunca dejaba de crecer. A principios de 2004, la empresa tenía más de mil empleados y registraba ganancias récord. Así comenzó la lucha crónica entre los analistas de Wall Street por averiguar el valor aproximado de Nvidia. Pocas empresas crearon mayores quebraderos de cabeza a los gestores de dinero: analizar las cifras de años anteriores servía de poco, porque Huang reinvertía inmediatamente todo el dinero que ganaba Nvidia. Las inversiones eran tecnologías especulativas que, o bien revolucionarían la informática, o bien fracasarían en el intento. A mediados de la década de 2000, su trayectoria era algo peor que cubrir pérdidas: había triunfado con la GPU y el procesamiento paralelo, pero había fracasado en muchas otras iniciativas, lo que dio lugar a una empresa con éxito sobre el papel, pero cuyas acciones registraban un rendimiento crónicamente decepcionante. Lo importante en Nvidia no eran los beneficios ni los ingresos. Lo que importaba era el obsesivo director general y sus locas apuestas a largo plazo. O creías en él o no. Y, si no lo hacías, te esperaba un duro camino, porque Huang estaba a punto de hacer su apuesta más alocada.

NUEVE

CUDA

Los jugadores como Johnathan Wendel bajaban la resolución de la pantalla para maximizar los fotogramas por segundo en la lucha a muerte. Ian Buck llevó las cosas al extremo opuesto, quería ampliar la acción al máximo. Buck, un estudiante de postgrado en gráficos por ordenador en Stanford, se dio cuenta de que con pocos conocimientos técnicos podía distribuir los requisitos de renderizado de un solo juego entre varias tarjetas Nvidia. En el año 2000, encadenó treinta y dos unidades de GeForce para renderizar *Quake III* en ocho proyectores. «Fue el primer equipo para jugar con resolución 8K y ocupaba toda una pared», dijo Buck. «Era precioso».

Explorando los circuitos, Buck empezó a preguntarse si su conexión en cadena de las GPU podría ser útil para otras tareas que no fueran lanzar granadas a sus amigos. Si quisieras renderizar a mano treinta fotogramas de *Quake III* en 8K utilizando lápiz y papel, y estuvieras dispuesto a trabajar veinticuatro horas al día, la aritmética tardaría unos dieciséis mil años en completarse. El conjunto GeForce de Buck hacía eso cada segundo. Además, el montaje de todo el equipo solo costaba unos 20.000 dólares, una miseria para los estándares de la computación de alto rendimiento. Para jugar a *Quake* en la pared, sin darse cuenta Buck había construido un superordenador de bajo presupuesto.

Buck dedujo que esta potencia asequible sería útil para la ciencia y la industria, pero el código que Nvidia había incluido con las tarjetas solo hablaba el lenguaje de los triángulos. Si Buck quería utilizar su conjunto de

GPU para otros fines, iba a tener que hackearla. Se sumergió en el libro de texto de sombreado de Nvidia (el del duendecillo en la portada) y se convirtió en uno de los primeros programadores en dominarlo. Irónicamente, al hacerlo, perdió el interés por los gráficos por ordenador. Había sido absorbido por el sustrato tecnológico que había debajo, como en Tron.

Buck era intenso, se estaba quedando calvo e irradiaba inteligencia. Cuanto más se acercaba a los circuitos, más se obsesionaba con sus capacidades. Como un astrónomo veterano que deja su telescopio a un lado para contemplar la inmensidad del universo, Buck no dejaba de asombrarse ante la cantidad de operaciones aritméticas que podía realizar el ordenador. Sesenta gigaflops (sesenta mil millones) de operaciones por segundo, y eso solo con una tarjeta. Por muchos circuitos de bajo nivel que hackeara Buck, la sensación de asombro nunca le abandonaba.

Con una subvención de DARPA, la sección de investigación del Departamento de Defensa de Estados Unidos, Buck reunió a un grupo de investigadores. En 2003, Buck y su equipo lanzaron un lenguaje de programación de código abierto llamado «Brook». Con Brook, los científicos podían introducir cargas matemáticas exigentes (como simular la formación de una galaxia o modelar el proceso de ignición de una bomba nuclear) en un hardware diseñado para renderizar robos de coches y destripamientos. La salida gráfica de un programa de Brook era una serie de triángulos sin sentido, pero, al renderizar estas imágenes, la GPU ejecutaba por casualidad cálculos científicos importantes a gran velocidad. «Para ser capaz de hackear esos triángulos, había que entender muy bien los gráficos por ordenador», dijo Buck.

Brook hizo que la computación paralela fuera accesible. Los académicos empezaron a comprar tarjetas GeForce en grandes cantidades y a encadenarlas para desarrollar aplicaciones de modelización financiera, simulación meteorológica, física de partículas e imágenes médicas. Ahora las tarjetas para jugar eran algo más que simples tarjetas, eran herramientas científicas improvisadas. Huang no pasó por alto la aparición de este nuevo tipo de clientes. «Me publicaron un montón de artículos y todo el mundo me apoyó mucho», dijo Buck. «Y entonces, hacia 2004, Jensen me pidió que fuera a Nvidia y lo hiciera en serio».

• • •

La experiencia de Buck era similar a la de muchos investigadores que fueron a trabajar para Nvidia. En 2005, Silicon Graphics, incapaz de competir con la línea Quadro de Nvidia, dejó de cotizar en la Bolsa de Nueva York (su sede central se convirtió en Googleplex). Al igual que hizo con 3dfx, Nvidia absorbió a muchos solicitantes de asilo de SGI, duplicando su plantilla hasta las 2.000 personas. De ellos, 1.200 (el 60 % de la empresa) estaban clasificados como trabajadores de investigación y desarrollo. Para los de fuera, Nvidia seguía pareciendo un fabricante de hardware para juegos un poco ridículo, pero, para los de dentro, empezaba a parecer un laboratorio científico.

Bill Dally, director del departamento de Ciencias de la Computación de Stanford y evangelizador durante mucho tiempo de la computación paralela, había observado con entusiasmo la creciente «intensidad aritmética» de los procesadores de Nvidia, que, en su opinión, podrían servir de columna vertebral para un tipo de ordenador completamente nuevo. Escribió varios artículos elogiando las innovaciones de la empresa y, en 2003, Huang se pasó por la oficina de su universidad para ofrecerle un puesto de consultor. Dally había pasado años presentando conceptos de computación paralela a ejecutivos indiferentes; ahora Huang acudía a él. «Técnicamente entiende las cosas a un nivel extremadamente profundo, y siempre hace las preguntas correctas», dijo Dally. «A veces incluso va un paso por delante de ti en algo en lo que crees que eres un experto».

Pero Dally también se mostraba escéptico con Huang. Había oído historias sobre su volatilidad emocional y el implacable entorno laboral de Nvidia. Huang, quizá previendo estas objeciones, presentó en su primera reunión un cheque en papel firmado a nombre de Dally. Dally, uno de los académicos más importantes del mundo, aceptó ser consultor.

Buck, Dally y docenas de otros ingenieros con talento estaban siendo reclutados para un proyecto secreto de Nvidia llamado *Compute Unified Domain Architecture* o CUDA (el nombre era impreciso de manera deliberada). El concepto en el que se basaba CUDA era utilizar los circuitos de computación paralela utilizados para los videojuegos y orientarlos a propósitos científicos. Ya no había que hackear triángulos para conseguir los preciados gigaflops, la arquitectura se estaba abriendo. «Básicamente, la forma de pensar en

CUDA es que tienes una tarjeta para videojuegos en un lado, pero con un interruptor», dijo Dwight Diercks. «Así que pulsas ese interruptor, le das la vuelta a la tarjeta y, de repente, la tarjeta se convierte en un superordenador».

El inventor de CUDA fue John Nickolls, un ingeniero de Nvidia que anteriormente había sido cofundador de una de las nuevas empresas emergentes de computación paralela cuyos cadáveres ensuciaban la US 101. Nickolls era un esquiador alpino experto y entusiasta de las maquetas de trenes cuya oficina estaba decorada con fotos enmarcadas de microprocesadores. Le apasionaba hacer que los ordenadores funcionaran más rápido: en su «masivamente paralela» MasPar Corporation había intentado implantar el horario de trabajo 996 de TSMC, pidiendo a los empleados que trabajaran turnos de doce horas seis días a la semana. Incluso después de que su empresa fracasara, Nickolls nunca abandonó el paralelismo, pues creía que acabaría triunfando como consecuencia de las leyes de la física.

Durante décadas, un principio de ingeniería llamado «escala de Dennard» había regido la miniaturización de la electrónica. La escala de Dennard dictaba que los transistores seguirían procesando la electricidad de forma eficiente a medida que se hicieran más pequeños; básicamente, era la razón por la que los ordenadores eran más rápidos cada año.[1] Pero Nickolls había calculado que en algún momento en torno a 2005 la relación de escala de Dennard se derrumbaría. La próxima generación de máquinas de fotolitografía o insoladoras fabricaría transistores de apenas cien átomos de ancho, es decir, seis mil veces más finos que un cabello humano y setecientas veces más finos que un glóbulo rojo. A esta escala tan fina, las propiedades conductoras de los transistores se verían comprometidas y dejarían que la electricidad pasara a los circuitos circundantes. Un fenómeno que, si se producía, ralentizaría los ordenadores.

Nickolls se daba cuenta de que la industria negaba este problema, sobre todo Intel, que preveía ganancias lineales con la reducción de los transistores a componentes de un átomo de anchura. Nickolls creía que esto era imposible y, a principios de 2003, por iniciativa propia envió una carta a Huang en la

---

1. Técnicamente hablando, la escala de Dennard considera que, a medida que los transistores se hacen más pequeños, su densidad de potencia se mantiene constante. Fue enunciada por primera vez en 1974 por Robert Dennard y sus colegas en IBM.

que exponía sus ideas heréticas. Nickolls no entró en pánico ni exageró. Más bien, con un sentido de la urgencia preciso pero mesurado, explicó, utilizando principios de electricidad, por qué el largo dominio de Intel en la industria de los semiconductores estaba a punto de caducar. «Todos lo habíamos visto venir desde hacía tiempo, pero fue Nickolls quien me convenció de que la ley de Moore estaba muerta de verdad», dijo Huang. «Él merece mucho reconocimiento por lo que ha llegado a ser esta empresa».

Huang contrató a Nickolls y lo puso al frente de un proyecto piloto de desarrollo de aplicaciones científicas para GeForce. Incluso en Nvidia, Nickolls era considerado intenso. Dos semanas después de su primer día de trabajo, le diagnosticaron un melanoma maligno. Siguió trabajando setenta y dos horas a la semana mientras recibía tratamiento contra el cáncer, ocultando a su familia y a sus compañeros de trabajo el malestar que estaba experimentando. Pronto, el melanoma de Nickolls estaba en fase de remisión y las primeras versiones de la plataforma CUDA cobraban vida.

Nickolls no tenía ningún interés en los videojuegos. Ni siquiera le interesaban los gráficos por ordenador; solo le interesaba hacer que los microprocesadores fueran más rápidos. Sin embargo, en todos los demás aspectos, Nickolls era el empleado modelo de Nvidia. «Mi padre siempre gritaba», me dijo su hijo Alec. «Recuerdo haber oído a mi padre hacer reuniones por teléfono y gritar a la gente. No de forma tóxica, sino solamente como asegúrate de que sabes lo que estás haciendo. Asegúrate de ser productivo».

Nickolls se esforzaba tanto en su vida personal como en el trabajo. Engañaba a su hijo para que esquiara con él en las pistas negras, y en el club de maquetas de trenes prefería tender vías a socializar. Cuando Alec era pequeño, había tenido problemas con un ejercicio clásico de supervivencia de los *boy scouts* que requería usar los pantalones como salvavidas. Nickolls no dejó salir a su hijo de la piscina hasta que sus pantalones estuvieron llenos de aire.

Nickolls estaba obsesionado con hacer funcionar la plataforma CUDA. A veces, sus amigos le preguntaban por qué trabajaba para una empresa de videojuegos si él no jugaba. Nickolls les informaba de que no trabajaba en videojuegos, sino en una de las tecnologías más importantes de todos los tiempos. Estaba construyendo una plataforma tan rápida que haría que cualquier otro ordenador pareciera un reloj calculadora. «Pocos inventos tendrán el impacto en el mundo que acabará teniendo CUDA», decía.

Esta afirmación era más una declaración de fe que otra cosa. A finales de la década de 2000, los ordenadores ya eran lo bastante rápidos para la mayoría de los propósitos del consumidor y no había clientes evidentes para lo que Nickolls estaba construyendo. Combinar CUDA con una placa de circuito impreso de venta al por menor era como conectar un monovolumen a un trineo de cohetes e intentar vendérselo a un habitante de una gran ciudad para ir a diario a trabajar al centro. Nickolls no se dejó intimidar. No solo quería superar la ley de Moore, sino aplastarla para siempre.

Para conseguirlo, Nickolls tuvo que aumentar la intensidad aritmética de los circuitos. Los microprocesadores marcaban el tiempo con un frenético metrónomo interno que se aceleraba cada año. A mediados de la década de 2000, el metrónomo pulsaba cientos de millones de veces por segundo y el delicado cableado no podía seguir el ritmo. La computación paralela resolvió este problema no acelerando las cosas, sino haciendo que más transistores respondieran a cada pulsación. Una CPU de Intel solo disparaba unos pocos transistores a la vez. Una GPU para jugar de Nvidia disparaba miles.

A Nvidia le costó encontrar usuarios que realmente necesitaran esa potencia. «Al principio, nuestros únicos clientes eran dos investigadores del cáncer de mama», recordó Diercks. Los investigadores, que trabajaban en el Massachusetts General Hospital, habían escrito a Nvidia con una propuesta para mejorar sus mamógrafos. Huang consiguió que el hospital realizara una prueba alfa de CUDA, invirtiendo varios millones de dólares en un proyecto piloto que acabaría vendiendo exactamente dos tarjetas gráficas. «Pero a Jensen le encantó, ¿no?», dijo Diercks.

Las imágenes de mamografías fueron el primer ejemplo de lo que Huang llamaría más tarde el mercado de los «cero mil millones de dólares». Huang llevaba tiempo buscando una forma de diferenciar a Nvidia de sus competidores. Las innovaciones de hardware no lo iban a conseguir, eran demasiado fáciles de clonar. En Internet, los fetichistas del silicio intercambiaban «*die shots*» (fotografías de los circuitos) de los microprocesadores de Nvidia, que se obtenían arrancando el chip de una placa base de venta al por menor, disolviendo la carcasa en ácido sulfúrico hirviendo y escaneando los circuitos con un microscopio metalúrgico. El entusiasmo de los aficionados era similar a los esfuerzos de espionaje profesional realizados por los equipos de ingeniería inversa de los laboratorios de los fabricantes de procesadores.

Técnicamente, el silicio pelado estaba patentado, pero la experiencia de 3dfx había demostrado la inutilidad de las demandas. «Todo el mundo echa un vistazo al hardware de sus competidores y a cómo funciona», dijo Diercks. «Ni siquiera es una operación encubierta. Simplemente lo hacemos».

Para distinguirse, Huang tuvo que seguir una estrategia que desafiaba tanto la lógica empresarial convencional que ATI no la seguiría. Tuvo que crear un producto experimental, como un superordenador científico básico de 300 dólares que no solo no tuviera competidores, sino que ni siquiera tuviera clientes obvios. El mercado de los cero mil millones de dólares, por definición, era uno en el que solo participaría él, uno que solo él vería. Huang iba a construir un campo de béisbol en un maizal y esperar a que llegaran los jugadores.

LA COMPUTACIÓN PARALELA DIVIDE UN PROBLEMA GRANDE en trozos más pequeños y luego los resuelve todos a la vez. La complejidad de su funcionamiento interno requeriría un libro para explicarlo con precisión, pero parte de lo que ocurre es accesible por analogía.

En primer lugar, consideremos la acción de los circuitos. Imaginemos que el microprocesador se ha ampliado hasta alcanzar el tamaño de una pista de baile. La pista está llena de fiesteros que agitan barritas luminosas, que representan los transistores. Las luces parpadean y el ritmo es frenético, pero la mayoría de los bailarines están congelados y solo pueden moverse cuando es su turno. Un bailarín se mueve en el primer tiempo del primer compás, otro en el cuarto tiempo del segundo compás y así sucesivamente. Se pueden ver barritas luminosas ondeando aquí y allá, pero la mayoría de los bailarines no están bailando. Están esperando para actuar.

El DJ en serie ha estado intentando que el público se moviera acelerando el ritmo, pero esto tiene rendimientos decrecientes. Entonces, entra en escena el DJ paralelo. En lugar de acelerar el ritmo, el DJ paralelo coreografía movimientos mucho más complicados entre los bailarines. Esto funciona: la actividad se vuelve frenética, la pista empieza a temblar y, de repente, el ambiente está mucho más caliente (algunos bailarines son tan activos que podrían sobrecalentarse). Ahora miles de barritas luminosas se agitan con cada compás.

Reformar los circuitos de esta manera es un cambio completo que altera todo lo que está por encima. Este es el reto de la computación paralela: aprovechar la compleja coreografía es logísticamente difícil y requiere que los programadores piensen en los problemas de una forma totalmente nueva. Es fácil dar instrucciones a las CPU de Intel, que funcionan como una furgoneta de reparto, entregando un paquete cada vez. La furgoneta es lenta, claro, pero exige poco del programador. ¿Tienes que entregar un paquete? ¡Mételo en la parte trasera de la furgoneta!

La GPU paralela de Nvidia actúa más bien como una flota de motocicletas que se extiende por una ciudad. Los conductores entregan cada paquete más o menos al mismo tiempo y todo el proceso puede completarse en media hora. Pero esta solución paralela rápida es mucho más difícil de ejecutar; requiere más conductores, más máquinas y más logística. Aquí, con motociclistas entrando y saliendo del almacén constantemente, cada paquete tiene que asignarse al vehículo correcto y trazar la ruta con precisión a su destino.

Durante décadas, los programadores habían preferido la furgoneta, pero, como Nickolls había predicho, ahora la furgoneta se estaba encontrando con el atasco de la física electromagnética. Una vez que eso ocurriera, él creía que los programadores por fin invertirían el tiempo necesario para aprender a manejar la flota de motocicletas. De hecho, se verían obligados a aprender. No tendrían más remedio.

Sin embargo, Nvidia no se dirigía a los programadores porque eran intermediarios. Los verdaderos clientes, si es que alguna vez llegaban, serían doctores, astrónomos, geólogos y otros científicos, especialistas académicos con un alto nivel de formación que dominaban campos específicos, pero que quizá no sabían programar en absoluto. Estos usuarios finales serían los que en última instancia dirigirían el dinero hacia CUDA, y para ellos se requería una metáfora aún más suave. Para los científicos, la mejor forma de entender la diferencia entre computación en serie y paralela es pensar en la CPU en serie de Intel como un cuchillo de cocina Wüsthof de acero inoxidable de alta gama. El cuchillo es una hermosa herramienta multiusos que puede hacer cualquier tipo de corte. Puede cortar en juliana, en bastón, picar, rebanar, cortar en dados o trocear. Con un poco de habilidad, un chef puede preparar toda una comida con este único utensilio, aunque el cuchillo solo puede cortar una verdura cada vez.

En comparación, la GPU paralela de Nvidia actúa más bien como una picadora eléctrica. Es una herramienta especializada, ruidosa, poco delicada y que consume mucha energía. No puede cortar estragón en chifonada ni marcar un cuerpo de calamar con líneas cruzadas. Pero, para picar un montón de verduras rápidamente, la GPU es la herramienta.

Ahora bien, del mismo modo que le costaría esfuerzo preparar una comida solo con una picadora eléctrica y sin cuchillos de cocina, no puede hacer funcionar un ordenador solo con una GPU. La arquitectura del dispositivo es demasiado especializada para poder hacerlo; siempre es necesaria una CPU. En este sentido, la CPU siempre es la herramienta principal, mientras que la GPU es un costoso complemento. Y, como muchos otros aparatos de cocina, al principio los puristas se mofaban de ella.

Pero imaginemos que un chef llega un día al trabajo y se encuentra con que un semirremolque lleno de verduras frescas ha llegado al muelle de carga. El chef ya no tiene tiempo de chifonar; debe picar esos cientos de kilos de verdura antes de que se estropeen. Para este chef la picadora eléctrica será útil. De hecho, podría querer docenas o incluso cientos de picadoras eléctricas funcionando al mismo tiempo.

En esta analogía, el camión cargado de verduras representa a Big Data. A mediados de la década de 2000, el muelle de carga científico se estaba llenando de conjuntos de datos exponencialmente mayores que todo lo anterior: datos astronómicos, de geoingeniería, médicos, gubernamentales, financieros y el conjunto de datos generados por el hombre, en constante expansión, de la *World Wide Web*. En el pasado, un científico podía considerarse afortunado con una caja de verduras cada dos semanas. A mediados de la década de 2000, un científico podía esperar recibir varios contenedores de verduras al día.

Los eternos cuchillos de cocina de Intel no estaban a la altura del reto: se necesitaba una cuchilla giratoria accionada por una máquina. Vale, los cortes no siempre eran tan bonitos. ¿Y qué? De todos modos, en unos minutos llegaría otro camión. La GPU era la picadora eléctrica de los datos. Era la máquina que convertía los datos en dados toscamente tallados.

BAJO LA DIRECCIÓN DE NICKOLLS, los diseñadores de Nvidia empezaron a segmentar sus microprocesadores en «núcleos CUDA», que eran conjuntos de circuitos que podían ejecutar simultáneamente la misma instrucción en paralelo a través de múltiples agrupaciones de datos. Arjun Prabhu, director de ingeniería de hardware de Nvidia, comparó el diseño del nuevo microprocesador con la planificación urbanística, con distintas zonas del procesador dedicadas a diferentes tareas. Al igual que los jugadores de Tetris con los bloques que caen, a veces Prabhu veía transistores mientras dormía. «Las mejores ideas surgen un viernes por la noche, cuando estoy literalmente soñando con ellas», dijo Prabhu.

La decisión de lanzar procesadores de doble propósito fue controvertida dentro de Nvidia, porque elevaba el coste de producción de GeForce por encima del de Radeon, un coste que internamente se denominaba «impuesto CUDA». Huang estaba apostando por que sus clientes de videojuegos, embelesados con *Half-Life 2*, no se dieran cuenta de que estaban subvencionando una arriesgada y posiblemente inútil misión secundaria en el reino arcano de la computación de alto rendimiento. «Muchas de las ideas empleadas en los núcleos de CUDA se habían utilizado mucho antes en superordenadores y procesadores especializados, pero eran demasiado caras para los pequeños mercados especializados a los que servían», recordó Brett Coon, uno de los primeros ingenieros de CUDA. «En mi opinión, la "genialidad" de CUDA es conseguir que los jugadores paguen los enormes costes de desarrollo de los procesadores».

Sobre los circuitos de Prabhu debían funcionar varias capas de software. La primera era la capa de código máquina, que descomponía las complejas fórmulas matemáticas en aritmética sencilla. Gran parte del trabajo de Ian Buck tuvo lugar aquí, construyendo ideas a partir de la placa de circuito. Eran las catacumbas de la informática, el código de más bajo nivel que se podía escribir, susurrando directamente al metal. A muchos programadores esta capa les resultaba extenuante, pero a Buck le encantaba: más tarde, le concedieron patentes sobre varias técnicas a nivel de ensamblaje. «Es donde el caucho se encuentra con la carretera», dijo.

Buck contrató a un equipo de especialistas numéricos, muchos de ellos licenciados por la Universidad Estatal de Moscú. «Ya sabes, un montón de Pyotr y Boris», dijo Buck. Trabajando con los rusos, Buck tomó las complicadas estructuras matemáticas que gustaban a los científicos (ecuaciones diferenciales y matrices de dimensiones superiores, etc.) y las reescribió como ecuaciones primitivas que solo consistían en sumar, restar, multiplicar y dividir.

Ejecutar estas operaciones elementales en paralelo en muchos conjuntos de datos a la vez requería un talento inusual para el razonamiento holístico. «Los seres humanos piensan linealmente», dijo Buck. «Si le das instrucciones a alguien sobre cómo ir de aquí a Starbucks, le das pasos individuales. No le das instrucciones para llegar a cualquier Starbucks desde cualquier sitio. Es difícil pensar así, en paralelo». Por encima de la capa de Buck estaba el «compilador», que traducía lenguajes de programación como C++ y Python a código máquina. Bas Aarts, el desarrollador holandés que escribió el primer compilador CUDA, era igual de obsesivo. Podía recluirse en su mente durante semanas, abandonando amigos, relaciones y aficiones para conceptualizar cómo podría interpretar la información un ordenador. «Algunas personas de mi vida creen que soy bastante unidimensional», dijo. «Pero ¡es elegante! Es complicado. Es un reto. Y, si no me planteo retos, me aburro».

La estrategia de negocio para CUDA se planteó a largo plazo. Huang animó a Nickolls a recibir a los clientes científicos con los brazos abiertos, para abrazarlos muy fuerte y no soltarlos. Las mejoras de rendimiento de CUDA tenían que ser tan grandes y evidentes que los clientes crearan voluntariamente nuevas disciplinas académicas en torno a la plataforma. «Después de eso, nunca querrás irte», dijo Aarts. «Es dependencia del proveedor. No hay salida».

De este modo, Nvidia construyó lo que los desarrolladores de software llamaron «la pila CUDA». En la base estaban los circuitos, encima el código máquina que mandaba a los electrones, encima el compilador que traducía de máquina a humano y en la cima el software que hablaba con los científicos. La pila convertía las ideas en electricidad y la electricidad en resultados.

CUDA SE LANZÓ PÚBLICAMENTE a finales de 2006. El paquete de software era gratuito, aunque solo funcionaba con hardware de Nvidia. En 2007, se descargó la decepcionante cifra de trece mil veces. En ese primer año completo, ni la centésima parte de los cientos de millones de propietarios de GeForce se molestaron en pulsar el interruptor de su hardware de videojuegos para convertirlo en un superordenador. Los inversores escépticos se preguntaban para quién era esta tecnología. «Wall Street no solo no creía que CUDA fuera valiosa, sino que pensaba que tenía un valor negativo», dijo un empleado cercano a la situación.

A muchos programadores les parecía difícil utilizar CUDA. Para maximizar la potencia de la GPU, los programadores tenían que dividir las tareas grandes en cientos de subtareas más pequeñas llamadas «hilos». A continuación, tenían que introducir estos hilos en los núcleos CUDA con cuidado, con mucho cuidado. Se trataba de una tarea complicada con muchas trampas ocultas. Los programadores tenían que gestionar múltiples bancos de memoria sin confundirse; también tenían que evitar desajustes de sincronización que pudieran producir resultados incorrectos. La curva de aprendizaje del paralelismo era empinada y se basaba en conceptos avanzados de informática. Los académicos que se habían formado en otros campos, como la física o la medicina, rara vez poseían las habilidades de programación necesarias para hacer funcionar CUDA.

Kirk, que quería repetir el éxito que había tenido con los sombreadores, intentó comercializar la tecnología con un libro, *Programming Massively Parallel Processors*, que escribió junto con el informático Wen-Mei Hwu. En la introducción, los autores señalaban que la arquitectura de los ordenadores no había evolucionado desde que el genio húngaro John von Neumann trazara su esquema básico en 1945. «Los usuarios de ordenadores también se han acostumbrado a la expectativa de que estos programas funcionen más rápido con cada nueva generación de microprocesadores», escribieron. «Esta expectativa ya no es válida a partir de hoy». Pocos profesores incorporaron el libro de texto a sus clases. Contenía herejía, blasfemia y luego estaba el cuestionamiento de John von Neumann.

En el sector industrial, Nvidia buscó una amplia gama de clientes, como operadores bursátiles, buscadores de petróleo y biólogos moleculares. En un momento dado, la empresa firmó un acuerdo con General Mills para simular la física térmica de la cocción de la pizza congelada Totino's. Pero la mayoría de estos acuerdos se esfumaron al cabo de un par de trimestres, los pizzeros no necesitaban tanta potencia de cálculo.

El elevado coste de I+D de CUDA supuso un lastre para los beneficios económicos de Nvidia, pero CUDA también resultó cara de forma sutil. El proyecto provocó desacuerdos internos en Nvidia: Nickolls tuvo que luchar por los recursos, a veces con énfasis. «Era mucho más fácil convencer a los diseñadores de hardware de la importancia de mejorar el rendimiento en Unreal o Doom que, por ejemplo, en multiplicaciones de matrices o transformadas rápidas de Fourier», recordó Coon. Mientras tanto, la base de código, aún cancerosa, crecía en complejidad: el paquete de software completo de GeForce pronto superaría los cien millones de líneas de código, haciéndolo más complejo que algunos sistemas operativos Windows.

Quizás el mayor coste oculto fue que CUDA distrajo a Huang del servicio a su cliente principal. Los rumores de problemas de fabricación en Nvidia surgieron por primera vez a finales de 2006, cuando los jugadores se quejaron de que las GPU de los ordenadores portátiles dejaban de funcionar tras unas semanas de uso. Para cuando se reconoció el problema, los foros de videojuegos se habían vuelto conspiranoicos y había publicaciones que acusaban a Nvidia de fijar incorrectamente sus procesadores a las «protuberancias» (*bumps*) de soldadura debajo de la placa del circuito. El «*Bumpgate*» había comenzado: los jugadores se pasaron a la competencia y las acciones de Nvidia volvieron a caer en picado, perdiendo cerca del 90 % de su valor por segunda vez en seis años. Los miembros del consejo de administración que consultaban el gráfico de las acciones en un terminal Bloomberg lo compararon con el electrocardiograma de un infarto.

Los leales a Radeon estaban encantados, todos ellos odiaban a Nvidia, se agruparon y acusaron a Huang de orquestar un encubrimiento. «Nvidia se está hundiendo, os lo dijimos», escribió uno de ellos. A principios de 2009, Dell abandonó a Nvidia como proveedor preferente de su popular línea de portátiles para juegos. «Durante mucho tiempo nos hemos preguntado cuándo tendría un precio la estupidez lamentable de Nvidia», escribió un cáustico columnista tecnológico. «La respuesta, al menos en Dell, es ahora».

Huang, tratando de adelantarse al *Bumpgate*, reservó 200 millones de dólares para reembolsos a los clientes. La reserva aniquiló los beneficios de Nvidia del año y, por primera vez desde su salida a bolsa, Nvidia perdió dinero. Huang organizó una rueda de prensa para explicar la situación. Llegó con gafas, vaqueros negros y una camiseta deportiva gris holgada que revelaba la sorprendente definición de la parte superior de su cuerpo, resultado de su diligente rutina de flexiones de toda la vida. «No quiero que los consumidores luchen contra el proceso», dijo con voz relajada y paciente. «Es un poco lioso porque la competencia quiere causar revuelo, pero en realidad no es tan complicado». Solo los observadores experimentados de Jensen podían intuir la ira que se enroscaba bajo el discurso.

Nvidia celebraba reuniones periódicas para debatir la estrategia corporativa. Intentando ahorrar dinero después del *Bumpgate*, la reunión de 2008 se trasladó a la cafetería de la empresa. «Fue la vez que más le oí gritar», dijo Sameer Halepete, uno de los principales ingenieros de hardware de Huang. El blanco de la ira de Jensen era un arquitecto de procesadores extraordinariamente cualificado y dedicado, con muchos años de servicio en la empresa. El arquitecto estaba en una esquina de la cafetería y Huang en la opuesta. Pegados a las paredes, unos 150 ejecutivos sénior de la empresa observaban en silencio la humillante escena. «Todavía recuerdo claramente a Jensen reprendiéndole sin parar durante una buena hora y media», dijo Halepete. «Sinceramente, tal vez fueron dos horas. Estaba lívido».

Sin embargo, el arquitecto conservó su trabajo. «Rara vez Jensen hace cambios significativos por problemas de ejecución», dijo Halepete. «Es muy consciente de que puede tener un efecto incluso ligeramente amedrentador en la voluntad de arriesgarse e innovar. Por eso, su capacidad de perdonar hasta las mayores meteduras de pata es extremadamente alta». Halepete supuso que las diatribas eran lo que hacía Jensen en lugar de enseñarle la puerta. «Te reñirá, te gritará, te insultará... lo que sea», dijo Halepete. «Nunca te va a despedir».

Para restablecer la confianza, Huang recurrió a Deb Shoquist, que gestionaba la red mundial de proveedores de Nvidia. La agenda de Shoquist la llevaba desde Guadalajara hasta Hanoi o Bangalore; su trabajo consistía en asegurarse de que los componentes de la empresa llegaban a tiempo y en cantidad suficiente. El trabajo requería una buena cantidad de gritos por teléfono, y Shoquist, voluble y expresiva, no era de las que se echaban atrás ante una confrontación. Poco después de llegar a Nvidia en 2007, Huang le había pedido que redujera el plazo de ejecución de las entregas procedentes de un proveedor taiwanés de embalajes aguas abajo de TSMC. Shoquist lo consideraba imposible; Taiwán era famoso por su eficiencia y ella dudaba de que hubiera algo que recortar en el proceso. Ambos empezaron a discutir sobre la diferencia entre plazos de ejecución y tiempos de ciclo, hasta que Shoquist contradijo directamente a Huang. «No entiendes cómo funciona esto», le dijo.

La discusión se produjo alrededor de una mesa de reuniones, donde los ejecutivos estaban sentados con sus portátiles abiertos. En cuanto Shoquist le dijo a Huang que no lo entendía, su bandeja de entrada se llenó de mensajes de sus colegas. «¡Para!», decía uno. «Para, no vayas por ahí. Intenta escucharle». Pero ya era demasiado tarde. Huang estalló contra Shoquist, gritándole que no sabía hacer su trabajo. «Pensé que eras una persona de operaciones. ¡No eres una persona de operaciones!», gritó. «¡No sabes de operaciones!».

La furia de Huang fue igualada por la de Shoquist. Llevaba veinte años haciendo esto, ¿quién era ese tipo para decirle que no era una persona de operaciones? Ella era de operaciones. Indignada, Shoquist le dijo a Huang que iba a volar a Taiwán y obtendría las estadísticas directamente del proveedor para demostrar que tenía razón. El proveedor estaba encantado de recibirla: las instalaciones de embalajes no eran un lugar glamuroso y los clientes casi nunca las visitaban. Durante una semana, Shoquist se familiarizó con las *unit economics* (economía unitaria) de este proveedor de *back-end*.

En las instalaciones de embalaje, el «plazo de ejecución» entre la recepción de un pedido y la entrega era de tres semanas. Pero, para sorpresa de Shoquist, el «tiempo de ciclo», es decir, el número total de horas-persona que tardaba el proveedor en colocar los microprocesadores de Nvidia en la carcasa negra, era de solo treinta y seis horas. El proveedor explicó que, al menos en teoría, sería posible acelerar el plazo de entrega para que coincidiera con el tiempo de ciclo, aunque esto aumentaría el coste del embalaje de cada procesador de 8 a 1.000 dólares. Huang había acertado: era posible acortar el plazo de entrega. Caro, pero posible.

Escarmentada, Shoquist volvió a Nvidia con un plan de costes para acelerar los pedidos de embalaje. Esperó a que los dos estuvieran solos para presentar sus conclusiones a Huang («No quería tener público», dijo Shoquist) y se preparó para la furia de Huang, pero nunca llegó. En lugar de eso, dijo: «Esa es la respuesta correcta». Shoquist elaboró programas de costes similares para todos los cientos de proveedores que encajaban en la red de fabricación de Nvidia. Entonces empezó a apretar, reduciendo el tiempo de ciclo de Nvidia de meses a semanas, e incluso estableciendo un récord de trece días.

Al presionar a Shoquist, Huang estaba empleando una técnica de programación que denominaba la «velocidad de la luz». Inculcaba este concepto de gestión a sus empleados con el fervor de una doctrina religiosa y casi todos los empleados de Nvidia con los que hablé hicieron referencia a la «velocidad de la luz» al menos una vez. «Velocidad de la luz» no significaba, como cabría suponer, moverse con rapidez. En lugar de eso, Huang animaba a los directivos a identificar la máxima velocidad a la que podía ser viable realizar algo, dado un presupuesto ilimitado y suponiendo que todo saliera bien. (Por ejemplo: viajar de Nueva York a Londres a la «velocidad de la luz» implicaría un tiempo perfecto, sin nada de tráfico y un avión supersónico). A partir de esta constante inalcanzable, los directores podían trabajar hacia atrás hasta llegar a unos plazos de entrega realistas, pero aun así impresionantes. «Parece difícil, pero realmente te quita presión», me dijo Shoquist. «Una vez que comprendes los límites físicos de lo posible, entiendes que la competencia tampoco puede ir más rápido».

Huang perseguía este ideal inalcanzable todos los días de su vida. «Debería asegurarme de que estoy lo suficientemente agotado de trabajar como para que nadie pueda mantenerme despierto por la noche», dijo más tarde. «Eso es realmente lo único que puedo controlar». Mantuvo este ritmo durante décadas, pero otros se quemaron. Cansado de sus desplazamientos, en 2007 David Kirk decidió que ya estaba bien de trabajar a jornada completa. Liquidó una parte de las acciones que Huang le había concedido en la década de 1990, se trasladó a Telluride (Colorado) y más tarde a Hawái, pero continuó con Nvidia como había empezado, como consultor a tiempo parcial.

En el momento de su marcha, Kirk dirigía Nvidia Research, un grupo de treinta científicos que trabajaban en tecnologías gráficas avanzadas. Huang creía que se necesitaba algo más ambicioso para aprovechar la creciente potencia de CUDA, y le encargó a Kirk que buscara a su sustituto. El hombre que encontró Kirk vivía a la velocidad de la luz y pronto transformaría Nvidia Research en el departamento corporativo de I+D con más éxito del mundo.

DIEZ

Resonancia

Cuando Bill Dally no estaba pilotando su avión, solicitando una patente o reinventando el ordenador, estaba montando en bicicleta hasta el borde del colapso, remando en el lago Tahoe, compitiendo en una carrera de esquí alpino o navegando sin escalas desde Granada hasta Antigua. El ritmo de producción de nuevas creaciones de Dally hacía que Kirk y Nickolls parecieran perezosos: era autor de 250 artículos técnicos y 4 libros de texto, y poseía 120 patentes que abarcaban una ecléctica gama de campos de la informática, desde arquitecturas de circuitos complejos hasta el procesador que gestionaba la fuente de alimentación. Era calvo, estaba en forma, hablaba rápido y sin duda era brillante, Dally hablaba con implacable precisión académica cuando abordaba temas relacionados con la informática, y con un tono directo y práctico cuando conversaba sobre cualquier otra cosa. No había ningún ámbito de la informática que no pareciera entender ni ningún momento de su vida que no pareciera optimizado para el logro técnico o la aventura.

Dally había abandonado el instituto porque no quería asistir a clase de Historia. Trabajaba como mecánico de automóviles y consiguió entrar en la universidad haciendo trampa gracias a sus notas en los exámenes. Nunca obtuvo el título de bachillerato, pero sí una licenciatura en Virginia Tech, un máster en Stanford y un doctorado en CalTech. A los treinta y pocos años, Dally ya era profesor titular en el MIT.

A Dally le gustaba construir sus propios ordenadores. También le gustaba pilotar su propio avión. En un triste día de septiembre de 1992, cogió su Cessna monomotor y se dirigió a Nueva York sobrevolando el estrecho de

Long Island. Mientras volaba a una altitud de unos dos mil metros, notó que se encendía el indicador de aceite. Se dirigió hacia un aeropuerto cercano, pero minutos después el motor se apagó, seguido de un sonido que describió como «un montón de pelotas de goma botando dentro de un bidón de aceite». Dally reorientó el Cessna para planear y luego se preparó para hacer un aterrizaje forzoso en el estrecho.

Cuando el avión golpeó el agua, el cuerpo de Dally salió despedido hacia delante y se rompió la nariz contra el timón de dirección. Aturdido y sangrando, tuvo unos veinte segundos para escapar antes de que el avión se hundiera bajo las olas. En ese tiempo pudo abrir la ventanilla de la cabina y escapar al océano, agarrándose a un cojín del asiento a modo de salvavidas. Finalmente, fue rescatado por un velero que pasaba por allí. «Más tarde programé ese suceso en un simulador», me dijo Dally con naturalidad, como si estuviera describiendo una carta que había enviado por correo. «Después de diez intentos en los que acabé en el agua, hubo uno en el que conseguí aterrizar en el aeropuerto de Groton-New London». Después del accidente de avión, Dally volvió al trabajo en un par de días.

Su equipo del MIT estaba construyendo un ordenador paralelo experimental conocido como «Jellybean machine». El Jellybean era Dally reimaginando cómo podría funcionar la tecnología de la información, y casi todas sus piezas (microprocesadores, placas de circuitos, hardware de red y aplicaciones) eran tecnología específica que Dally y su equipo habían diseñado a partir de los primeros principios. El aparato era tan alto como una persona y algunas piezas estaban unidas con cinta aislante.

Las pruebas de rendimiento demostraron que el Jellybean funcionaba mucho más rápido que un ordenador convencional, pero Dally nunca encontró un socio comercial para fabricarlo. Los ordenadores existentes eran suficientemente rápidos para la mayoría de los propósitos y no parecía haber mercado para un dispositivo paralelo. Así que, a los cuarenta años, Dally abandonó el MIT y se trasladó a Stanford; el alumno que dejó el instituto era ahora el director del departamento de informática más prestigioso del mundo. Dally empezó a trabajar como consultor para Nvidia tras la visita de Jensen en 2003, pero, cuando Kirk se le acercó con la oferta de un trabajo a tiempo completo en 2009, al principio Dally lo rechazó. Nvidia había perdido dinero en los ejercicios fiscales de 2009 y 2010, y las acciones estaban débiles. La lista de 2010 de Fast Company de las empresas más innovadoras del mundo no incluía a Nvidia; tampoco la de BusinessWeek. Pasar de Stanford a Nvidia parecía un movimiento lateral o incluso una degradación. Intel, diez veces mayor que Nvidia, prometía a los inversores que había métodos para evitar el problema de los transistores con fugas; en repetidas conferencias telefónicas, los ejecutivos de Intel insistían en que la ley de Moore no había muerto.

En la época en que Huang intentaba contratar a Dally, Intel le hizo una oferta más lucrativa. Dally lo consideró durante un tiempo, pero finalmente optó por unirse a Nvidia perdiendo dinero. Aceptó formalmente su puesto como científico jefe de Nvidia en enero de 2009, justo cuando las acciones caían por debajo de 10 dólares. Jim Plummer, decano de la facultad de Ingeniería de Stanford y miembro del consejo directivo de Intel, puso en duda la cordura de Dally. «Bill, estás loco», dijo Plummer. «Intel va a aplastar a Nvidia». Dally no se inmutó. «Jensen es una de esas personas que son líderes por naturaleza», dijo Dally. «Quieres seguirle vaya a donde vaya».

DALLY TRANSFORMÓ LA INVESTIGACIÓN EN NVIDIA, que llegó a tener más de trescientas personas. La ventaja continua de Nvidia era que, con el tiempo, proporcionaría más potencia de cálculo por dólar de forma exponencial. Dally eligió proyectos de investigación que se cruzaran con esa pendiente, una cartera que con el tiempo incluiría robótica, automóviles, modelos climáticos y bioquímica. En el mundo académico, Dally había disfrutado de tiempo ilimitado para perseguir sus excéntricas pasiones. En Nvidia, estaba atado al ritmo del ciclo semestral de lanzamiento de GPU, pero, para su sorpresa, le encantaba. «Hay mucha menos burocracia, porque todo el mundo en la empresa (su medio de vida, su trabajo y su familia) dependen de que esta GPU llegue a tiempo a la línea de meta», dijo.

Dally creía que Nvidia podía proyectarse más hacia los clientes académicos. Pocos meses después de su incorporación, Nvidia organizó la primera «GPU Technology Conference» (Conferencia Tecnológica de GPU) o GTC. La conferencia se celebró en 2009 en el hotel Fairmont, situado en el centro de San José. Huang, que durante muchos años había dado la impresión de comprar la mayor parte de su vestuario con el programa de recompensas de Kohl's, estaba en pleno resplandor evolutivo. Llegó con una camisa negra ajustada, vaqueros azules *bootcut* y zapatos negros con hebillas plateadas.

Huang, un actor natural, manejó al público con la facilidad ensayada de un hipnotizador en el escenario. «Bienvenidos al Woodstock de la informática de alto rendimiento», dijo.

A Huang le gustaba el espectáculo. Una vez les pidió a Adam Savage y Jamie Hyneman, los presentadores de *Mythbusters* (*Cazadores de mitos*), que demostraran la diferencia entre computación en serie y en paralelo. Su demostración consistió en dos dispositivos manipulados para disparar bolas de pintura a la lona. El primero era un robot teledirigido que disparaba una bola de pintura cada vez y dibujaba una cara sonriente durante un minuto. La segunda era una serie de cañones fijos que disparaban 1.100 bolas de pintura a la vez, creando una versión pixelada de la Mona Lisa en una fracción de segundo. Al público le encantó, era ese tipo de público.

La GTC funcionó con un nivel similar. La primera noche de la conferencia se celebró un baile de disfraces benéfico para una escuela primaria local (el atractivo del evento se vio ligeramente disminuido por los asistentes, mayoritariamente hombres de mediana edad que llevaban acreditaciones). Al día siguiente se trataron temas como la química cuántica, la realidad aumentada y la modelización del comportamiento de los agujeros negros. Una de las charlas se titulaba «*Unlocking Biologically-Inspired Computer Vision: a High-Throughput Approach*» («Desbloqueando la visión computerizada inspirada biológicamente: un planteamiento de alto rendimiento»). El ponente, un profesor del MIT llamado Nicolas Pinto, había reunido una gran variedad de aplicaciones de reconocimiento de imágenes (incluidas varias redes neuronales) y había utilizado CUDA para optimizarlas para las GPU de Nvidia. A continuación, pidió a los programas que identificaran personajes y objetos a partir de clips de vídeo que había extraído de una colección de DVD de *Ley y orden*. Los mejores modelos, combinados entre sí, podían identificar a Jerry Orbach con una precisión de casi el 90 por ciento, incluso cuando se les mostraba un clip de vídeo nuevo de Orbach por primera vez. En el documento que acompañaba a la presentación, Pinto observó que el conjunto de procesadores de Nvidia ofrecía un rendimiento 1.356 veces superior al de una CPU Intel de precio comparable.

El reconocimiento de imágenes era un problema fundamental para la inteligencia artificial; al enseñar a los ordenadores a reconocer imágenes, los investigadores seguían el rastro evolutivo hacia capacidades más sofisticadas. Más o menos cuando se celebró la primera conferencia GTC, unos paleontólogos que excavaban en una pared rocosa de Groenlandia descubrieron un fósil de trilobite de quinientos millones de años cuyo tejido neural se había conservado milagrosamente. La criatura, más antigua que los dinosaurios, se parecía a un cangrejo herradura, con tallos oculares que salían de su cuerpo. Si recorriéramos el nervio óptico petrificado hacia el interior, llegaríamos a un minúsculo grupo de células, más pequeñas que un grano de arroz. Se trataba del cerebro más antiguo jamás descubierto. El registro fósil demostraba que Pinto estaba en lo cierto: el reconocimiento visual había llevado a una explosión de la inteligencia biológica y pronto lo haría de nuevo con los ordenadores. Por desgracia, su presentación, una de las docenas que tuvieron lugar esa semana, no atrajo mucha atención. Las siguientes GTC, celebradas en 2010 y 2011, no se basaron en sus ideas y, en los dos años siguientes a su publicación, el artículo de Pinto solo se citó quince veces. Las redes neuronales eran una rama olvidada de la investigación. También lo eran los fósiles de trilobite. No le importaban a nadie.

MIENTRAS TANTO, CUDA luchaba. A finales de la década de 2000, a John Nickolls le volvieron a diagnosticar melanoma. Esta vez la enfermedad fue mortal y falleció en 2011. Dally, su compañero de esquí de competición, estaba devastado. Huang también estaba desolado; cuando le pregunté por Nickolls doce años después, su rostro se tensó por la emoción y cambió de tema enseguida. Incluso cuando Nickolls se estaba muriendo de cáncer, nunca dejó de trabajar. «Creo que algunos de sus mejores años en Nvidia, y los más productivos, fueron durante esa época», dijo su hijo Alec. Nvidia financió una beca en la Universidad de Illinois en Urbana-Champaign en su honor.

Hasta su último aliento, Nickolls insistió en que CUDA cambiaría el mundo, pero solo fue testigo de un atisbo de lo que CUDA llegaría a ser. En 2009, el software que convertía la tarjeta gráfica en un superordenador se había descargado más de trescientas mil veces. Después, el interés descendió durante tres años seguidos, hasta tocar fondo en 2012 con algo más de cien mil nuevas instalaciones. El mercado de la computación científica parecía saturado y los inversores empezaron a quejarse de que la inversión sostenida de Nvidia en CUDA no tenía sentido desde el punto de vista financiero. «Estaban gastando una fortuna en esta nueva arquitectura de procesador», me dijo Ben Gilbert, copresentador de *Acquired*, un popular *podcast* de Silicon Valley. «Estaban gastando muchos miles de millones dirigidos a un oscuro rincón de la informática académica y científica, que no era un gran mercado en ese momento, sin duda menos que los miles de millones que estaban invirtiendo». En 2012, la situación se estaba volviendo desesperada. El precio de las acciones de Nvidia no se había revalorizado en más de una década y, aunque las ventas y el empleo en la empresa habían crecido considerablemente, los beneficios se mantenían planos. Huang estaba llevando la supercomputación a las masas, pero las masas no la querían.

A principios de 2013, la junta directiva de Nvidia recibió una carta del inversor activista Starboard Value, que había adquirido una pequeña participación en la empresa. Jeff Smith, director de inversiones de Starboard, se centraba en empresas de bajo rendimiento, exigiendo puestos en el consejo y cambios de estrategia. Cuando encontraba resistencia, solía intentar despedir al director general. La carta de Starboard, aunque formalmente agnóstica sobre CUDA, cuestionaba con delicadeza si tenía sentido lo que estaba haciendo Huang. Otros analistas de inversión creían que, si Nvidia dejaba de invertir sus beneficios en CUDA y los devolvía a los accionistas, sus acciones subirían. Algunos también cuestionaron la idoneidad de Huang para el puesto.

Smith tenía cuarenta y dos años, era joven y enérgico, con el pelo rizado y cara de niño. Le gustaba cuestionar las decisiones operativas con detalles humillantes: en una ocasión consiguió sustituir a las 12 personas que componían el consejo de administración de Darden Restaurants. Tenía menos del 6 % de las acciones de la empresa y se basó en un plan de 294 diapositivas para dar un giro a la cadena Olive Garden, que atravesaba dificultades. La presentación de diapositivas de Starboard sobre Olive Garden se convirtió en un documento legendario entre los analistas financieros, especialmente la diapositiva 104, que criticaba la estrategia de los palitos de pan del restaurante. Históricamente, los camareros de Olive Garden traían un palito de pan para cada comensal y uno para la mesa; luego rellenaban el recipiente de los palitos cuando era necesario. Pero, con el tiempo, la calidad del servicio se deterioró y los camareros empezaron a dejar un montón de palitos de pan en la mesa, reduciendo la cantidad de comida que pedían los clientes. La diapositiva 163 señalaba que Olive Garden también había dejado de salar el agua de la pasta en un esfuerzo equivocado por alargar la vida de la batería de cocina. «¿Cómo puede pensar la dirección de la mayor cadena de restaurantes italianos del mundo que está BIEN servir pasta mal preparada?», preguntó Starboard.

Smith se desenvolvía bien con los medios de comunicación y utilizaba a la prensa a su favor. En 2014, después de haber forzado ochenta sustituciones de consejos de administración en treinta empresas en el transcurso de solo tres años, la revista *Fortune* lo calificó como «el hombre más temido de los Estados Unidos corporativos».

No cabía duda de que la percepción de CUDA como un pozo de dinero no era errónea, y Huang ya había eliminado antes líneas de negocio no rentables, a veces después de pasar años desarrollándolas. A principios de la década de 2000, Nvidia había fabricado durante un tiempo procesadores Northbridge, que actuaban como controladores de memoria en la placa base. Sin embargo, después de dedicarse a este mercado durante varios ciclos, Huang se dio cuenta de que estaba en una carrera a la baja con Intel. Desechó la iniciativa e informó a sus empleados de que había cometido un error. Y, mientras estaba desarrollando CUDA, Huang también invirtió en el mercado de gráficos para tabletas y teléfonos móviles. De hecho, en entrevistas de principios de la década de 2010, Huang habla más de teléfonos móviles que de supercomputación. Esto era defendible porque el mercado de los móviles era enorme, pero en 2011 Nvidia hizo algo que tenía menos sentido: gastar 367 millones de dólares para comprar Icera, un fabricante de módems inalámbricos. Esta adquisición equivocada era la que había desencadenado la alarmante carta de Starboard: el mercado de los módems estaba maduro y dominado por Qualcomm. Smith y sus lugartenientes creían que con CUDA, las tarjetas gráficas, los procesadores para móviles y los módems, Nvidia estaba intentando abarcar demasiados campos. Visitaron la sede de Nvidia en 2012 y apremiaron a Huang para que se centrara. La reunión fue cordial, pero subyacía la amenaza de una lucha de poder por el control de Nvidia.

CON EL TIEMPO, Huang se sumó al punto de vista de Smith y abandonó el mercado de los módems. «Si estamos luchando a muerte en el móvil, no estamos haciendo otras cosas, ¿no?», dijo Huang. Huang ya había luchado a muerte antes y había ganado, pero la experiencia le había marcado y no tenía ganas de volver a hacerlo. Pero Huang nunca consideró la posibilidad de abandonar CUDA porque, en este mercado impopular, Nvidia era el único proveedor.

De las muchas decisiones geniales que tomaría Huang a lo largo de su carrera, la de obstinarse en apostar por CUDA frente a Jeff Smith fue la más arriesgada. A diferencia de los jugadores, los clientes de la supercomputación eran inconstantes y nunca tenían dinero. Los clientes académicos dependían de subvenciones de investigación impredecibles. La I+D empresarial estaba sujeta al escrutinio de los escépticos directores financieros. Los ambiciosos programas de investigación gubernamentales se anunciaban con calendarios de inversión de diez años, pero luego se convertían en prolongadas disputas burocráticas sobre cómo se iba a repartir el dinero. Incluso otros ejecutivos de semiconductores, que estaban acostumbrados al riesgo, pensaban que CUDA era poco aconsejable. Esta fue la apuesta que convirtió a Jensen en lo que es, marcó la diferencia.

Con la ayuda de Jim Gaither, miembro del consejo de administración y el mismo abogado al que una vez Huang le dio todo el dinero que tenía en su cartera, Huang organizó una campaña para defender su puesto. Los mayores accionistas de Nvidia eran los fondos de inversión de la Costa Este. El más importante era Fidelity, que gestionaba más de un billón de dólares en fondos de clientes y poseía más acciones de Nvidia que Huang. Huang voló a Boston para reunirse con ellos. La reunión fue mal; Fidelity «nos dio una paliza», dijo Gaither. Desde Boston, Huang viajó a Nueva York y se reunió con otra media docena de inversores institucionales. Huang hizo todo lo posible por convencer a los gigantes de que apoyaran CUDA, pero los escépticos gestores de carteras le interrogaron. «No estaba claro que hubiera un camino hacia un logro real», dijo Gaither.

Huang conservó el apoyo de su consejo de administración, la mayoría de los cuales habían estado con él desde la fundación de la empresa. Pero incluso aquí se oyeron los primeros murmullos de descontento. Tench Coxe, miembro del consejo de administración, dijo: «Estábamos, ya sabes, nos pusimos de perfil». Dawn Hudson, antigua ejecutiva de marketing de la NFL, fue nombrada miembro del consejo de administración poco después de que llegara la carta de Starboard. «Nvidia no tenía una gran reputación cuando me incorporé», dijo. «Era una empresa claramente agotada y estancada».

En casa, Huang sufría el síndrome de la mansión vacía. Su hijo Spencer se había marchado a una academia de arte en Chicago, con aspiraciones de convertirse en fotógrafo; su hija Madison se había matriculado en una escuela culinaria en París; su querido perro Sushi había fallecido. Al trabajar siempre ochenta horas semanales, Huang se había perdido gran parte de la infancia de Spencer y Madison. «Si soy sincero, Lori se encargaba del noventa por ciento de la paternidad», dijo. Habitualmente, todas las semanas Huang pasaba un día del fin de semana con sus hijos, pero incluso entonces era frecuente que estuviera preocupado. Horstmann recordó una visita a un parque de atracciones con Huang en la que envió varias veces a sus hijos a la montaña rusa para que ambos pudieran comentar problemas técnicos. Horstmann también observó que ni los hijos de Huang ni los suyos se habían dedicado inicialmente a campos técnicos. «Creo que intentaron salir de este entorno laboral de locos», dijo. «Creo que nos miraron y dijeron: "Tiene que haber algo más en la vida que esto"».

Huang, dolido por su ausencia, intentó recrear la sensación de familia en sus frecuentes visitas a casa. Adoptó dos perros más y, desarrollando sus habilidades culinarias, se metía a menudo en la cocina, donde improvisaba todo tipo de deliciosos platos. Aunque esto no siempre era un desahogo. Horstmann recordó una reunión familiar en la época del contrainterrogatorio de Fidelity cuando Huang estropeó un complejo plato que estaba preparando. De pie en su cocina de un millón de dólares, con su hija que se había formado en Le Cordon Bleu para ayudarle, Huang explotó y empezó a gritar contra su inadecuado equipo. «Creo que todos comprendimos que teníamos que salir de la cocina», dijo Horstmann. «Era el momento de que Jensen les gritara a sus fogones».

EN LAS CHARLAS, Huang ha mencionado una visita a la oficina de Ting-Wai Chiu, profesor de Física de la Universidad Nacional de Taiwán, que le dio confianza durante ese tiempo. Chiu, que quería simular la evolución de la materia después del Big Bang, había construido un superordenador casero en un laboratorio adyacente a su despacho. Huang llegó y se encontró el laboratorio lleno de cajas de GeForce y el ordenador refrigerado por ventiladores de sobremesa oscilantes. «Jensen es un visionario», dijo Chiu. «Hizo posible el trabajo de mi vida».

Chiu, que había utilizado tarjetas para jugar en la construcción de su máquina, era el cliente modelo. Al lanzar CUDA en las tarjetas de venta al público, Nvidia se dirigía incluso a los científicos más humildes, básicamente científicos locos cuya investigación tenía tan poco apoyo que no podían permitirse una estación de trabajo. En este caso, una vez más, Huang estaba siguiendo el evangelio de Clayton Christensen. Christensen había observado que las tecnologías disruptivas solían surgir de comunidades de aficionados. Se desarrollaban utilizando «recursos pirateados» en los que «componentes comerciales» se reutilizaban para fines distintos de los previstos. Comenzaron siendo poco fiables, pero mejoraron rápidamente en atributos de rendimiento que los actores establecidos ignoraron.

Pero, incluso una vez que habías asimilado esta lección, no era fácil ponerla en práctica. Perseguir nichos de mercado costaba beneficios y hacía que los inversores se cuestionaran tu cordura. Esto también lo había predicho Christensen: «Una de las razones por las que a los directivos de las empresas establecidas les cuesta atender a los mercados emergentes es que sus inversores y clientes les dicen que no lo hagan».

Ese era el verdadero secreto de *El dilema de los innovadores*, que los lectores a menudo pasaban por alto. No era un libro sobre cómo triunfar, sino sobre cómo no fracasar. El libro de Christensen no era un manual para empresas emergentes, sino un manual de contrainsurgencia para altos directivos de empresas estancadas. Después de trece años, Huang sentía que Nvidia corría el riesgo de convertirse en una de esas empresas, y fue tanto la paranoia como el optimismo lo que le llevó a perseguir el mercado de científicos locos. «Había un riesgo al lanzar CUDA con todas las tarjetas, pero también era arriesgado no hacerlo», me dijo Huang en nuestra primera reunión, pero solo después de investigar su empresa durante meses entendí lo que quería decir. Se refería al riesgo de que pudieran hacerlo otros: alguna pequeña empresa hambrienta, que operara en una oficina cochambrosa junto a un restaurante chino y un banco que robaban con frecuencia, dispuesta a servir a clientes académicos marginales durante años, con beneficios limitados y sin perspectivas claras de futuro, todo con la esperanza de hacerle algún día a Nvidia lo que Nvidia le había hecho a Silicon Graphics. Era un riesgo que solo reconocería un discípulo de Christensen.

Sin embargo, un aspecto frustrante de Huang era que, incluso cuando pensabas que estabas de acuerdo con él, cambiaba y discrepaba contigo. Cuando mencioné el impacto que había tenido Christensen en su empresa, me contradijo inmediatamente. «Tienes que asimilar su libro y sus lecciones», me dijo, «pero Christensen se equivocó tanto como acertó. Es mucho más profundo». Los clientes marginalmente rentables de Christensen eran motociclistas de motocross y excavadores de zanjas. Los clientes marginalmente rentables de Huang eran científicos.

Eran científicos dedicados a la investigación y, al atenderles, era posible que permitiera a alguno cambiar el mundo.

Las transferencias laterales de tecnología de este tipo ya se habían producido antes. A principios del siglo XVII, unos artesanos holandeses que trabajaban en el negocio de los anteojos se dieron cuenta de que podían cambiar las lentes de sus gafas para ver objetos lejanos. Una historia atribuye el descubrimiento a dos niños que intentaban observar una veleta. Los artesanos inundaron la oficina de patentes holandesa con diseños de telescopios y, al cabo de un año, Galileo estaba dirigiendo uno hacia el cielo. Se convirtió en el primer ser humano en describir las fases de Venus, las lunas de Júpiter y los anillos de Saturno. Fabricado con lentes de anteojos modificadas, el telescopio de Galileo tenía menos potencia de aumento que un par de prismáticos modernos para observar aves, pero cambió para siempre nuestra comprensión del universo y el lugar que ocupamos en él. Con el lanzamiento de superordenadores de bajo presupuesto para los científicos locos, Huang esperaba hacer posible una revolución similar.

Huang no tenía una visión concreta de cómo sería el futuro de la tecnología. Algunos tecnólogos sí lo tenían. Por ejemplo, Elon Musk empezó con una visión de sí mismo en la superficie de Marte y luego trabajó hacia atrás para construir la tecnología que necesitaría para llegar allí. Huang hizo lo contrario. Empezó con las capacidades de los circuitos que tenía delante y luego proyectó hacia el futuro hasta donde le permitía la lógica. Solo allí, en la frontera de la razón, se permitió dar un solo paso hacia el nebuloso reino de las intuiciones.

«Lo que hace Jensen es una obsesión», dijo Horstmann. «Yo lo llamaría resonancia». Para lograr esta resonancia, Huang interactuaba constantemente con sus clientes y empleados. En sus conferencias, ponía a la prensa detrás y a los científicos delante, y distribuía su atención de la misma manera. Sus visitas frecuentes a los empleados de bajo nivel no eran solo para levantar la moral, sino para tomarle el pulso a su empresa. «Recuerdo momentos en LSI en los que casi no teníamos que hacer nada, porque leíamos la mente de nuestros clientes», dijo Horstmann. «Y con la informática paralela sucedía lo mismo: a través de las conversaciones con sus clientes y empleados podía sentir esa resonancia. Podía sentir que había llegado el momento». El logro estaba a punto de llegar, Huang lo presentía. Lo presintió en sus conversaciones con los investigadores y por el asombro de estos ante los aumentos de velocidad que permitía su tecnología. Lo presintió en el entusiasmo obsesivo de empleados brillantes como Bill Dally, John Nickolls e Ian Buck. Lo presintió lo suficiente como para torpedear sus beneficios, comprometer su producto principal y arriesgar su puesto de trabajo. Puede que no sucediera con un físico cuántico como Chiu, específicamente, pero Huang estaba seguro de que en algún lugar había un lunático para el que CUDA demostraría que sus ideas eran correctas. En algún lugar había un estudiante de posgrado que se saltaría el circo de la solicitud de becas para comprarse una GPU Nvidia con su asignación para alojamiento y marcaría el inicio de una revolución. En algún lugar había una rama de la ciencia desatendida esperando para aprovechar la potencia de CUDA para destruir el marco paradigmático. Huang no tenía ni idea de cuál sería.

ONCE

AlexNet

Si Alex Krizhevsky hubiera podido hacerse invisible, probablemente lo habría hecho. Este programador informático con talento tenía una aversión casi patológica a llamar la atención. Era un hombre pequeño y delgado, de piel pálida y pelo naranja rojizo. Revelaba pocos detalles de su vida privada a sus colegas, incluso a algunos que le conocían desde hacía años. Geoffrey Hinton, su asesor de doctorado, pudo contarme poco sobre él, salvo un detalle importante: «Alex era probablemente el mejor programador que he conocido».

Hinton conoció a Krizhevsky a finales de la década de 2000, cuando era un estudiante de posgrado que vivía en casa de sus padres y asistía a la Universidad de Toronto. Krizhevsky había nacido en el seno de una familia judía en la Unión Soviética, en lo que hoy es el peligroso territorio del este de Ucrania. Había emigrado a Canadá de joven y, aunque su lengua materna era el ruso, hablaba inglés perfectamente pero con poca frecuencia. A Hinton, su afectividad le recordaba a la de un agente de espionaje curtido que había visto mucho y revelado poco; era capaz de transmitir una penetrante profundidad de inteligencia en pocas palabras.

Un día, esta enigmática figura apareció sin invitación en el despacho de Hinton. «Vino y me dijo: "Soy el mejor estudiante de ingeniería de software y es aburrido"», recordó Hinton. ¿Podría unirse al grupo de Hinton? La petición era presuntuosa: Hinton era un académico legendario que llevaba años desarrollando redes neuronales. Fue uno de los coautores del artículo fundamental «retropropagación» de 1986 y durante décadas había defendido este enfoque frente a la indiferencia e incluso hostilidad de los principales investigadores de IA.

Pero la cruzada de Hinton le había llevado lejos de los principales centros de informática, como Stanford y el MIT. La nevada Toronto no era el primer lugar que te venía a le mente cuando pensabas en tecnología. Probablemente ni siquiera era el décimo. Hinton disponía de una financiación mínima para su investigación y, antes de aceptar a Krizhevsky como estudiante, le advirtió de que las redes neuronales eran muy poco populares. Aunque el grupo de Hinton estaba obteniendo resultados que competían con los métodos convencionales, solían rechazar la publicación de su trabajo. «Las redes neuronales se consideraban un disparate», me dijo. El prejuicio contra las redes neuronales, en opinión de Hinton, era «ideológico», una palabra que pronunció en el mismo tono venenoso que Huang había utilizado para decir «político». La ideología de la comunidad investigadora en aquel momento era que no bastaba con que la IA fuera útil. En su lugar, la IA debía «desvelar» de algún modo los secretos de la inteligencia y codificarlos en lenguaje matemático. El libro de texto estándar de IA de la época tenía 1.100 páginas y era un estudio del razonamiento probabilístico, los árboles de decisión y las máquinas de vectores soporte. Las redes neuronales solo tenían diez páginas, con una breve exposición inicial sobre el backgammon. Cuando un colega de Hinton diseñó una red neuronal que superaba al software más avanzado para reconocer peatones, ni siquiera consiguió que su trabajo fuera admitido en una conferencia. «La reacción fue bueno, eso no cuenta, porque no explica cómo se hace el cálculo, no nos dice nada», dijo Hinton.

Hinton replicó que nadie sabía cómo describir matemáticamente cómo procesaban el lenguaje los cerebros biológicos, pero este argumento no le llevó a ninguna parte. La comunidad de IA de la época no quería imitar la inteligencia, sino resolverla. Hinton pensaba que tratar de esclarecer la función del cerebro era un poco absurdo, como tratar de esclarecer la función del riñón, pero no consiguió convencer con este argumento. Así que, para disimular lo que estaba haciendo y asegurarse mejor la financiación, él y otros investigadores de redes neuronales describieron su trabajo como «aprendizaje automático» (*machine learning*) o, en ocasiones, «aprendizaje profundo» (*deep learning*), cualquier cosa menos «IA».

Krizhevsky estaba decidido y se unió al grupo de Hinton. Hinton lo emparejó con Ilya Sutskever, otro inmigrante judío de habla rusa procedente de la antigua Unión Soviética. A pesar de las similitudes biográficas, Sutskever no se parecía en nada a Krizhevsky por su aspecto y su manera de actuar. Era atlético, con cejas oscuras y pobladas, ojos marrones y una sonrisa pícara. Sutskever era el acólito más ferviente de Hinton y sostenía que las redes neuronales superarían algún día a la inteligencia humana, una afirmación que en ese momento no la hacía ni Hinton. «A Ilya le gusta decir cosas escandalosas, pero puede salirse con la suya porque es muy abierto y honesto», dijo Hinton. «No se rige por las convenciones. Cree en sí mismo. Y tiene razón».

Hinton les encomendó a Sutskever y Krizhevsky una ambiciosa tarea: quería que utilizaran las GPU de Nvidia para enseñar a un ordenador a ver. CUDA había llegado al laboratorio de Hinton. En 2008, había encargado a los estudiantes de posgrado Abdelrahman Mohamed y George Dahl la construcción de un módulo de reconocimiento del habla utilizando un costoso servidor Nvidia. A principios de 2009, la red neuronal de Mohamed y Dahl rivalizaba con los mejores modelos matemáticos existentes. Ese mismo año, Hinton, en su intervención en la conferencia *Neural Information Processing Systems* (Sistemas neuronales de procesamiento de información), dijo a los asistentes que ejecutar redes neuronales en procesadores de computación paralela era el futuro de la IA y los investigadores debían dejar lo que estaban haciendo para comprar las GPU de Nvidia. A continuación, envió un correo electrónico a Nvidia: «Acabo de decirles a los 1.000 expertos en aprendizaje automático de esta conferencia que deberían comprar tarjetas Nvidia. ¿Me darían una gratis?». Nvidia se negó. Aunque la empresa se dedicaba a una gran cantidad de aplicaciones de supercomputación, en aquel momento no trabajaba en ella ni un solo investigador dedicado a la IA. El aprendizaje automático no estaba entre las aplicaciones potenciales que Kirk había propuesto para la computación paralela en su libro de texto, y a veces Hinton ni siquiera podía conseguir que el grupo CUDA le devolviera los correos electrónicos. El prejuicio contra las redes neuronales estaba muy arraigado; en los cursos de introducción a la IA, todavía se oía a veces a los profesores afirmar que las redes neuronales ni siquiera podían resolver funciones lógicas sencillas, aunque la retropropagación había superado esta limitación décadas antes.

Hinton pensó que la única forma de llamar la atención de Nvidia no era solo igualar a sus rivales, sino aplastarlos. Krizhevsky y Sutskever parecían los más indicados de su grupo para lograrlo. Los dos tenían mucho en común, aunque Sutskever no consideraba a Krizhevsky exactamente un amigo porque Krizhevsky era demasiado reservado para eso. Pero sintonizaban la misma frecuencia de radio intelectual, e incluso a Hinton a veces le costaba seguir el ritmo. En las conversaciones de despacho, Hinton les hacía una pregunta y Krizhevsky y Sutskever se volvían el uno hacia el otro para discutirla en ruso antes de darle la respuesta, que inevitablemente era correcta.

Hinton quería que Krizhevsky y Sutskever construyeran un sistema de reconocimiento de imágenes utilizando una red neuronal «convolucional», que empleaba filtros matemáticos para centrarse en los detalles clave de una imagen. Animó a los dos a pensar a lo grande; no solo necesitaba que ganaran, sino que arrasaran. Krizhevsky, sin conocimientos previos en la materia, dominó con rapidez las técnicas de programación paralela. Algo en su cerebro encajaba con el paradigma de conducir hasta Starbucks desde todas partes a la vez. «Consiguió hacer que esas placas GPU hicieran redes neuronales convolucionales de forma mucho más eficiente que nadie», dijo Hinton. «Realmente era un mago».

A principios de 2012, Krizhevsky modificó una red de reconocimiento de imágenes utilizada en ejercicios de enseñanza para que se ejecutara en CUDA. La GPU solo tardó 30 segundos en entrenarla. Cuando Krizhevsky demostró sus progresos a Sutskever, este no pudo contener la emoción: la velocidad de la GPU era inaudita, cientos de veces superior a todo lo que había visto antes. Sutskever había creído en la promesa de las redes neuronales desde el primer momento en que supo de su existencia. Parecían la forma más obvia de funcionamiento de la inteligencia informática. «Si te permites creer que una neurona artificial es como una neurona biológica, entonces deberían hacer todo lo que podemos hacer nosotros», me dijo Sutskever. «Y, si te permites creer que pueden acelerarse, entonces estás entrenando cerebros».

En el pasado, este enfoque se había enfrentado a las limitaciones del hardware, pero la GPU producía en medio minuto lo que le habría costado una hora a una máquina Intel y cien mil años a la biología. Sutskever se dio cuenta inmediatamente de que tenían que aumentar al máximo la potencia de cálculo de la que disponía Krizhevsky; en otras palabras, tenían que hacer que esta nueva forma de evolución sintética funcionase lo más rápido posible. Esto demostró ser una visión entusiasta y duradera. «Ilya ve cosas que otras personas tardan mucho tiempo en ver de forma más o menos inmediata», dijo Hinton.

Los dos estudiantes de posgrado aportaron su dinero para construir el ordenador más rápido que pudieran. No fue mucho, sumando sus fondos Sutskever y Krizhevsky solo podían permitirse comprar dos GeForce GTX 580, las GPU para jugar que se vendían al por menor por unos 500 dólares cada una en Internet. Cuando llegaron las unidades GeForce parecían atrezo de la película *Alien*. Cada unidad pesaba alrededor de un kilo, con carcasa negra, detalles en verde lima y una rejilla circular para el potente ventilador que mantenía los circuitos fríos. Debajo de la carcasa estaba el gigantesco procesador de Nvidia, incrustado en una placa de circuito negra y rodeado de disipadores de calor, formado por tres mil millones de transistores dispuestos en treinta y dos núcleos paralelos. Esta era la potencia que necesitaba Krizhevsky; estos eran los transistores que podían bailar.

Tras unas cuantas pruebas, Krizhevsky instaló las dos GPU en el ordenador de sobremesa de su dormitorio y las dejó funcionar durante una semana. («En realidad fueron sus padres los que pagaron el muy considerable coste de electricidad», dijo Hinton). Aquí estaba, por fin, el cliente con el que Huang había soñado, el programador tan arruinado que solo podía permitirse hacer sus experimentos en una aceleradora gráfica reconvertida. Aquí estaba Krizhevsky, un solitario extraño del que incluso sus colegas sabían poco, el científico loco, el iconoclasta, el hombre que construiría la aplicación revolucionaria de CUDA.

Para entrenar su red neuronal, Krizhevsky utilizó la base de datos ImageNet, una colección de imágenes creada por la científica informática de Stanford Fei-Fei Li. Decepcionada por el limitado alcance de los conjuntos de datos de entrenamiento disponibles en Internet, Li había confeccionado el suyo propio contratando a trabajadores del servicio Mechanical Turk de Amazon para que etiquetaran manualmente más de quince millones de imágenes en veintidós mil categorías. ImageNet era cientos de veces mayor que cualquier otro conjunto de datos comparable; los asesores de Li habían cuestionado la conveniencia del esfuerzo, pero resultó ser exactamente lo que Krizhevsky necesitaba. Su red tenía unas 650.000 neuronas individuales, aproximadamente la misma cantidad que una abeja. Entrenar un modelo tan grande requería una cantidad ingente de datos. Al principio de la semana, las neuronas estaban conectadas al azar, pero a medida que avanzaba el entrenamiento se reorganizaban en un patrón intrincado y precioso, aprendiendo a ver poco a poco. En el primer nanosegundo de entrenamiento, la red de Krizhevsky fue expuesta a una imagen del conjunto de datos seleccionada al azar y se le pidió que le asignara una etiqueta de entre las miles de categorías de Li. Puede que la imagen fuera un pez raya con aguijón, un terrier escocés o un carrito de golf. Fuera lo que fuese, la red nunca la había visto antes, así que para asignarle una etiqueta solo podía adivinar, y esta conjetura era sin duda errónea. Pero, al equivocarse, la red había obtenido un poco de información, aunque fuera poca, sobre lo que no era la imagen: de ninguna manera era un pez raya con aguijón.

La red procesó esta información reorganizando las conexiones entre sus neuronas mediante el método de retropropagación de Hinton. Esta era la parte difícil, porque implicaba la repetida «multiplicación de matrices», una operación matemática que los científicos comparaban con resolver un cubo de Rubik inimaginablemente grande. Los intentos anteriores de entrenar redes neuronales siempre habían fallado en este punto, pero Krizhevsky contaba con CUDA, que aprovechaba la arquitectura paralela de GeForce para descifrar este rompecabezas computacional. Una vez terminados los cálculos, que tardaba una fracción de una fracción de segundo en hacer, la red de Krizhevsky recibió una segunda imagen. Luego una tercera, una cuarta, miles y millones.

Para «ver» las imágenes, en realidad la red neuronal no procesaba la luz. En su lugar recibía un flujo de dígitos que representaban la ubicación y los colores de una matriz específica de píxeles. A continuación, actualizaba las cuadrículas de dígitos que representaban los pesos sinápticos que la red había asignado a las distintas capas de interpretación. Por esta razón, los escépticos argumentarían más tarde que la red neuronal «solo hace matemáticas», pero este punto de vista reduccionista era similar a decir que la retina humana «solo interactúa con fotones».

En algún momento de los dos primeros minutos de entrenamiento, la red de Krizhevsky, por pura casualidad, consiguió etiquetar correctamente su primera imagen, digamos que era una maceta. Este gran éxito desencadenó una orgía de multiplicaciones matriciales mientras el esquema de retropropagación intentaba comunicar a las neuronas qué distinguía esa cosa llamada «maceta» de un «chimpancé», una «mesa de billar» o un «camión de basura». La ganancia de acierto era marginal: si se le mostraba un cubo de basura, la red probablemente volvería a adivinar «maceta». Pero, si se le mostraba un objeto con una forma totalmente distinta, como un tiburón ballena, ahora la red sabía lo suficiente para distinguirlo.

Este proceso se repetía muchos millones de veces, cada momento del día, transformando el dormitorio de Krizhevsky en un escenario de evolución a hipervelocidad. El entrenamiento de una red neuronal era una maravilla. La red de Krizhevsky tenía varias «capas» y cada una de ellas aprendía lentamente a distinguir entre distintos aspectos de los datos. Una capa aprendía la forma, otra el color, una tercera la importancia de la simetría, mientras que las serpenteantes vías de información entrelazaban las capas en un todo unificado y orgánico. Cada vez que aparecía una imagen nueva, como una libélula, un reloj de arena, una mangosta, un buque portacontenedores, un dirigible o un bastón, esos bucles de información se reorganizaban en un espejo de realidad más perfecto.

Los ventiladores de refrigeración de las unidades GeForce funcionaban constantemente, a unos cuarenta y cuatro decibelios; el ruido combinado no era ensordecedor, pero bastaba para mantener a Krizhevsky despierto por las noches. Poco a poco, el porcentaje de éxito en la identificación de imágenes fue aumentando, desde el 0 % hasta el 1 %, el 10 %, el 40 %, el 60 % y el 80 %. La red terminada seguía teniendo algunos puntos débiles: era especialmente mala distinguiendo entre herramientas humanas y no podía distinguir una espátula de un hacha. Krizhevsky podría haber seguido retocándola, pero lo mejor que había conseguido cualquier otro método de reconocimiento de imágenes era un 70 %. El grupo ImageNet de Li, en Stanford, organizaba un concurso anual de reconocimiento de imágenes por IA, así que, para comprobar su cordura, Krizhevsky probó su modelo con los datos del concurso del año anterior, que el modelo nunca había visto antes. Aplastó sin problemas a todos los participantes de ese año.

En los círculos de aprendizaje automático, el entrenamiento con conjuntos de datos etiquetados como ImageNet se denominaba «aprendizaje supervisado», así que Krizhevsky llamó a su red neuronal «SuperVision». Hinton y Sutskever se quedaron atónitos, absolutamente boquiabiertos. «Aparecieron las GPU y fue como un milagro», dijo Sutskever, cuyo entusiasmo sigue intacto incluso diez años después. En circunstancias ideales, las dos tarjetas GeForce podían ejecutar tres billones de operaciones combinadas por segundo. Haciendo cuentas, eso significaba que las GPU habían ejecutado trillones de pasos matemáticos distintos en poco menos de una semana. Es decir, ahora más de cien mil millones de años de aritmética humana estaban programados en el frágil cerebro sintético de SuperVision. «Hacer aprendizaje automático sin CUDA habría sido demasiado complicado», dijo Hinton.

Krizhevsky decidió que presentaría SuperVision al mundo ganando el concurso ImageNet 2012. En las semanas previas al acontecimiento, Sutskever y Hinton empezaron a caminar de un lado a otro por el laboratorio de Toronto con unas expectativas que daban vértigo. «Sabíamos que íbamos a ganar», dijo Hinton. Fueron los primeros en experimentar lo que pronto se convertiría en un fenómeno común: la emoción incontenible de ver en primicia una tecnología de IA prohibida que conmocionaría al mundo cuando se desvelara. Mientras teorizaban sobre el impacto que tendría SuperVision en el mundo, los investigadores hablaban de robots autónomos, coches que se conducen solos y ordenadores que se autoprograman. Los tres hombres consideraban la IA como una fuerza puramente positiva para el progreso, o al menos así lo creían en aquel momento.

El grupo de investigación de Toronto empezó a ver algo más: si SuperVision se había beneficiado de Nvidia, Nvidia iba a beneficiarse aún más de SuperVision porque la demanda de la red neuronal de una mayor potencia de computación en paralelo no tenía límite previsible. «Para nosotros era bastante obvio, incluso antes de presentarnos, que en el futuro una gran parte de la computación científica iba a ser aprendizaje automático», dijo Hinton.

Cuando Fei-Fei Li vio por primera vez los resultados de SuperVision, se preguntó si estaban equivocados. El concurso ImageNet de Li había sido su intento de demostrar a sus asesores el valor de sus esfuerzos, pero, después de atraer a treinta y cinco participantes en 2010, la participación había descendido a solo quince en 2011. En 2012, solo había siete, y no estaba claro que el concurso sobreviviera un año más. Ahora, uno de esos siete participantes estaba demostrando un porcentaje de éxito superior al 80 %, un 10 % mejor que los últimos avances en un campo en el que la mejora se solía medir en fracciones de un punto porcentual. Y, lo que es más extraño, el ganador era una red neuronal, una tecnología que Li consideraba un artefacto de museo. «Fue como si me dijeran que el récord de velocidad en tierra se había batido por un margen de cien millas por hora en un Honda Civic», recordó Li en su autobiografía.

Li había nacido en China, era hija única y se trasladó a Nueva Jersey cuando era adolescente. En el instituto era una soñadora que luchaba por adaptarse a la cultura estadounidense mientras ayudaba a sus padres a llegar a fin de mes. Un simpático profesor de matemáticas la animó en su desarrollo académico y, bajo su tutela, le ofrecieron una beca completa para la Universidad de Princeton. Se especializó en física y luego se doctoró en ingeniería eléctrica, con la ambición de enseñar a ver a una máquina.

Pero, ahora que por fin disponía de una máquina que realmente podía ver, Li no acababa de creerse que fuera real. Le pidió a su equipo que lo comprobara. «Hablé con el tipo que calculó los resultados y pensó que, para empezar, había un error», dijo Hinton. El director de la tesis de Li envió un correo electrónico a Hinton para preguntarle si estaba completamente seguro de que sus investigadores no habían contaminado accidentalmente su modelo al entrenarse con los datos del concurso. «Tuvimos que comprobarlo varias veces antes de que creyera que los resultados calculados eran correctos», dijo Hinton.

Poco a poco, Li empezó a aceptar la realidad: su moribundo concurso de IA acababa de coronar a Miss Universo. Los resultados oficiales de ImageNet se publicaron en octubre de 2012 y los investigadores tenían previsto debatir sus modelos en una conferencia académica en Florencia (Italia) ese mismo mes. Li, que acababa de dar a luz, había planeado no asistir, pero cambió de opinión al ver los resultados de SuperVision. Tenía que conocer al genio detrás de la tecnología.

Cuando Li llegó a Florencia, Alex Krizhevsky no respondió a sus mensajes y empezó a preguntarse si vendría. ¿Se había largado? ¿Se había perdido en los Uffizi? Pero la mañana de la conferencia Krizhevsky se presentó sin previo aviso, a salvo dentro de una sudadera de cremallera *oversize* cerrada, gafas negras y un peinado alborotado. ¿Este era el arquitecto? Parecía un adolescente.

Krizhevsky fue el último ponente del día. La calidad de su presentación fue directamente inversa a la importancia de sus resultados. Al comenzar su intervención, su voz se quebró de repente en un registro agudo y nasal, y tosió nerviosamente mientras bajaba los ojos avergonzado. Se apresuró a presentar una serie de diapositivas en blanco y negro, sin levantar apenas la vista del podio. Una de las diapositivas detallaba las impresionantes especificaciones de SuperVision: 650.000 neuronas, 60.000.000 de parámetros y 630.000.000 conexiones. «De hecho, se entrenó en mi habitación», explicó Krizhevsky a los asistentes. «Es bastante grande para el tipo de modelo que puedes entrenar en tu habitación».

La breve charla de Krizhevsky terminó sin indicar que acababa de revolucionar la informática. «Eso es todo», dijo como conclusión. «Es todo lo que tengo». A continuación, dio la palabra a una serie de preguntas sorprendentemente hostiles. O quizá no tan sorprendentes: la implicación tácita de la presentación de Krizhevsky era que había llegado el momento de tirar a la basura toda esa matemática elegante de la IA. Krizhevsky estaba diciendo a los académicos reunidos que hasta ahora habían desperdiciado sus carreras; en algunos casos, décadas de investigación iban a ser abandonadas. ¿Era mucho pedir que Krizhevsky presentara adecuadamente sus conclusiones? Parecía que los otros investigadores estaban exorcizando sus frustraciones por haber perdido ante el hombre que había resuelto el problema más difícil de la informática con un equipo para jugar en la habitación de su infancia.

A PESAR DE LA RECEPCIÓN EN FLORENCIA, la comunidad IA acogió con entusiasmo los resultados de SuperVision. «Un grupo de investigadores veteranos dijo más o menos de inmediato: estos resultados son asombrosos, estábamos equivocados, las redes neuronales funcionan de verdad», dijo Hinton. El concurso ImageNet de 2013 se vio desbordado por las propuestas de redes neuronales y, en 2014, los más de cuarenta concursantes utilizaban este método. El artículo académico que acompañaba a la red SuperVision, atribuido a Krizhevsky, Sutskever y Hinton, ha sido citado más de 150.000 veces hasta la fecha, lo que lo convierte en uno de los descubrimientos más importantes de la historia de la informática. Krizhevsky fue pionero en una serie de técnicas de programación importantes, pero su descubrimiento principal fue que una GPU podía entrenar redes neuronales cientos de veces más rápido que una CPU.

Dentro de Google, un investigador polaco llamado Wojciech Zaremba recibió el encargo de replicar SuperVision. Cuando su red, WojNet, empezó a difundirse por todo el sector, Hinton temió que el modesto Krizhevsky no recibiera el reconocimiento por su avance. Animó a Krizhevsky a cambiar el nombre de SuperVision para que destacara su contribución; aunque puso en duda la utilidad del ejercicio, Krizhevsky accedió. «A Alex no le gustan las marcas», dijo Hinton. A partir de entonces, SuperVision pasó a llamarse «AlexNet».

Sin embargo, Hinton no tenía por qué preocuparse: de repente, el remoto departamento de Informática de la Universidad de Toronto había despertado un gran interés en las grandes tecnológicas, y los días de escasez de financiación habían terminado. El equipo de AlexNet fue bombardeado con ofertas de adquisición. Ante la insistencia de Sutskever, Hinton constituyó una empresa emergente llamada DNNResearch, en la que Hinton, Krizhevsky y Sutskever tenían cada uno un tercio de las acciones. DNNResearch no tenía clientes ni consejo de administración ni ingresos y tampoco sitio web. No tenía nada, salvo la inteligencia colectiva de los tres hombres que habían descifrado el código.

Con eso bastaba. En diciembre de 2012, mientras asistía a una conferencia de investigación, Hinton realizó una subasta por correo electrónico para vender esta «empresa». El equipo de AlexNet, que trabajaba en una habitación de hotel del séptimo piso en Lake Tahoe, se dio cuenta de que estaban a punto de hacerse ricos. Microsoft y DeepMind, una empresa emergente londinense de IA, presentaron sus primeras ofertas, pero ambas abandonaron tras varias rondas, lo que dio lugar a una puja final entre Google y el gigante tecnológico chino Baidu. A medida que las pujas superaban los 20 millones de dólares, los tres investigadores se acercaban de vez en cuando a la ventana para admirar Sierra Nevada, que estaba repleta de árboles ligeramente cubiertos de nieve.

Cuando la oferta de Google alcanzó los 44 millones de dólares, Hinton, con el respaldo de Sutskever y Krizhevsky, canceló la subasta y aceptó el dinero. Los tres pensaban que Google encajaba culturalmente mejor que Baidu. AlexNet, la red neuronal que Krizhevsky entrenó en su dormitorio, ahora podía mencionarse junto al Wright Flyer (primera máquina voladora construida por los hermanos Wright) y la bombilla de Edison. «Fue una especie de momento Big Bang», dijo Hinton. «Fue el cambio de paradigma».

PARTE II

DOCE

O.I.A.L.O.

Bryan Catanzaro destacaba en Nvidia. En el enjambre de monotonía de STEM, él era el soñador. Llevaba el pelo largo y vestía como un bufón, con gafas llamativas y camisas chillonas y horteras. La primera vez que hablamos llevaba una camiseta arco iris decorada con artículos de compresión JPEG y la segunda, un jersey con un búho bordado. Era paciente, amable y hablaba con voz calmada y dulce. Fue el único ingeniero de Nvidia que conocí licenciado en Humanidades.

Catanzaro se había criado en la Iglesia mormona y, un año después de terminar el bachillerato, empezó a trabajar como misionero en Siberia. Durante dos años solo habló ruso. «Estaba muy, muy comprometido», dijo. Allí leyó *Crimen y castigo* en versión original, una experiencia conmovedora para un existencialista en ciernes. Regresó a la Brigham Young University y se licenció en literatura rusa. «Mi escritor favorito, por supuesto, es Dostoyevski», dijo Catanzaro. «Dostoyevski, Tolstoi y Pushkin son los tres más importantes para mí».

Simultáneamente, Catanzaro cursó una doble licenciatura en ingeniería informática (tenía una percepción muy clara del valor económico de su licenciatura en literatura). En 2001, fue contratado como becario de verano en Intel, donde se le pidió como ejercicio que diseñara un microprocesador que pudiera latir a diez mil millones de pulsaciones por segundo. Haciendo cuentas, Catanzaro llegó a la conclusión de que la pregunta era una trampa:

nunca se podría construir un procesador de este tipo. Presentó sus conclusiones a un grupo de ingenieros sénior. «Debes de haber hecho mal tu trabajo», dijo su supervisor. «Esto forma parte de la hoja de ruta de Intel». Catanzaro se quedó de piedra. Volvió a comprobar sus cálculos, pero no encontró ningún error. Los transistores eran cada vez más pequeños, se acercaba el final de la ley de Moore e Intel lo ignoraba. «Quiero decir, yo solo era un becario, ¿no?», dijo. «Pero podía ver que las arquitecturas informáticas iban a chocar contra un muro».

Catanzaro estaba convencido de que la solución pasaba por rediseñar de nuevo el microprocesador. A mediados de la década de 2000 cofundó, junto con varios colegas, el UC-Berkeley Parallel Computing Lab. Allí, Catanzaro hizo una lista de las aplicaciones paralelas existentes. Se dio cuenta de que el problema empresarial era que, incluso para los clientes supuestamente más ávidos de potencia, la demanda de potencia de cálculo era limitada: una vez que vendías un superordenador a un buscador de petróleo, saturabas la demanda durante años. Catanzaro pensó que lo que se necesitaba era una aplicación tan ávida de cálculo que nunca pudiera satisfacerse. Se necesitaba otra aplicación, como los gráficos 3D, que exigiera más potencia de cálculo una vez satisfechas sus necesidades iniciales. Con el tiempo, Catanzaro dedujo cuál tenía que ser la aplicación que matara la computación paralela. «La respuesta era la IA», dijo Catanzaro. «Llegué a la IA desde abajo. Venía de la perspectiva de los circuitos. Me pareció inevitable que la IA fuera la carga de trabajo computacional más importante».

Los asesores de Catanzaro en Berkeley eran reacios a apoyar sus esfuerzos en IA. Para muchos informáticos, intentar construir una IA era como tratar de encontrar a Bigfoot. Las redes neuronales, específicamente, eran vistas por los investigadores convencionales con algo parecido al desprecio. «La idea era, ya sabes, que el sector informático estaba lleno de personajes excéntricos, y que estos tipos estaban ahí fuera haciendo esta cosa vieja que es muy excéntrica y no funciona», dijo Catanzaro. Cuando Catanzaro me contó esta historia, separó los dedos, se los pasó por el pelo que le llegaba hasta los hombros y se sacudió los mechones. Percibí su frustración: había tenido la idea de combinar la IA con la computación paralela antes que ningún otro, pero sus profesores le habían desviado de usar la herramienta adecuada.

En lugar de eso, Catanzaro se entretuvo con las matemáticas sofisticadas y publicó algunos trabajos de investigación poco interesantes. Mientras tanto, seguía con su doctorado en Berkeley y tenía que pagar el alquiler. Él y su mujer tenían tres hijos, y la familia vivía en la zona de la bahía con los ingresos de un estudiante de posgrado. Desesperado, Catanzaro solicitó todas las becas de empresa disponibles. Pasó por ocho puestos de prácticas en seis años y en todos ellos se pagaba lo justo para salvar a su familia del desahucio. Lo bueno de la experiencia fue que recorrió el interior de los titanes del silicio.

En primer lugar, Catanzaro eligió a Intel. Entonces Intel ya veía que Nvidia representaba una amenaza, y Catanzaro fue asignado para colaborar en el «Proyecto Larrabee», un procesador gráfico que Intel denominaba internamente el «asesino de GeForce». Estas bravuconadas no sirvieron de nada porque el hardware Larrabee se retrasó repetidamente debido a luchas internas y luego terminaron con él antes del lanzamiento. Catanzaro creía que a la dirección no le apasionaba el avance de la tecnología informática. «Para ellos Intel podría haber sido una máquina de hacer jabón», dijo. Entonces Catanzaro hizo prácticas en Qualcomm, el diseñador de procesadores de San Diego que había construido gran parte de la infraestructura del teléfono móvil moderno. Qualcomm estaba bien gestionada y el sueldo era estupendo, pero a Catanzaro le desanimó que menospreciaran verbalmente a sus rivales. «No paraban de decirme que Nvidia era un lugar horrible para trabajar y que su director general era una especie de tirano», dijo Catanzaro.

Esto no concordaba con la propia experiencia de Catanzaro en Nvidia, donde también había trabajado. Catanzaro fue quien comparó la interacción con Huang con meter un dedo en el enchufe, pero también fue Catanzaro quien recalcó que Huang no era un hombre que vendía jabón. Era un hombre con una pasión por la informática insuperable y, si había alguien a quien Catanzaro podía convencer de la próxima intersección entre la informática paralela y la IA, ese era Huang. Tras doctorarse en 2011, Catanzaro eligió Nvidia.

Catanzaro se unió al grupo en expansión de Bill Dally en Nvidia Research, una experiencia que comparó con la escuela de posgrado, «solo que más grande y mejor». El ambiente era académico, los investigadores tenían libertad para dedicarse a lo que les apasionaba y se fomentaba la colaboración con otros grupos de investigación de la empresa. Dally publicó muchos de sus descubrimientos en revistas académicas para consumo público y sin recompensa económica. A menudo era coautor de artículos con ingenieros de AMD e Intel. La receptividad de Dally sorprendió a mucha gente y a veces provocó malas caras en Nvidia, pero Dally pensaba a largo plazo y pensó que era mejor dar a conocer lo que hacía a otros científicos de vanguardia para que vinieran a trabajar con él. «Conseguiremos que los mejores académicos se unan a la empresa porque verán nuestras publicaciones», dijo. «La calidad hablará por sí sola».

Uno de esos académicos fue Catanzaro. Aunque inicialmente se le contrató para estudiar lenguajes de programación, Catanzaro pronto se convirtió en el primer investigador de Nvidia dedicado a la IA. Dally oía rumores sobre el progreso de la tecnología de redes neuronales y decidió que era un área que no podía ignorar. En 2012 dejó a Catanzaro al cuidado de su antiguo colega Andrew Ng, un profesor de Stanford que trabajaba para Google. Ng había desarrollado una tecnología similar a AlexNet en Mountain View, pero con una arquitectura de computación convencional. Este proyecto era caro. Utilizando un clúster de 2.000 CPU, Ng había introducido miniaturas de diez millones de vídeos de YouTube en una red neuronal en un intento de enseñarle a identificar un gato. El proyecto era costoso y el consumo energético ruinoso, pero al final del ciclo de entrenamiento la red neuronal de Ng había sintetizado una sorprendente concepción interna del fenotipo felino; Ng lo extrajo y lo distribuyó a la prensa.

La impresión que el ordenador hizo de un gato apareció en un artículo de gran difusión en *The New York Times* en junio de 2012. Para Dally, lo interesante no era que la red neuronal pudiera reconocer animales, sino que hubiera necesitado tantos cálculos para conseguirlo. Dally encargó a Catanzaro que repitiera el experimento del gato utilizando hardware de Nvidia. Catanzaro fue capaz de hacerlo con solo doce GPU.

Entonces las cosas empezaron a moverse con rapidez porque todo el mundo se estaba agrupando en el Valle. Tras la adquisición de Google, Krizhevsky, Hinton y Sutskever se trasladaron a Mountain View, donde iniciaron una rebelión de computación paralela. Cuando a Krizhevsky le ofrecieron utilizar el enorme clúster de CPU de Google, lo rechazó. En su lugar compró un PC básico y un par de tarjetas Nvidia de venta al por menor, y las instaló en un armario de la oficina. Pronto, otros investigadores de Google se desconectaron del extenso archipiélago de centros de datos de Google, que probablemente era la mayor colección privada de ordenadores del mundo en aquel momento, para ejecutar hardware para jugar debajo de sus mesas.

Catanzaro podía oler algo en el aire y le pidió más recursos a Nvidia. Al principio fue rechazado. Con su carácter sensible y el estigma de una licenciatura en humanidades, Catanzaro no era el empleado modelo de Nvidia. «Mis críticas en Nvidia no eran muy buenas», me dijo. «Mi sueldo tampoco era muy bueno». Sin desanimarse, empezó a trabajar a tiempo completo, por su cuenta, en la creación de cuDNN, una biblioteca de software que aceleraría el desarrollo de redes neuronales en la plataforma CUDA.

Al principio fue difícil. Catanzaro era un investigador sin experiencia en ingeniería de software realista. Acababa de tener a su cuarto hijo y no dormía mucho en casa. Tenía problemas de salud y su medicación le hacía sentirse «un poco tonto». Cuando presentó su prototipo de cuDNN al equipo de software de Nvidia a principios de 2013, lo rechazaron. Catanzaro empezó a dudar de sí mismo. «No creo que mis directores pensaran realmente que estaba haciendo un trabajo importante», dijo. «Simplemente no encajaba».

Catanzaro decidió exponer su caso directamente a Huang. La tecnología de aprendizaje automático no parecía estar en su registro; en la conferencia GTC de marzo de 2013, Huang habló de modelado meteorológico y gráficos móviles, pero no mencionó las redes neuronales en absoluto. Sin embargo, había llevado una chaqueta de cuero a la conferencia por primera vez, era voluminosa y fea. Su aspecto seguía evolucionando. Para sorpresa de Catanzaro, Huang se sintió inmediatamente atraído. Tras su primera reunión, Huang despejó su agenda y pasó todo un fin de semana leyendo sobre IA, un tema del que sabía muy poco. Poco después, hubo otra reunión donde Catanzaro se dio cuenta de que ahora su jefe sabía tanto o quizá más que él sobre redes neuronales.

La apuesta de Huang por CUDA había llevado a la empresa a aguas desconocidas. Durante una década había permanecido en la proa del barco, buscando tierra firme. Ahora era como si hubiera encontrado la Atlántida. Se lanzó a la investigación y a las llamadas telefónicas y, cuanto más aprendía, más crecía su entusiasmo. A mediados de 2013, Huang vibraba con una intensidad salvaje y resonante. Llamó a Catanzaro a la sala de conferencias que utilizaba como despacho y le dijo que consideraba que cuDNN era el proyecto más importante en los veinte años de historia de su empresa. Y no había diagramas en la pizarra blanca de la pared; en su lugar, Huang había escrito el críptico acrónimo «O.I.A.L.O.» con una caligrafía perfecta. Esto, dijo Huang, significaba «*Once In A Lifetime Oportunity*» (Oportunidad única en la vida). Le pidió al estupefacto Catanzaro que participara en un experimento mental. «Me dijo que imaginara que había metido a los ocho mil empleados de Nvidia en el aparcamiento», contó Catanzaro. «Luego me dijo que podía elegir a cualquiera del aparcamiento para que se uniera a mi equipo».

A VECES, A HUANG LE COSTABA UN POCO emocionarse con las ideas. «En el caso de la computación paralela, nos costó bastante persuadir a Jensen de que aceptara», recordó Kirk. «Con CUDA sucedió lo mismo. Tuvimos que justificar el negocio». Pero, con la IA, Huang experimentó una revelación divina. «Lo entendió inmediatamente, antes que nadie», dijo Kirk. «Fue el primero en ver lo que podía ser. Fue realmente el primero».

Huang me dijo que solo estaba razonando a partir de principios básicos. «El hecho de que puedan resolver la visión por ordenador, que es completamente desestructurada, lleva a preguntarse: "¿Qué más se le puede enseñar?"», dijo Huang. La respuesta parecía ser: todo. Huang llegó a la conclusión de que las redes neuronales revolucionarían la sociedad y que podría utilizar CUDA para acaparar el mercado del hardware necesario. Anunció que apostaba la empresa. «El viernes por la noche envió un correo electrónico diciendo que apostaba todo al aprendizaje profundo y que ya no éramos una empresa de gráficos», dijo Greg Estes, vicepresidente de Nvidia. «El lunes por la mañana éramos una empresa de IA. Literalmente, fue así de rápido».

Hacía unos meses que Huang había cumplido cincuenta años. Aunque su pelo empezaba a encanecer, conservaba un entusiasmo juvenil y recorría los pasillos de su empresa con vigor, deteniéndose a menudo para interrogar a los empleados más jóvenes sobre su trabajo. A medida que su empresa crecía, Huang empezó a hacer presentaciones trimestrales para todo el personal. Podía hablar extemporáneamente durante más de dos horas seguidas, y en esas presentaciones solía volver sobre los mismos temas: la importancia del concepto de programación «velocidad de la luz», la búsqueda del legendario «mercado de los cero mil millones de dólares» y, sobre todo, el peligro siempre presente de la burocracia que avanzaba lentamente.

A medida que Nvidia crecía, Huang mantuvo una estructura corporativa ágil, sin divisiones ni jerarquías fijas. El grupo de ejecutivos de alto nivel era esencialmente él, sin director de operaciones, director técnico ni director de marketing, y sin ningún segundo al mando visible. Huang ni siquiera tenía un jefe de personal. En su lugar, tenía a más de treinta personas a sus órdenes directas, la mayoría de ellas con responsabilidades fluidas bajo el título global de «vicepresidente». El experimento de reflexión del aparcamiento que había practicado con Catanzaro reflejaba su convicción de que su empresa podía necesitar una reorganización caleidoscópica en cualquier momento. «Necesito que todos estéis preparados», le decía a su personal ejecutivo reunido. «Nunca se sabe cuándo podéis convertiros de repente en la persona más importante de esta empresa».

A PRINCIPIOS DE 2014, EL EMPLEADO MÁS IMPORTANTE de la empresa era Catanzaro, un inadaptado cultural con informes de rendimiento mediocre sistemáticos. Catanzaro, que ahora dirige un equipo de ingenieros, redujo cuDNN a su tarea más esencial: acelerar la evolución. En el tejido cerebral humano, cada neurona mantiene una media de unas mil conexiones sinápticas con otras neuronas adyacentes. El cerebro modifica estas conexiones a través de la química y la red neuronal las modifica mediante la multiplicación matricial.

La multiplicación matricial combina los números de una cuadrícula con los de una segunda para producir una tercera. Las reglas para rellenar la nueva cuadrícula son sencillas, pero, a medida que las matrices crecen, el número de cálculos necesarios se dispara. Esto hace que la operación sea una buena candidata para la computación paralela, pero, antes de la llegada de la red neuronal, la multiplicación de matrices no había sido una prioridad en Nvidia.

El guardián principal de la biblioteca de multiplicación de matrices de CUDA era Philippe Vandermersch, un francés algo cascarrabias que iba en bicicleta a la oficina todos los días. Vandermersch había rescatado el paquete de software huérfano después de que sus anteriores desarrolladores lo dejaran inacabado. Pasó varios años intentando infructuosamente convencer a los investigadores del calentamiento global de que actualizaran las simulaciones climáticas escritas en el antiguo código Fortran a su implementación moderna. Pocos científicos querían hacer el esfuerzo. «Esos chicos del laboratorio, la verdad, pueden ser un poco vagos», dijo.

Pero con las redes neuronales el cambio no tenía coste. La mayor parte del código lo escribían por primera vez programadores brillantes y motivados que valoraban la velocidad por encima de todo. Estos eran los usuarios avanzados que Huang había imaginado desde hacía tiempo: a medida que la comunidad de redes neuronales se unía en torno a CUDA, también se convertían en clientes de por vida de los procesadores Nvidia. Vandermersch, elegido del aparcamiento, se unió al equipo de Catanzaro como su programador estrella y optimizó su biblioteca de funciones para satisfacer las necesidades de la IA. Al menos en su opinión, Vandermersch también realizó gran parte del trabajo técnico. «Se podría decir que Catanzaro era el Jobs de cuDNN», dijo. «Yo era el Wozniak».

Con el tiempo, los programadores de Nvidia encontraron formas ingeniosas de acelerar estas operaciones matriciales. Una de las primeras cosas que observaron fue que la mayoría de los pesos de una red neuronal se agrupaban entre más y menos uno. Con frecuencia, los números que quedaban fuera de ese intervalo podían truncarse, lo que aceleraba las operaciones y reducía el tamaño. Otra cosa que observaron fue que, incluso entre más y menos uno, los pesos no necesitaban representarse de una manera muy perfecta. Al igual que en el cerebro, las neuronas eran «difusas» y mantenían conexiones sinápticas más laxas que precisas. A veces bastaba con obtener el signo correcto.

AlexNet había utilizado 650.000 neuronas para representar 630.000.000 de conexiones sinápticas. A esa escala, una sinapsis apenas importaba. El código serie era tan quisquilloso que, a veces, un solo punto y coma mal colocado podía hacer caer un sistema operativo por completo, pero para las redes neuronales un peso incorrecto solo era un punto de datos entre millones. Por este motivo, mientras desarrollaban cuDNN, los programadores de Nvidia reajustaron el equilibrio entre precisión y velocidad. Razonaron que un buen software de red neuronal debería favorecer a la velocidad.

El cerebro de AlexNet era del mismo tamaño que el de un insecto, pero las próximas redes neuronales serían más grandes. A medida que crecieran, el entrenamiento no sería la única preocupación; era igual de importante que los usuarios pudieran obtener respuestas con rapidez. Imaginemos un oráculo que supiera todas las respuestas, pero solo pronunciara una palabra por hora. Este proceso de inferencia utilizaba menos potencia de cálculo que la etapa de entrenamiento, pero con el tiempo se convirtió en una porción significativa de la biblioteca cuDNN.

Huang seguía los progresos de Catanzaro con gran interés. Los dos se reunían con frecuencia, y Huang tuvo que disculparse repetidamente con Catanzaro por pronunciar mal su apellido. En muchas empresas, quizá en la mayoría, la biblioteca cuDNN de Catanzaro le habría sido arrebatada y entregada a un gestor de producto experimentado. En Nvidia, Catanzaro, que nunca había desarrollado un solo producto de software comercial ni había dirigido a nadie realmente, fue puesto a cargo del producto estrella de la empresa. El propio Catanzaro se preguntaba si era la persona adecuada para el puesto, sobre todo cuando se acercaba la fecha límite de producción, y Huang, que había recompensado la innovación con lealtad, ahora recompensaba la tardanza con insultos. «Jensen no es una persona con la que sea fácil llevarse bien todo el tiempo», me dijo Catanzaro. «A veces he tenido miedo de Jensen. Pero también sé que me quiere».

A medida que se acercaba la fecha del lanzamiento, Catanzaro temía en privado que su jefe cayera en una vieja trampa. Si había un campo con peores resultados que la computación paralela, ese era la IA. Desde la década de 1950, la tecnología de IA había pasado por repetidos ciclos de expectativas que terminaban con fracasos vergonzosos. Catanzaro, como todos los investigadores de este campo, era plenamente consciente de los traumáticos encuentros pasados de la IA con el comercio, y le preocupaba que la IA se estuviera preparando para decepcionar a los inversores una vez más. Pero no le dijo nada a Huang: la oportunidad que le habían ofrecido era demasiado buena.

De todas formas, Catanzaro podía recordar el pasado, pero Wall Street no. Habían pasado casi tres décadas desde la caída de los sistemas expertos en la década de 1980, un lapso de tiempo más allá de la memoria de todos, excepto de los analistas de valores más resistentes. A medida que se extendía el rumor sobre las redes neuronales, las acciones de Nvidia subieron y Starboard Value dejó de enviar cartas. «Duplicaron su dinero y desaparecieron», dijo Coxe.

A principios de 2014, cuDNN se estaba preparando para salir al mercado. Huang subió al escenario de la GTC 2014 para promocionar el trabajo y, por primera vez en sus veintiún años de historia, Nvidia se asoció públicamente con la IA. En esta ocasión, Huang omitió la chaqueta de cuero y en su lugar llevaba pantalones casual negros y un elegante polo azul oscuro desabrochado hasta el pecho. Su poder iba en aumento. Huang mostró la red de Ng, con sus concepciones internas de un gato y un rostro humano. Le hizo un recorrido al público por varias iniciativas de IA de Nvidia en fase inicial. Después, pronunciando mal su nombre, le dio la palabra a Catanzaro, que utilizó una variante de AlexNet para identificar razas de perros publicadas en Twitter. Operando en tiempo real, la red identificó un dálmata, un pastor alemán, un vizsla y un cairn terrier. «Ni siquiera sabía qué era un cairn terrier», dijo Catanzaro. Con estas adorables publicaciones, la larga edad de hielo de la IA llegó a su fin.

En su última diapositiva, Huang reveló los socios corporativos que estaban probando cuDNN, entre ellos estaban Adobe, Facebook y Netflix. La diapositiva no mencionaba a Google, un cliente de IA demasiado importante para ser identificado públicamente. Unas semanas antes de la presentación de los perros, Google había adquirido DeepMind, la empresa londinense de IA cofundada por Demis Hassabis, Mustafa Suleyman y Shane Legg. DeepMind tenía la gran ambición de construir la primera inteligencia artificial «general» del mundo, AGI (*Artificial General Intelligence*), descifrando el rompecabezas de la cognición de una vez por todas. La empresa ya estaba desarrollando AlphaGo, una red neuronal que, en una serie de emocionantes partidas contra el gran maestro Lee Sedol en 2016, descifró el juego japonés go, un hito histórico para la IA. Con el grupo de Ng, el grupo AlexNet y DeepMind, Google había establecido un primer monopolio de IA.

Con la ampliación de las iniciativas de IA de Google, los investigadores empezaron a demandar GPU. A finales de 2014, Google lanzó el «Proyecto Mack Truck», un esfuerzo secreto para construir el ordenador paralelo más potente del mundo. El producto final necesitó más de cuarenta mil GPU de

Nvidia y costó más de 130 millones de dólares. Fue, con diferencia, el mayor pedido que Nvidia había recibido nunca, pero solo fue el principio. Mientras la IA triunfaba, la computación paralela salía de su largo e implacable invierno.

La verdad, que no se comprendió ampliamente hasta más tarde, es que la revolución del aprendizaje profundo fue tanto una revolución del hardware como del software. Era el producto no de una, sino de dos tecnologías impopulares, desechadas, desacreditadas y con escasa financiación, cuya forma ideal solo podía revelarse en síntesis. Redes neuronales funcionando en ordenadores paralelos: estas tecnologías estrechamente acopladas eran las cadenas gemelas de ADN de un nuevo y poderoso organismo, que pretendía abarcar todos los datos del mundo.

TRECE

Superinteligencia

Jens Horstmann había empezado a notar un cambio en su viejo amigo. En el pasado, por mucho que trabajara, Huang había mantenido un lado más amable en casa. Dedicaba tiempo a sus aficiones: sus perros, su biblioteca de whisky y su colección de automóviles caros, que ahora incluía un Tesla Roadster y un superdeportivo Koenigsegg. Huang también había comprado una gran casa de vacaciones frente al mar en Maui, con vistas a la puesta de sol. Allí recibía a menudo a sus amigos, entre ellos Morris Chang, de TSMC, con quien había estrechado lazos.

La gran pasión de Huang fuera de Nvidia seguía siendo la cocina. Para uno de sus cumpleaños, sus amigos le habían organizado una formación con un chef con estrella Michelin en el hotel Four Seasons. Cuando llegó por la mañana, le sometieron a una ronda de novatadas. «El verdadero chef se burló de él», dijo Horstmann. «Quiero decir, había trabajado en Denny's, pero esto era otra cosa». Huang trabajó un turno de doce horas, experimentando, por primera vez en muchos años, la inversión de papeles que da tener al jefe gritándote. Después de servir la cena a sus amigos, Jensen se quedó dormido en el asiento del copiloto en el coche de camino a casa.

Pero, conforme Nvidia se adentraba en la IA, Huang abandonaba sus aficiones. Sus ganas de travesuras disminuyeron, dejó de practicar ping-pong y la parrilla *Teppanyaki* se enfrió. Incluso dejó de contestar a los mensajes. «Estaba tan tan concentrado en el trabajo», dijo Horstmann. «Era de lo único que podía hablar». La convicción de que Huang había tenido una oportunidad única en la vida se apoderó de él. El acrónimo «O.I.A.L.O.» se repetía en todas las reuniones. Desde que Huang empezó su carrera profesional, a los veinte y pocos años, había trabajado sin descanso, doce horas seguidas, seis días a la semana y durante tres décadas seguidas. Ahora, pasados los cincuenta y con los hijos ya mayores, empezó a trabajar aún más.

Antes, para relajarse, a Huang le gustaba ir solo al cine. Prefería las pelis palomiteras de gran presupuesto, sobre todo las de *Los Vengadores*, que veía para valorar la ejecución del CGI y por la historia. Pero muchos de los aficionados de Marvel también eran jugadores, y la foto de Huang se había publicado en el *subreddit* de Nvidia tantas veces que se convirtió en una presencia reconocible en el cine. Cansado de que el público lo acosara para hacerse selfis, Huang intentó, durante un tiempo, asistir solo a las proyecciones de las diez de la mañana, pero incluso allí lo reconocían. Al final dejó de ir. A partir de 2014, solo había trabajo. Solo había IA (inteligencia artificial).

EL PRECIO DE LAS ACCIONES DE NVIDIA subió un 30 % en 2013, un 27 % en 2014 y un 66 % en 2015. El último aumento fue suficiente para que Nvidia superara de forma definitiva y permanente el máximo que había alcanzado en 2001, cuando fue incluida por primera vez en el índice S&P 500. El momento de la inclusión de Nvidia fue relevante porque los fondos de índice que controlaban los ahorros de jubilación de Estados Unidos habían recibido el mandato de comprar acciones de Nvidia el siguiente día hábil bursátil. Durante catorce años los inversores minoristas habían apoyado a este perro sin obtener nada a cambio. Ahora era el momento de que todos cobraran.

Sobre el papel, Nvidia seguía siendo una empresa para jugadores, en la que las ventas minoristas de GeForce aportaban la mayor parte de sus ingresos. Wall Street, con la vista puesta en el futuro, empezó a valorarla como una empresa de IA de vanguardia. La compra masiva de GPU por parte de Google durante el Proyecto Mack Truck se estaba reproduciendo en otras grandes empresas tecnológicas, como Amazon, Oracle y Microsoft. El plan de negocio de estos «proveedores de servicios en la nube» consistía en construir centros de datos a hiperescala con decenas o incluso cientos de miles de GPU y luego alquilarlos a clientes corporativos.

Los proveedores de la nube vendían potencia de computación como si fuera un servicio público, igual que el agua o la electricidad. Los centros de datos estaban situados en almacenes industriales sin identificar repartidos por todo el mundo. Después de pasar el control de seguridad, atravesar un compartimento estanco y llegar a la planta de ambiente controlado de un centro de datos, había muchas filas de «bastidores» de dos metros de altura que parecían estanterías apiladas de una biblioteca. Cada bastidor contenía varias «bandejas» horizontales y cada bandeja albergaba una o dos GPU. Las bandejas eran modulares y fáciles de actualizar, y todo el sistema estaba interconectado mediante cableado, lo que permitía a cientos de GPU actuar de común acuerdo como un ordenador unificado. Un núcleo más pequeño de CPU administraba el sistema y un grueso haz de fibra óptica lo conectaba con el mundo exterior.

Nvidia no fabricaba los bastidores ni las bandejas, y normalmente no construía los centros de datos. Lo único que suministraba eran los procesadores, pero se trataba de un negocio lucrativo en el que Nvidia disfrutaba de un monopolio virtual. Nvidia bautizó sus arquitecturas de procesadores con nombres de científicos famosos del pasado: Curie, Tesla, Fermi, Kepler, Maxwell, Pascal, Turing, Volta, Ampere, Lovelace, Hopper y Blackwell. Los últimos conjuntos de procesadores incluían circuitos dedicados a la IA, lo que garantizaba que las bandejas de los centros de datos necesitaran continuas actualizaciones. El ciclo de actualización de seis meses provocó el pánico comprador entre los proveedores de la vanguardia del aprendizaje automático, lo que se tradujo en enormes beneficios.

Los precios de los proveedores de servicios en la nube se daban en «dólares por GPU por hora», con conjuntos de procesadores nuevos de Nvidia que rondaban los 3 dólares (el acceso a las CPU Intel comparables costaba unos céntimos). Con estas tarifas, entrenar el cerebro de insecto de AlexNet habría costado unos 500 dólares, pero ahora los investigadores estaban desarrollando modelos mucho más ambiciosos, con miles de millones de parámetros y costes de entrenamiento millonarios. Aunque el entrenamiento era caro, si se hacía correctamente podía amortizarse, como demostraron los esfuerzos de Google: utilizando una red neuronal para optimizar el consumo de energía de su red de servidores, Google pudo ahorrar cientos de millones de dólares en su factura eléctrica anual, recuperando el coste de su inversión en IA casi de inmediato. Google también estrenó herramientas de reconocimiento de imágenes para su aplicación de fotos, creó etiquetas automáticas para las imágenes de los usuarios y utilizó la IA para mejorar la calidad de sus resultados de búsqueda.

Otras grandes empresas tecnológicas integraron la IA en sus productos. Pronto, Instagram, Facebook y Twitter empezaron a captar la atención de los usuarios organizando sus *feeds* «algorítmicamente», un eufemismo para referirse al uso de técnicas de aprendizaje automático para impulsar la interacción. Estas tácticas eran tan abusivas como efectivas; los administradores mecánicos de las redes sociales podían mantener a los usuarios consumiendo noticias negativas (*doomscrolling*) durante horas alimentándolos con cebos de rabia. Las inversiones en IA generaron beneficios de forma tan directa que Huang resucitó uno de los planteamientos más antiguos de las ventas al por menor: «Cuanto más compras, más ahorras».

Los capitalistas de riesgo empezaron a inyectar dinero en las empresas emergentes de IA, invirtiendo no solo en el reconocimiento de imágenes y de voz, sino también en atención sanitaria, pago de autoservicio minorista, coches autónomos y educación. En 2010, la inversión de riesgo en IA estaba más cerca de cero que de cualquier otra cifra significativa; en 2015 había aumentado hasta los 5.000 millones de dólares y crecía rápidamente. «Hemos estado invirtiendo en muchas empresas emergentes que aplican el aprendizaje profundo a muchas áreas, y todas y cada una de ellas se han construido de manera efectiva sobre la plataforma de Nvidia», dijo Marc Andreessen, de la firma Andreessen Horowitz, a principios de 2016. «Nuestra firma tiene un juego interno de en qué empresas públicas invertiríamos si fuéramos un fondo de cobertura. Pondríamos todo nuestro dinero en Nvidia».

También llegaba mucho dinero a las cuentas bancarias de los ingenieros especializados en aprendizaje profundo. La métrica preferida para evaluar una oferta de trabajo era la «compensación total», que sumaba el salario base, las bonificaciones, las opciones sobre acciones y los paquetes de beneficios en una cifra mágica que podía superar las siete cifras anuales. A finales de 2014, Bryan Catanzaro dejó Nvidia para unirse a Baidu, donde trabajó con Andrew Ng. «Me triplicaron el sueldo», dijo Catanzaro encogiéndose de hombros, y añadió con arrepentimiento que si se hubiera quedado en Nvidia habría ganado más con sus opciones sobre acciones. Bas Aarts, que creó el primer compilador CUDA, también se marchó por aquel entonces. Sin embargo, al cabo de unos años, tanto Aarts como Catanzaro estaban de vuelta. No había otra empresa. Solo existía Nvidia.

A medida que la IA crecía, los observadores se alarmaban. En su libro *Superinteligencia* de 2014, Nick Bostrom, un filósofo sueco de la Universidad de Oxford, comparó los experimentos del hombre con la inteligencia de las máquinas con «niños pequeños jugando con una bomba». Sugirió que un ordenador capaz de inteligencia general y abstracta sería probablemente el último invento que tendrían que hacer los humanos. Afirmó que un ordenador con inteligencia general podría empezar a automejorarse y transformarse, quizá en pocos segundos, en una «superinteligencia» que, para las necesidades humanas, parecería omnipotente. Se preguntaba si una máquina así haría con los humanos lo que estos habían hecho con los gorilas: conquistar el planeta y destruir su hábitat, dejando unos pocos ejemplares de la especie para que sirvieran de mascotas carismáticas en reservas protegidas.

El libro de Bostrom era una ampliación de las ideas que había estado considerando durante años. Anteriormente había propuesto el experimento mental del «maximizador de clips para papel»:

> Supongamos que tenemos una IA cuyo único objetivo es fabricar el mayor número posible de clips para papel. La IA se dará cuenta rápidamente de que sería mucho mejor que no hubiera humanos porque podrían decidir apagarla. Porque, si los humanos lo hacen, habría menos clips para papel. Además, los cuerpos humanos contienen muchos átomos que podrían convertirse en clips para papel. El futuro que la IA trataría de proteger sería uno en el que hubiera muchos clips para papel, pero ningún humano.

El argumento del maximizador de clips para papel circulaba por Internet desde hacía tiempo, y ganó adeptos entre la comunidad de la «racionalidad», así como entre muchos ejecutivos tecnológicos. Unos meses después de la publicación del libro de Bostrom, Elon Musk publicó un comentario en el sitio web de futurología Edge.org:

> El ritmo de progreso de la inteligencia artificial (no me refiero a la IA estrecha) es increíblemente rápido. A menos que estés en contacto directo con grupos como Deepmind, no tienes ni idea de lo rápido que es: está creciendo a un ritmo casi exponencial. El plazo de tiempo para que haya riesgo de que ocurra algo realmente peligroso es de cinco años, 10 años como máximo.

Musk borró el comentario unos minutos después, pero las capturas de pantalla tuvieron mucha difusión. Como muchas de las predicciones de Musk, el plazo era exagerado, pero el riesgo a largo plazo estaba ahí.

Unos meses después, Musk se unió a Huang en un debate en la GTC 2015. Fue allí donde Huang dio por fin en el clavo con su *look* característico. Subió al escenario del San Jose Convention Center con una chaqueta de cuero negra sobre un polo azul oscuro, pantalones *casual* y zapatos negros. El conjunto era llamativo y caro, la mayoría de las prendas eran de lujo. Más tarde, Huang atribuyó el cambio de imagen a su mujer y a su hija. Madison tuvo una influencia especialmente importante, poco después de la revelación del vestuario de Jensen dejaría la profesión culinaria para unirse al conglomerado francés de lujo LVMH. Cuando hablé con Huang sobre su ropa, en 2023, admitió que a menudo no estaba seguro de qué marca llevaba en un día determinado. «Creo que esto quizás es, eh, ¿Tom Ford?», me dijo, abriendo su brillante chaqueta negra para mirar la etiqueta.

La presentación de Huang de ese año fue una exhibición ininterrumpida de IA. En primer lugar, invitó al escenario al investigador eslovaco Andrej Karpathy. Este trabajaba en el laboratorio de Fei-Fei Li en Stanford y había unido dos redes neuronales, una que identificaba imágenes a la manera de AlexNet y una segunda que proporcionaba descripciones elegantes en lenguaje natural de lo que veía. Para esta red combinada, una imagen de un pájaro no era simplemente un «pájaro», sino «un pájaro posado en la rama de un árbol». Una imagen de un avión no era un simple «avión», sino «un avión grande posado encima de una pista». Lo más impresionante era una fotografía, tomada desde atrás, de un hombre conduciendo un carruaje. La red amalgamada de Karpathy la interpretó perfectamente: «un hombre montado en un carruaje tirado por caballos por una calle».

A continuación, Huang repasó alegremente con Karpathy algunos errores. Un pez volador era «un pájaro blanco pequeño que vuela sobre una masa de agua», dos hombres en un tobogán eran «un hombre y un niño sentados en un banco» y un bebé sujetando un cepillo de dientes era «un niño con un bate de béisbol». Distinguir entre categorías de herramientas humanas seguía siendo un punto débil de las redes neuronales. Karpathy reconoció que su red tenía limitaciones: imitaba el habla sin comprenderla necesariamente y, cuando llegaba a un concepto que no entendía, producía tonterías con orgullo. Karpathy había denominado a estos errores «alucinaciones».

Entonces Musk subió al escenario. Todo el público al unísono levantó sus teléfonos inteligentes y empezó a grabar. Huang era un fanático de Tesla que poseía versiones de los tres coches que la empresa había fabricado y le encantaban las actualizaciones de software de Tesla. Musk había estado usando procesadores de Nvidia para los módulos HUD (*Head-Up Display,* visualizador a la altura de los ojos del conductor para que no tenga que apartar la vista de la carretera) de Tesla desde 2011. Una vez sentados, Huang fue directo al grano. «Usted dijo que la inteligencia artificial era más peligrosa que las armas nucleares», dijo Huang.

Musk cambió de posición en la silla. «Dije "potencialmente"».

«También dijo que es como invocar a un demonio», dijo Huang. Musk le lanzó una mirada asesina. Huang no insistió y cambió de tema a los coches autónomos. «Casi lo considero un problema resuelto», dijo Musk. «Lo conseguiremos en unos años». Los dos hablaron de automóviles durante un rato, pero al final Musk retomó las insinuaciones de Huang sobre el riesgo existencial. «Es curioso que estemos tan cerca de la llegada de la IA», dijo Musk. «Parece extraño que estemos vivos en este momento».

Así terminó la sedante y anticlimática cumbre sobre IA. El verdadero debate tuvo lugar entre bastidores, fuera de la vista de cámaras e inversores. Con Jens Horstmann y Chris Malachowsky cerca, Musk y Huang compartieron sus verdaderas ideas sobre la IA, las que no son aptas para el consumo público. Los dos empezaron a lanzarse conceptos y estrategias, y les entusiasmó. Pronto, su rápido intercambio se pareció más a una conexión de datos de alta velocidad que a una conversación humana. «Se lanzaban conceptos el uno al otro y no teníamos ni idea de qué estaban hablando», dijo Horstmann. «Incluso Chris estaba desconcertado».

LOS PARALELISMOS ENTRE MUSK y Huang eran evidentes. Eran inmigrantes, adictos al trabajo y visionarios. Eran gritones, jugadores e ingenieros de talla mundial. Entraron con confianza en terrenos comerciales estériles, sembrados de restos de emprendedores sin suerte y, por primera vez, los hicieron florecer.

Hacía falta una mirada más nítida para ver las diferencias. Estaba la cuestión de la visión, con Musk retrocediendo desde la fantasía y Huang avanzando desde la realidad. También estaba el tema de la lealtad. Musk no la valoraba; a menudo despedía a personas de manera arbitraria y sin aviso, en una ocasión despidió a todo el equipo de ingeniería de Star Link casi al azar un domingo por la tarde. Huang casi nunca despedía a nadie y, cuando lo hacía, solo sucedía después de varias advertencias y la oferta de un plan de mejora del rendimiento. Hacía falta un comportamiento verdaderamente atroz para que te echaran de Nvidia, y muchos empleados trabajaron allí durante décadas, incluidos los contratados *boomerang*, como Catanzaro y Aarts. Incluso cuando la economía operativa obligó a Huang a cerrar una división, reasignó empleados a otras tareas útiles. En 2019, Curtis Priem regresó a las oficinas de Nvidia por primera vez en dieciséis años para reunirse con Huang y Malachowsky en un reencuentro de los fundadores de la empresa. «Me quedé asombrado de cuánta gente seguía allí», dijo. «Jeff Fisher y sus hijos trabajaban para Nvidia».

Huang mantuvo un matrimonio estable y hablaba de Lori con gran afecto. Musk tuvo al menos once hijos con al menos tres mujeres diferentes. Huang poseía un carisma magnético, podía ser divertidísimo y, cuando no perdía los papeles, era capaz de mostrarse cálido y muy empático. Musk se perdía las señales sociales, su conversación era torpe y rebuscada, y decía pertenecer al espectro autista. Huang bebía whisky, no tuiteaba y, por lo que pude comprobar, a lo largo de cuarenta años nunca había expresado una sola opinión política sobre nada. Buscando en los registros federales, no encontré ni una sola donación a su nombre o al de Lori. Musk fumaba hierba, publicaba contenido vergonzoso y financiaba a Donald Trump.

Pero su divergencia de opiniones sobre los riesgos que planteaba la IA quizás era la diferencia más importante entre ambos. Para Musk, la IA avanzada suponía una amenaza potencial de extinción. Además, esta opinión era compartida por un gran número de tecnólogos, incluidos Hinton y Sutskever, coautores del artículo original sobre AlexNet. Huang no lo veía así. No veía ningún riesgo en la IA. Cero.

A FINALES DE 2015, Musk, con la humildad que le caracteriza, llegó a la conclusión de que la mejor forma de proteger a la especie humana de la IA era construirla él mismo. Eligiendo una estructura inusual, Musk lideró una coalición de donantes y tecnólogos para fundar OpenAI en 2015. «OpenAI es una empresa de investigación de inteligencia artificial sin ánimo de lucro», rezaba la primera entrada del blog de la organización. «Nuestro objetivo es avanzar en la inteligencia digital de la manera que tenga más probabilidades de beneficiar a la humanidad en su conjunto, sin restricciones por la necesidad de generar un rendimiento financiero». Al final, la organización sin ánimo de lucro recaudó 135 millones de dólares en donaciones. Musk donó unos 45 millones de dólares y fue con diferencia el mayor donante individual; otros de los primeros donantes fueron Reid Hoffman, cofundador de LinkedIn, y Sam Altman, presidente de Y Combinator, un inversor de riesgo en empresas emergentes en fase inicial. Más tarde, la estructura y los compromisos de financiación de OpenAI crearían problemas a todos los implicados.

Mientras captaba donaciones, OpenAI también creó una lista excepcional de talentos en IA. Andrej Karpathy, que había presentado su motor de subtítulos alucinante en el escenario de la GTC 2015, estaba entre los fundadores. También estaba Wojciech Zaremba, el programador polaco que había clonado AlexNet en Google. Greg Brockman, un desarrollador de Dakota del Norte que había sido uno de los primeros empleados de Stripe, se unió como director de tecnología. La contratación más importante fue la de Ilya Sutskever, antiguo socio de investigación ruso-israelí de Alex Krizhevsky, que había estado presente en la creación de AlexNet y había guiado el desarrollo de la IA desde entonces.

El propio Krizhevsky escapó de la emboscada. Rara vez dirigía la palabra a nadie, no era el colaborador ideal y abandonó Google en 2017. Su parte del dinero de la subasta fue ligeramente inferior a 15 millones de dólares, suficiente para no trabajar más, sobre todo teniendo en cuenta su estilo de vida ascético. En 2019 concedió a un equipo de noticias japonés una visita al interior de su casa en la zona de la bahía. Krizhevsky vivía como un monje benedictino en un apartamento espartano encima de un restaurante vietnamita. Las paredes interiores estaban completamente desnudas; los únicos muebles eran un escritorio, un sofá, un piano digital y una televisión; el único signo de vida en el lugar era su gato doméstico. Krizhevsky, el Orville Wright de la red neuronal, le dijo al equipo de noticias que se había alejado de la tecnología. «Quizá es mi personalidad», dijo, «pero, cuando paso mucho tiempo especializado en algo, al cabo de unos diez años empiezo a perder el interés».

MIENTRAS OPENAI reunía al Equipo A, Huang se propuso construirles un ordenador. La oferta más cara de Nvidia en aquel momento era un equipo de sobremesa para ciencia y visualización de datos. Huang pensó que necesitaba algo diez veces más potente. Pidió a su equipo que diseñara el DGX-1, un ordenador acelerado por IA. El dispositivo se centraba en la multiplicación de matrices, que era para la IA lo que *quake* había sido para los gráficos.

La reconstrucción comenzó a nivel atómico. Ahora TSMC ofrecía una técnica de fabricación llamada «FinFET», con transistores que sobresalían del sustrato de silicio como una aleta de tiburón. Si uno pudiera encogerse hasta situarse sobre la superficie imposiblemente lisa del microprocesador, los transistores con aletas parecerían bloques de apartamentos soviéticos, elevándose sobre uno en todas direcciones a doscientos átomos de altura. Estos cañones de cristal no se imprimieron, sino que se «esculpieron» con luz ultravioleta con un nivel de precisión que habría impresionado a un maestro del Renacimiento. Los ingenieros compararon el proceso de fabricación con disparar un láser desde la superficie de la Luna y darle a una moneda de 25 centavos situada sobre la acera en Arkansas.

Los nuevos transistores de aleta de tiburón permitieron a los diseñadores controlar mucho mejor el flujo de electricidad. En el pasado, los transistores siempre se habían comportado un poco como una manguera de jardín vieja, goteando por todas partes y proporcionando solo un control aproximado del chorro de salida. Los nuevos transistores acabaron con las fugas y, en cierto sentido, equiparon la manguera con una boquilla de alta tecnología que permitía distintos modos de pulverización. Para los diseñadores de procesadores, FinFET representaba una trinidad que hacía mucho tiempo que buscaban porque aunaba precisión, eficiencia y control.

Estas innovaciones recibieron muy poca atención. Los transistores, ordenadores, estaban experimentando su mejora física más importante desde la década de 1970, pero, entre el público, ni siquiera una persona entre cien lo supo o le importó. Como una franquicia deportiva dominante, la larga y extraordinaria trayectoria de la industria de los semiconductores se daba completamente por sentada, incluso entre los ingenieros de software. Los ordenadores simplemente mejoraban, siempre; esa era la norma. ¿Cómo podía ser de otro modo?

Dentro de Nvidia, sin embargo, los transistores de aleta de tiburón generaron gran excitación. Los arquitectos de procesadores diseñaron a escalas casi inconcebibles: el laberinto hecho de pelo ahora no solo llenaría una pista de tenis, sino el estado de Rhode Island. Cuando estos laberintos empezaron a «ponerse verticales», proporcionaron capacidades fantásticas. En la antigua leyenda, Dédalo construyó el laberinto para atrapar al temible Minotauro, pero, si Dédalo hubiera visto lo que estaba construyendo Nvidia, habría llorado de envidia.

La arquitectura del primer procesador FinFET de Nvidia se llamó «Pascal», en honor al filósofo y matemático del siglo XVII Blaise Pascal, que, entre otros muchos logros, inventó la primera calculadora mecánica. El nombre era una referencia en clave al principal cuello de botella de la informática, que siempre había sido la velocidad de cálculo. Desde la máquina de sumar accionada por engranajes de Pascal hasta los tubos de vacío de ENIAC, pasando por los microprocesadores a pequeña escala de Intel e IBM, los ordenadores nunca habían sido capaces de realizar cálculos aritméticos con la suficiente rapidez. Pero el P100 de Nvidia, lanzado en abril de 2016, hacía cálculos más rápido de lo que se podían introducir en la máquina. Con estos procesadores, la velocidad de cálculo ya no era el obstáculo principal. Con estos procesadores, el «ordenador» había trascendido el acto mundano de «computar».

Huang había visto venir este problema. Desde 2014, Nvidia había estado desarrollando una superautopista de datos llamada NVLink que aumentaba la velocidad con la que se podían presentar problemas matemáticos a la máquina. NVLink era un cañón de deberes que cada segundo disparaba al procesador un millón de ejercicios semestrales de multiplicación de matrices. Conectando juntos ocho procesadores P100 mediante una conexión NVLink, Nvidia contrajo laberintos de silicio separados en un único superlaberinto computacional.

Este magnífico conjunto de ocho procesadores formaba la columna vertebral del DGX-1, que se alojaba en una atractiva carcasa metálica con un exterior granulado. El ordenador pesaba 50 kilos, costaba 129.000 dólares y consumía tanta energía como una secadora de ropa. El DGX-1 era el ordenador más potente que Nvidia había construido nunca, Huang lo llamaba «un centro de datos en una caja». No era una máquina pensada para propósitos generales; no era una máquina realmente pensada para nada excepto para entrenar IA cada vez más potentes. Pero actualmente el DGX-1 podría considerarse, junto con el ENIAC y el Apple II, uno de los ordenadores más importantes jamás construidos.

Elon Musk recibió el primer dispositivo. En agosto de 2016, Huang se lo entregó en mano en la sede de OpenAI en el Mission District de San Francisco. Huang llegó vestido de cuero, que ahora era lo único que llevaba. El ordenador pesaba tanto que necesitó una plataforma móvil para llevarlo a la oficina y ayuda para subirlo a la mesa. Musk abrió el embalaje con un cúter y Huang firmó el ordenador con un rotulador. «¡Para Elon y el equipo de OpenAI!», escribió en sus elegantes mayúsculas. «Para el futuro de la informática y la humanidad. ¡Te presento el primer DGX-1 del mundo!».

La semana siguiente, Huang entregó otro DGX-1 firmado al laboratorio de Fei-Fei Li en Stanford. El concurso ImageNet 2016 comenzó pocos días después. Con sus numerosas «capas» cognitivas, los mejores concursantes pudieron etiquetar imágenes con una precisión del 98 %, superando la media humana del 95 %. Después de seis décadas de investigación y decenas de miles de millones de inversión, ahora un ordenador podía distinguir una espátula de un hacha. La era de la supremacía de las máquinas había comenzado.

CATORCE

Un buen año

En 2016, el precio de las acciones de Nvidia se revalorizó un 224 %, devolviendo la gloria a Jensen Huang y convirtiéndolo de nuevo en milmillonario. Sin embargo, Nvidia no fue la acción con mejor rendimiento del S&P ese año. El título fue para AMD, rival de Nvidia durante mucho tiempo, que subió un 309 %. A Huang no le gustó quedar segundo. Se dedicó de nuevo a la victoria y la encontró al año siguiente. Los ingresos se duplicaron, los beneficios se triplicaron y la empresa lanzó productos nuevos a una velocidad vertiginosa. Pocas empresas en el mundo podrían esperar alguna vez tener un año de tanto éxito como el que tuvo Nvidia en 2017.

La primera tarea de Huang en 2017 fue frenar a AMD. Desde que compró el fabricante de tarjetas gráficas ATI en 2006, AMD había sido el único competidor real de Nvidia. GeForce y Radeon eran como la Coca-Cola y la Pepsi de las GPU. Pero, desde 2014, este largo y a veces feroz enfrentamiento se había convertido en algo personal porque la nueva directora general de AMD, Lisa Su, era pariente de Huang.

Su tenía siete años menos que Huang y era hija de un estadístico y una contable. Su familia había emigrado a Nueva York desde Taiwán cuando ella tenía tres años. A diferencia de Huang, Su era hija de padres tigre. Cuando era pequeña, sus padres le dieron tres opciones profesionales: ingeniera, médico o concertista de piano. Eligió la primera porque «parecía la más difícil». Su hablaba con un suave acento neoyorquino, llevaba trajes de pantalón y el pelo corto. También estaba dispuesta a correr riesgos. «Tiene algo de la misma naturaleza que Jensen, ya sabes, la convicción», me dijo Forrest Norrod, un ejecutivo sénior de AMD. «Tiene la valentía de perseverar en tiempos difíciles».

La conexión genética entre Huang y Su era algo débil. La madre de Huang procedía de una familia numerosa y tenía al menos once hermanos mayores. Uno de esos hermanos era el abuelo de Su; técnicamente hablando, esto convertía a los dos ejecutivos en tío y sobrina en segundo grado. Mientras crecía, Huang no conocía la existencia de Su y no supo que era su pariente hasta que fue nombrada directora general de AMD.

Y la relación quizás era incluso más distante de lo que la sangre implicaba. La madre de Huang no estaba muy unida a su familia biológica; como era una de las hermanas más pequeñas se había criado en otro hogar. «Antiguamente, solías tener que regalar a un hijo, así que se lo dabas a un amigo», dijo Huang. «Mi madre fue entregada a un amigo de su padre, y eso fue todo; crecieron separados». El antepasado de Lisa se quedó con los padres originales.

Cuando le pregunté a Huang por Su, solo tenía cosas positivas que decir. «Es estupenda», dijo. «No somos muy competitivos». Desde luego, no era así como lo veían todos los demás. Durante años, AMD había sido el único rival real de Nvidia en el ámbito de las GPU, y los empleados de Nvidia podían recitar de memoria la cuota de mercado relativa de ambas compañías. Me pregunté si había algo que Huang no me estaba contando; antes, me había dado cuenta de que a menudo denigraba a competidores como 3dfx en la prensa. Ahora nunca hablaba mal de ninguno de sus rivales, o al menos nunca lo hacía cuando merodeaban periodistas conflictivos que podían oírle.

Varias personas me dijeron que, aunque Huang había aprendido a no menospreciar públicamente a sus competidores, seguía haciéndolo en privado. David Kirk creía que Huang había aprendido la lección después de que los abogados de bancarrota de 3dfx le obligaran a leer en voz alta sus comentarios despectivos en una declaración grabada en vídeo. Pero Kirk también sugirió que, cuando se apagaran las grabadoras y se cerraran las puertas de la sala de conferencias, aparecería el antiguo Jensen que lanzaba provocaciones. El analista del sector Hans Mosesmann también sugirió que cualquier apariencia de amistad entre Nvidia y AMD era una trampa. «Sí, Jensen no quiere perder», dijo. «Pero especialmente no quiere perder contra Lisa».

ANTES INCLUSO DE QUE SU SOBRINA fuera nombrada para dirigir la empresa, Huang tenía una relación complicada con AMD. Su primer trabajo real había sido en esa empresa, y aún conservaba la pequeña cantidad de acciones de AMD que había comprado a través del programa de compra para empleados allá por 1984. En 2006, AMD llegó a ofrecerle comprar Nvidia. Huang estaba dispuesto, pero, cuando se enteró de que no dirigiría la empresa combinada, puso fin a las conversaciones de fusión. El acuerdo le habría reportado un buen dinero, pero Huang no tenía intención de dejar nunca la silla de director general. No tenía un plan de salida.

En su lugar, AMD compró ATI, una empresa competidora de Nvidia con sede en Toronto. Siguieron una serie de decisiones de gestión insensatas, y AMD se agitó con el paso de tres directores generales durante los seis años siguientes. En 2008, la empresa terminó la construcción de un campus corporativo nuevo en lo alto de una colina en Austin (Texas), al que llamó pretenciosamente «The Summit at Lantana». La colina tenía unos cien metros de altura. Cinco años más tarde, en un intento de evitar a los acreedores, AMD se vio obligada a vender el Summit y arrendarlo como un aparcero. La transacción fue vergonzosa y, en 2014, las acciones de AMD cotizaban a 2 dólares la acción.

Al buscar a alguien dispuesto a administrar la empresa durante los cuidados paliativos, el consejo de administración ascendió a Su, una vicepresidenta interna de 45 años, a directora general. Pocos en Wall Street esperaban que hiciera algo más que retrasar unos meses la declaración de quiebra. Pero la subestimaron; con el tiempo, se convertiría en una de las directoras generales de semiconductores más célebres de la época, solo superada por Huang.

Sus personalidades eran diferentes. Huang era temperamental y expresivo, mientras que Su era reservada y estoica. «Tiene una cara de póquer estupenda», dijo Mosesmann sobre Su. «Jensen no, aunque aun así encontraría una manera de ganarte». Su también tenía el planteamiento estratégico opuesto. En lugar de navegar hacia el horizonte como Jensen, le gustaba merodear alrededor del titular, esperando a que flaqueara. En este sentido, quizás Su fue más valiente que Huang: no huyó de Intel. De hecho, el resurgimiento de AMD se produjo al hacerse con el negocio de CPU de Intel, una hazaña que los analistas consideraban imposible.

Ahora que la IA estaba triunfando, Su merodeaba alrededor de Jensen. En 2016, su empresa lanzó un clon CUDA de código abierto para la tarjeta Radeon. La mayoría de los desarrolladores consideraron que esta oferta era inferior, y las GPU para la nube de AMD no alcanzaron los precios superiores de las de Nvidia. Pero Su, al igual que Huang, era paciente y estaba dispuesta a esperar años a que llegara la oportunidad. «Jensen no quiere perder. Es un tío motivado», dijo Norrod. «Pero creemos que podemos competir con Nvidia».

Huang le dio la bienvenida a la función a su sobrina advenediza robándole uno de sus clientes más antiguos. Nintendo y AMD mantenían una estrecha relación: ATI había suministrado hardware de gráficos a varias generaciones de consolas Nintendo, incluidas la GameCube y la Wii. Se trataba de un segmento de negocio que Huang, tras el fracaso del acuerdo con Xbox, había afirmado en repetidas ocasiones que no quería desarrollar. Las consolas de videojuegos solo se actualizaban una vez cada cinco años, demasiado lento para un hombre acostumbrado a un ciclo de actualización de seis meses. Por eso el anuncio de que Nintendo iba a recurrir a Nvidia para la nueva Nintendo Switch fue una sorpresa para todos, Su incluida.

Para los no iniciados, Nintendo parecía una caja fuerte infranqueable. Incluso para los estándares japoneses, la empresa era una isla. Tenía su sede en la conservadora Kioto, y la mayoría de las decisiones las tomaba el emblemático diseñador de juegos Shigeru Miyamoto y el pequeño grupo de ejecutivos que le rodeaba. Miyamoto tenía treinta y pocos años cuando creó *Super Mario Bros.* y *The Legend of Zelda*; ahora, ya cumplidos los sesenta, el Walt Disney de los videojuegos no había perdido ni un ápice de su pasión.

Los equipos de hardware y software de Kioto trabajaban codo con codo en la creación de juegos completos que vinculaban estrechamente la experiencia de juego al mando. Miyamoto ejercía un nivel de control fanático; una vez se quejó de las costuras de los pantalones de Mario en un anuncio impreso estadounidense. Pero Miyamoto también empujó a sus equipos a asumir audaces riesgos creativos y tecnológicos, y la futura Switch demostraría ser una de las consolas más versátiles y encantadoras jamás producidas.

Los expertos daban por hecho el procesador de Switch. «ATI tenía una relación extraordinaria con Nintendo», dijo Jon Peddie. «Era un proveedor leal y constante, y no había motivos para pensar que eso fuera a cambiar». Pero los representantes de ventas de Nvidia se abrieron camino de algún modo vendiendo el Tegra, un producto de teléfono móvil reutilizado que los ingenieros describieron como «restos del suelo». El relato preciso de cómo Huang robó la Switch sigue siendo un secreto bien guardado; aunque los ejecutivos japoneses podían invitar a un asesor extranjero a la sala de juntas, las verdaderas decisiones se tomaban a altas horas de la noche en las diminutas *izakayas* de Kioto después de una o dos jarras de cerveza.

El Tegra era un «sistema en un procesador», es decir, combinaba CPU, GPU y otras funciones en una sola pieza de silicio. El rendimiento computacional del Tegra no era excepcional; su atractivo comercial era su bajo consumo, que permitía a los jugadores separar la Switch de la base y jugar a *Animal Crossing* durante horas mientras se escondían de sus padres debajo de las sábanas. Peddie recordó una reunión con ejecutivos de Nintendo poco después de que se tomara la inesperada decisión. «Fue increíblemente amistosa, pero fría», dijo. «Ya sabes: "Esto está hecho, me alegro mucho de veros y, por favor, marchaos"». El lanzamiento tuvo lugar en 2017 y Nintendo llegaría a vender 140 millones de consolas Switch, lo que la convirtió con diferencia en el producto más rentable de la historia de la compañía. Pero el hecho de que Huang apenas mencionara la construcción del cerebro de la Switch, incluso en las entrevistas de la época, da una idea de lo rápido que estaba acelerando Nvidia.

Tenderle una emboscada a Lisa Su era un proyecto secundario; ahora su empresa en expansión tenía tentáculos en todas partes.

El Premio Nobel de Física de 2017 se concedió por el trabajo en el Observatorio de Ondas Gravitatorias por Interferometría Láser, pares gemelos de rayos láser que se cruzan situados a 2.900 kilómetros de distancia que captaban perturbaciones sutiles en la textura del espacio-tiempo para detectar colisiones estelares a millones de años luz. El Premio Nobel de Química de 2017 se concedió por los trabajos sobre criomicroscopía electrónica, una técnica en la que especímenes biológicos se suspendían en «hielo amorfo» transparente y luego se bombardeaban con haces de electrones para visualizar su estructura tridimensional. Ambos premios no se concedieron por descubrimientos científicos nuevos, sino por herramientas científicas nuevas, y todas ellas se cruzaban con la vertiente de computación paralela de las GPU de Nvidia.

Tanto los rayos láser como las amebas congeladas generaban enormes cantidades de datos en bruto. En esencia, estos datos no eran más que una gran colección de puntos en el espacio, como una pila de miles de millones de ladrillos de Lego esperando para ser ensamblados. La GPU permitió a los científicos apilar estos «ladrillos» de datos en paralelo, produciendo modelos tridimensionales precisos de las maravillas de nuestro universo a escalas grandes y pequeñas. Los datos del rayo láser se utilizaron para dibujar una animación de dos agujeros negros que habían estado vinculados en una espiral gravitatoria mortal durante millones de años, girando juntos cada vez más cerca hasta que finalmente chocaron entre sí con una explosión tan violenta que deformó el tejido de la realidad y envió ondas de choque que resonaron por todo el universo. La revista *Science* lo calificó como el descubrimiento del año.

En el otro extremo, una criatura unicelular en miniatura suspendida en hielo mostraba una maquinaria biológica de complejidad surrealista. Hasta ese momento, estas estructuras tan complejas habían quedado irremediablemente aplastadas entre los portaobjetos de los microscopios, pero la nueva representación tridimensional dentro del hielo reveló que el «relojero ciego» de la evolución había construido un auténtico mecanismo de relojería biológica. ¡Había engranajes! Engranajes diminutos en el interior de la célula y, cuando giraban, impulsaban a la diminuta criatura hacia delante como si fuera una lancha motora.

Las representaciones tridimensionales eran construcciones CGI, no imágenes reales, y a veces había que entrecerrar los ojos para ver la belleza. Pero estaba ahí y no esperaba a la teoría ni a la experimentación, sino al acto científico bruto del descubrimiento. Los agujeros negros y los engranajes de la naturaleza habían estado ahí, esperando durante millones de años, esperando simplemente para ser vistos por primera vez. La computación paralela lo hizo posible.

El frenesí por la IA ocultó las contribuciones que hizo Nvidia a avances científicos triviales como estos, que simplemente ganaron el Nobel para sus descubridores. Apoyar el trabajo de grupos galardonados tanto en física como en química en el mismo año natural fue una prueba irrefutable del valor de CUDA para la humanidad. Por muy bellas e importantes que fueran las imágenes, Bill Dally no estaba seguro de que la computación científica hubiera sido rentable alguna vez sin redes neuronales. «El mercado de la construcción de estos grandes superordenadores para diversos laboratorios de todo el mundo probablemente no supera lo que cuesta desarrollar cada generación de GPU», dijo. «Podríamos haber salido adelante de todos modos, pero fue bueno que llegara la IA».

También fue en 2017 cuando otro tipo de cliente menos respetable descubrió CUDA. Los mineros de criptomonedas creaban monedas nuevas descifrando cifrados matemáticos mediante computación de fuerza bruta. CUDA era idónea para esta tarea, que implicaba procesar en paralelo trozos similares de datos muchos millones de veces. Los mineros más emprendedores pronto se dieron cuenta de que una plataforma de GPU bien configurada solo tardaría cuatro horas en minar una moneda. Cuando el precio del bitcoin superó los 1.000 dólares por primera vez en enero de 2017, los primeros en utilizar este sistema consiguieron una fortuna en un instante.

A mediados de 2017, el minado de criptomonedas se había convertido en un frenesí especulativo clásico. El bitcoin se cuadruplicó y volvió a cuadruplicarse, superando los 16.000 dólares a finales de año. Las tarjetas para jugar GeForce no duraban mucho tiempo en las estanterías de los minoristas, y en eBay podían alcanzar el doble del precio de venta recomendado. Aparecieron los «supermineros», que colocaban unidades de GeForce en bastidores metálicos en dormitorios y garajes, generando suficiente calor para derretir la nieve de un tejado. Los mineros pronto descubrieron la meca de la criptografía: East Wenatchee (Washington), una pequeña ciudad fluvial en el «paraíso de la energía hidroeléctrica» que supuestamente tenía la electricidad más barata del país.

Durante un tiempo, las acciones de Nvidia cotizaron en paralelo al precio del bitcoin. Muchos en Nvidia estaban horrorizados. Algunos, preocupados por el cambio climático, consideraban que este uso de las tarjetas rozaba el sacrilegio. Huang, razonando a partir de principios básicos, había visto un mundo en el que la IA se convertiría en la fuerza dominante de la informática. Cuando Huang razonó partiendo de principios básicos y de forma similar sobre el potencial de la cadena de bloques, no pronosticó un mundo en el que las criptomonedas desplazarían al dinero fiduciario.

Huang tenía demasiado interiorizado al hombre de negocios como para disuadir explícitamente a los mineros de comprar sus GPU, aunque tampoco aprobó nunca de manera explícita la minería de bitcoin. La postura oficial de Nvidia sobre las criptomonedas fue el silencio. En las conferencias telefónicas celebradas a lo largo de 2017, Nvidia se limitó a conversaciones sobre coches autónomos e IA, minimizó el impacto de las criptomonedas y se negó a especular sobre el porcentaje de sus ventas minoristas que procedían de los mineros. Los informes financieros de esta época solo mostraron un sospechoso aumento en la categoría general de «juego», pero incluso el silencio tuvo un coste: la SEC presentó más tarde cargos contra Nvidia por no revelar a los inversores el porcentaje de ventas de GPU atribuibles a las criptomonedas. Sin admitir ni negar las conclusiones de la SEC, Nvidia pagó a los reguladores una multa de 5,5 millones de dólares.

Para la rebelde Nvidia esta cantidad representaba cinco centavos, pero la experiencia seguía siendo un dolor de cabeza y la mayoría de los ingenieros de Nvidia con los que hablé consideraban la criptografía una distracción idiota del trabajo científico mucho más importante de la empresa. Al final, Nvidia lanzó la CMP, una tarjeta exclusiva para mineros que básicamente era una GeForce a la que le habían quitado los puertos de vídeo. Al mismo tiempo, Nvidia redujo deliberadamente la capacidad de minería de sus tarjetas gráficas estándar para asegurarse de que los jugadores y los científicos tuvieran prioridad. Bitcoin se desplomó en 2018 y la demanda se evaporó. Cuando el bitcoin se recuperó, las GPU habían sido suplantadas por plataformas de aplicación específica creadas para la minería, y otras criptomonedas líderes habían abandonado el costoso y poco respetuoso con el medioambiente enfoque de la fuerza bruta. Nvidia estuvo encantada de renunciar al negocio.

EN ENERO DE 2017, Nvidia comunicó por primera vez unos beneficios anuales de mil millones de dólares. Poco después, la empresa contrató a su empleado número diez mil. El aburrido complejo de edificios modernistas que la empresa había ocupado desde 2001 ya no podía contener sus ambiciones. Era hora de expandirse.

Años antes, Nvidia había comprado el solar adyacente a su campus arrendado con la idea de construir un centro de mando a la medida de la visión de Huang. El proyecto se había estancado tras el Bumpgate, pero, en 2017, tras varios años de construcción, la nueva sede, llamada Endeavor, abrió por fin sus puertas. Endeavor era un edificio enorme con forma de triángulo con las esquinas recortadas. Esta forma se replicó en miniatura en todo el interior del edificio, desde los sofás y las alfombras hasta los protectores contra salpicaduras de los urinarios. La «nave espacial» de Nvidia, como la llamaban los empleados, era cavernosa, llena de luz e impecablemente limpia. Sus interiores eran abruptos y angulosos, pintados de blanco hospital y negro mate, e interrumpidos por «paredes vivas» de varios pisos repletas de vegetación.

El arquitecto jefe de Endeavor era Hao Ko, un arquitecto alto y de voz suave que trabajaba para Gensler, una de las principales empresas de diseño corporativo. Ko vestía a la moda, mantenía una perilla recortada y llevaba gafas negras de diseño. Era arquitecto júnior en Gensler cuando Huang le nombró diseñador jefe de Endeavor, saltándose al jefe de Ko. Le pregunté a Ko por los motivos de la decisión de Huang. «Probablemente has oído historias», dijo Ko. «Puede ser muy duro. Te desnudará». Huang no tenía experiencia en arquitectura, pero quería a alguien a quien pudiera presionar un poco. «Yo diría que el noventa por ciento de los arquitectos se enfrentaría», dijo Ko. «Yo soy más de escuchar».

Para hacer realidad su visión de Endeavor, Huang le puso a Ko unas gafas de realidad virtual y las conectó a un bastidor de GPU de Nvidia para que pudiera simular el flujo de luz. «Es el primer edificio que se diseñó con un superordenador», dijo Huang. Ko utilizó las gafas para diseñar el insólito tejado de corte ondulado del Endeavor, que me recordó a un fractal. En primer lugar, Ko extendió el tejado sobre el borde de las paredes de cristal exteriores del Endeavor para que proyectara sombra como el ala de un sombrero. Después, utilizando programas de diseño asistido por ordenador, colocó cientos de pequeñas claraboyas triangulares a lo largo de los pliegues del tejado en lugares matemáticamente optimizados. El efecto acumulativo fue garantizar que el edificio estuviera en todo momento inundado de luz natural sin exponer nunca a los empleados al resplandor directo del sol.

Endeavor tenía extensas líneas de visión, y se podía ver con claridad desde un extremo del edificio hasta el otro, una distancia de casi doscientos de metros. Esto era justo lo que Huang quería porque le daba una visión general de 360 grados de su personal. Ko había construido para Huang un hermoso complejo de oficina ejecutiva en la tercera planta y Huang lo utilizaba como depósito de libros. En su lugar, requisó una sala de conferencias de aspecto anónimo en medio de su cuartel general y la convirtió en su sala de guerra. Huang seguía necesitando estar en el centro de todo, igual que había necesitado sentarse en la mesa de al lado de la nevera en casa de Priem muchos años antes.

Trabajar con Huang podía ser un reto. Ko recordó a Huang gritando a sus ingenieros por la velocidad de renderizado de las gafas de realidad virtual. «En realidad les estaba dando su merecido», dijo Ko. Al principio, a las gafas les costaba cinco horas renderizar los cambios de diseño; después del arrebato de Huang, los ingenieros redujeron la velocidad a diez segundos. Huang fue duro con ellos, pero tenía su lógica. «Si a las gafas les costaba cinco horas, probablemente me conformaría con cualquier tono de verde que me pareciera adecuado», dijo Ko. «Si les costaba diez segundos, invertiría el tiempo necesario para elegir el mejor tono de verde que hubiera».

El edificio ganó varios premios y marcó la carrera profesional de Ko. Ahora Nvidia tenía un edificio emblemático que rivalizaba con el GooglePlex y el Infinite Loop de Apple. Los empleados estaban asombrados por la inmensidad de su nuevo espacio de trabajo. Ko, ante la insistencia de Huang, incluso había construido un bar llamado «Shannon's» en la última planta. David Shannon, antiguo consejero general de Nvidia, había cuestionado la conveniencia de mezclar empleados y alcohol de esta forma, así que Huang bautizó el bar con su nombre. Sin embargo, a excepción del bar, el edificio tenía pocas comodidades. No tenía algunas de las exageradas ventajas de otros campus de Silicon Valley: no había gimnasio ni rocódromo ni parque para perros ni disco golf ni piscina de bolas. «Vienes aquí a trabajar», dijo Huang.

El proyecto de Ko no estaba terminado. Una vez acabada la primera estructura, ya estaba diseñando un segundo edificio, aún mayor, directamente al norte. Ese edificio, conocido como «Voyager», sería otro triángulo recortado frente al primero. Juntos, los dos edificios formarían una estructura poligonal entrelazada que evocaría los orígenes de Nvidia en los gráficos 3D y ofrecería unas vistas impresionantes desde el suelo y el cielo. Sus nombres también se entrelazaron; la pronunciación de las primeras letras de «Endeavor» y «Voyager» se unieron para generar «NV». Cuando Ko terminó con el segundo edificio, el plan maestro de Huang preveía un tercero, aún sin nombre, para complementar a los otros dos. Cada edificio sería más grande que el anterior y cubriría el suelo del valle con un triángulo teselado poco a poco.

Cuando se inauguró Endeavor, Ko encabezó una visita guiada para Huang y un grupo de ejecutivos. «El lugar estaba terminado, tenía un aspecto increíble, estábamos haciendo la visita y él me preguntó por la ubicación de las fuentes de agua», dijo Ko. «¡Estaba enfadado porque estaban al lado de los baños! Lo exige el código, ¡y este es un edificio de mil millones de dólares! Pero no podía dejarlo pasar».

«Nunca estoy satisfecho», dijo Huang. «Sea lo que sea, solo veo imperfecciones».

El paquete de software de CUDA se descargó 2,7 millones de veces en 2017, casi el triple que el año anterior y quince veces más que las migajas de 2012. Parte de estas descargas estaban destinadas a criptografía, pero la mayoría de los usuarios de CUDA buscaban desarrollar inteligencia artificial. Gran parte del interés procedía de estudiantes; en 2017, el curso más popular en Stanford fue CS 229, «Introducción al aprendizaje profundo».

A diferencia de los mineros de criptomonedas, los desarrolladores de CUDA no compraban necesariamente su propio hardware Nvidia. Muchos ejecutaban sus programas, y a veces toda una empresa, en máquinas virtuales que alquilaban a través de la nube. Para los proveedores de la nube, se trataba de un negocio excepcionalmente lucrativo. La empresa dominante era Amazon Web Services, que controlaba el 50 % del mercado y que, en los años buenos, llegó a ganar más dinero que la enorme operación de comercio electrónico de Amazon. Detrás de Amazon estaba Azure, el servicio en la nube de Microsoft, bajo el renovado liderazgo de Satya Nadella, director ejecutivo de Microsoft. La demanda de compra combinada de Amazon, Microsoft y otros proveedores de la nube fue suficiente para duplicar las ventas anuales de procesadores de Nvidia a centros de datos.

A Huang no se le escapó que alquilar equipos informáticos virtuales era más rentable que vender hardware físico real. En 2017 presentó dos plataformas de alquiler propias. La primera era GeForce Now, que alquilaba tarjetas gráficas virtuales y permitía a los jugadores ejecutar juegos de gama alta en máquinas poco potentes como portátiles y PC básicos baratos. La venta física de tarjetas de juego GeForce seguía proporcionando la mayor parte de los ingresos de Nvidia, y a los entusiastas les seguía encantando presumir de sus equipos personalizados, pero la computación en la nube sugería que lo único que realmente necesitaban los jugadores modernos era un monitor y una conexión de banda ancha decente. Con GeForce Now, Huang se preparaba de forma preventiva para poner algún día una bala en la cabeza de lo que durante veinticinco años había sido su negocio principal, razonando que, si él no lo mataba, alguien lo haría por él.

La segunda plataforma era totalmente extraña. La idea se le ocurrió a Huang mientras veía a Yevgen Chebotar, un investigador de la USC, entrenar un brazo robótico para golpear una pelota naranja con un *stick* de hockey. El brazo utilizaba técnicas de aprendizaje por refuerzo para aprender a marcar goles. Con el tiempo suficiente, podría rivalizar con Gretzky, pero, para conseguirlo, Chebotar y sus ayudantes tuvieron que volver a poner la pelota físicamente delante del *stick* miles de veces.

A Huang no le pareció que Chebotar usara el tiempo de una manera eficiente. En su lugar, razonó, los parámetros físicos del hockey deberían simularse en un ordenador. El poder de la simulación había sido un tema recurrente a lo largo de la carrera de Huang. Todo lo que podía simular, lo hacía, y de ahí salían beneficios y productos innovadores. Ahora se le ocurría que simular una sola cosa no era suficiente; tenía que simularlo todo. «Tenemos que construir un universo alternativo», dijo Huang.

En este universo alternativo para el entrenamiento robótico, Chebotar no tendría que volver a poner la pelota. En su lugar, el refuerzo podría producirse instantáneamente; el brazo robótico golpearía mil millones de pelotas en el mismo lapso de tiempo. Gerald Tesauro había simulado partidas de backgammon generando millones de tiradas de dados. Huang simularía partidas de hockey tejiendo una realidad nueva con código.

Crear una plataforma con suficiente fidelidad a la física del mundo real no era una tarea fácil. Los motores de juego no se acercaban ni por asomo; como había observado Peddie, una vez eliminadas las texturas solo había bloques chocando entre sí. Un simulador de la realidad no solo requeriría un motor físico perfecto, sino también representaciones precisas de la elasticidad de las colisiones y la densidad de los objetos. Golpear una pelota de tenis, por ejemplo, tendría que producir una respuesta diferente a la de golpear una bola de billar. Las texturas blandas, como la tela, tendrían que ceder, mientras que las rígidas, como el metal, tendrían que aguantar. Un plato mojado y resbaladizo tendría que caerse, y una pieza de fruta madura tendría que romperse.

Con tantas variables, un simulador de realidad sería caro, se necesitaría mucho tiempo para construirlo y al principio quizá tendría cinco o seis clientes. A Huang, por supuesto, le encantó la idea.

Huang llamó a su primer simulador la plataforma de entrenamiento robótico «Isaac». Con el tiempo, Isaac dio lugar a un producto más complejo llamado Omniverse, que Huang describió a veces como un «metaverso industrial» y otras como el «gemelo digital» de la Tierra. Omniverse no sería un producto físico que vendería Huang, sino un patio de recreo digital de alta fidelidad que alquilaría. Y no solo a los robots, sino también a los coches, a los diseñadores industriales, a los constructores de almacenes y a todo aquel que quisiera hacer funcionar productos físicos complicados en el mundo real sin antes romper nada. Ko, utilizando RV, le había construido una nave espacial. Con el Omniverse, Ko podría haber construido cualquier cosa.

A FINALES DE 2017, Nvidia había triplicado sus beneficios hasta los 3.000 millones de dólares, con un crecimiento vertiginoso en todas sus líneas de producto. La olvidada empresa de tarjetas gráficas era ahora un actor de Wall Street con una capitalización de mercado de 100.000 millones de dólares. Aun así, si en 2017 le hubiéramos preguntado al ciudadano medio qué producto fabricaba Nvidia, la respuesta probablemente habría sido hardware para gráficos o minería de criptomonedas. En realidad, eso no es del todo cierto: si en 2017 le hubiéramos preguntado al ciudadano medio de la calle sobre Nvidia, seguramente no habría tenido ni idea de qué estábamos hablando. Pero, para la pequeña fracción del público que sí lo sabía, Nvidia seguía asociándose principalmente con los videojuegos.

Solo los inversores más avispados comprendieron que Nvidia ya no era una empresa de gráficos de consumo. Era una empresa de IA. Era la empresa de IA. Y, de repente y sin hacer ruido, la IA estaba en todas partes: reconociendo rostros humanos, recomendando productos, organizando los *feeds* de las redes sociales y mejorando la calidad de la voz en los teléfonos móviles. Como había observado Marc Andreessen, de un modo u otro, casi todo dependía de la pila de computación de Nvidia. Los inversores que habían tenido la valentía de seguir a Huang durante la época oscura se vieron recompensados, y los gestores de cartera de Fidelity que habían interrogado a Huang en Boston en 2013 ahora estaban encantados con su posición sobredimensionada y en constante crecimiento en lo que se estaba convirtiendo rápidamente en la mejor inversión del mercado bursátil. Con CUDA, Switch, los premios Nobel, las criptomonedas y la nube, Nvidia había dejado atrás para siempre el estancamiento empresarial. Sin embargo, ninguno de estos productos, ni siquiera el intento de Huang de clonar la realidad, podría haberle preparado a él, a sus clientes o a sus inversores para la metamorfosis que estaba a punto de producirse.

QUINCE

El transformer

Al igual que Wolfgang Mozart nació para la música y Stephen Curry para el baloncesto, Jakob Uszkoreit nació para el oscuro campo de la lingüística computacional. Su padre, Hans, era un aclamado investigador que se había pasado la vida intentando enseñar a los ordenadores a procesar el lenguaje. Jakob había querido hacer algo diferente con los ordenadores, quizá algo relacionado con la biología, pero, tras ser contratado en Google en 2008, pronto se dio cuenta de que el procesamiento del lenguaje era uno de los problemas más interesantes. Uszkoreit se rindió al destino y entró en el campo de su padre. En pocos años le superaría para siempre.

Uszkoreit era apuesto, de rasgos teutónicos duros y ojos color castaño oscuro. Llevaba el pelo largo y a menudo recogido en un moño masculino. Nació en Estados Unidos, se había criado en Alemania y hablaba inglés con un ligero acento. En Google, Uszkoreit reflexionaba sobre las estructuras gramaticales ocultas que hacían funcionar el lenguaje. Quizá se pudiera dar forma a esas mismas estructuras a partir de la matriz de red neuronal de pesos de partida aleatorios.

Los primeros esfuerzos lingüísticos con redes neuronales habían sido frustrantes. Después de utilizar distintos entrenamientos, los modelos seguían cometiendo errores gramaticales elementales. Enseñar gramática al ordenador de forma explícita, como un profesor de latín de instituto, era un planteamiento que no funcionaba. En su lugar, los investigadores intentaron implementar memorias a largo y corto plazo dentro de redes neuronales «recurrentes», pero esta arquitectura era exigente y difícil de programar. Cuando se exponían a más texto, las redes neuronales recurrentes a veces incluso se desentrenaban y olvidaban cosas que ya sabían.

Uszkoreit quería una red neuronal que fuera más inteligente cuanto más leyera. Durante 2014 se le ocurrió una idea innovadora. Si más datos iban a dar mejores resultados, la estructura subyacente para procesar la información debía ser lo más sencilla posible. Su inspiración fue la biología porque los escáneres médicos sugerían que, de los cien mil millones de neuronas que se calcula que hay en el cerebro humano, menos del 1 % se dedicaban al procesamiento del lenguaje. «Probablemente el lenguaje evolucionó así para aprovechar nuestras capacidades cognitivas de una manera bastante óptima», dijo en una entrevista en 2023.

Uszkoreit decidió modelar el lenguaje utilizando únicamente el contexto. Eliminó todas las estructuras de memoria y las sustituyó por un simple gráfico de conocimiento. Las palabras en sí no significaban nada, aisladas eran grupos arbitrarios de sonidos. La única forma de captar su significado era establecer vínculos entre ellas y otras palabras del texto. Así, si disponía de un gráfico de conocimiento que relacionaba las palabras «salto», «verde», «lengua», «moscas» y «anfibio», sabía lo suficiente para adivinar que la palabra del centro era «rana». No solo eso, sino que el gráfico debía tener el mismo aspecto en alemán, francés, suajili o vietnamita. La palabra no eran las letras «r», «a», «n» y «a», las letras solo eran marcadores de posición. La palabra, en un sentido cognitivo, era ese mapa único de vínculos con el resto del vocabulario.

Para capturar esta relación, Uszkoreit definió cada palabra como un árbol de pesos estáticos. Por ejemplo, si se le pedía que considerara la frase «El ________ naranja que atrapó al ratón marrón», la red neuronal podría adivinar que lo más probable era que «gato» fuera la palabra que faltaba porque había detectado muchos pares «gato/ratón» en su conjunto de entrenamiento. «Gato» también podría tener una relación relativamente fuerte con «atrapó» y quizás con «comió», pero más débil con «marrón» y bastante débil con «el». Quizás, con suficientes ejemplos de entrenamiento, el ordenador también podría llegar a entender que «naranja» era un adjetivo que modificaba al sustantivo «gato» sin recibir nunca instrucciones gramaticales explícitas. Los sustantivos comunes eran fáciles de mapear de este modo, pero otras palabras eran más difíciles. Por ejemplo, al analizar la palabra «*unhappiness*» («infelicidad» en español), el hablante nativo de inglés entendía implícitamente el prefijo negador «un», la palabra raíz «*happi*» y el sufijo «*ness*», utilizado para convertir un adjetivo en sustantivo. Para modelar mejor estas relaciones, Uszkoreit dividió las palabras en fragmentos llamados «tokens». Y también los conectó en un árbol de pesos estadísticos.

Uszkoreit llamó a este mecanismo de aprendizaje «autoatención». La recepción en Google fue fría: parecía demasiado simple para funcionar. «La gente levantaba las cejas porque desechaba todas las arquitecturas neuronales existentes», dijo Uszkoreit. Incluso su padre se mostró escéptico. Pero Uszkoreit estaba diseñando para la GPU. La arquitectura de redes neuronales recurrentes no aprovechaba el hardware de Nvidia. De hecho, luchaba contra la arquitectura paralela, minimizando la entrada de datos y maximizando el código sofisticado. Uszkoreit, viendo la analogía con el cerebro, quería hacer lo contrario, canalizar cantidades masivas de texto, palabras y potencia de cálculo a través de un embudo sencillo pero elegante. Uszkoreit esbozó su idea en 2023: «Si te dan hardware que tiene la gran ventaja principal de hacer montones y montones de operaciones sencillas en paralelo, en lugar de operaciones complicadas y estructuradas secuencialmente, esa es la propiedad estadística que realmente quieres aprovechar».

EL MECANISMO DE «AUTOATENCIÓN» tuvo un éxito inmediato y algunas de sus facetas se lanzaron en los productos de búsqueda y publicidad de Google. Uszkoreit quería ir más allá y convenció a Illia Polosukhin, un campeón de la programación que trabajaba con él en GooglePlex, para que se uniera a este grupo de investigación. Polosukhin también estaba fascinado por los fundamentos biológicos del lenguaje. «Las imágenes son interesantes y obviamente contienen muchos conocimientos del mundo, pero hay miles de especies que pueden ver», me dijo. «Solo una especie puede comprender el lenguaje de verdad».

Polosukhin estaba dándole vueltas a cómo aplicar el mecanismo de autoatención cuando fue a ver la película de Denis Villeneuve *La llegada* (2016). En la película, unos alienígenas «heptápodos» parecidos a calamares intentan comunicarse con los humanos pintando misteriosas manchas de tinta circulares. Una lingüista, interpretada por Amy Adams, al final acaba dándose cuenta de que cada mancha de tinta representa un cuerpo de texto único y unificado. Luego empieza a ver el futuro, pero de momento nos quedaremos con las manchas de tinta. Polosukhin se dio cuenta de que la «autoatención» podía desplegarse de un modo máximo similar, vinculando probabilísticamente cada palabra del árbol no solo con otras palabras de la frase, sino también con miles de otras palabras a lo largo de todo un texto. Incluso una palabra que hubiera aparecido muchos párrafos antes podría proporcionar una pista contextual sobre el significado de la palabra siguiente.

Ashish Vaswani, otro investigador de Google, se unió a Polosukhin y Uszkoreit y, a principios de 2017, los tres habían construido un traductor rudimentario del inglés al alemán basado en el mecanismo de autoatención. Polosukhin y Uszkoreit habían contribuido con anterioridad a un programa interno de Google llamado «autobot», que intentaba escribir páginas de Wikipedia de forma automática. El nuevo mecanismo de autoatención se llamó «transformer».

En los meses siguientes, el equipo incorporó a cuatro investigadores más y, en febrero de 2017, el traductor alemán-inglés competía con las mejores redes recurrentes. En ese momento, Noam Shazeer, un veterano de Google que trabajaba para la empresa desde el año 2000, se incorporó como octavo y último miembro del equipo. Shazeer era un programador experto que se sentía frustrado por las redes neuronales recurrentes y quería una alternativa. Junto con el programador galés Llion Jones, mejoró el transformer y pasó de ser un proyecto de investigación a un software de producción de calidad. A medida que el equipo introducía más datos en el transformer, los resultados mejoraban y superaban a la plataforma pública Google Translate. «Lo que vimos fue que, a medida que aumentaba su tamaño, ¡era claramente más inteligente!», dijo Shazeer. «Eso no sucedía con nuestro trabajo preexistente».

Las arquitecturas de redes neuronales anteriores habían intentado construir frases o incluso párrafos. El transformer trabajaba prediciendo exactamente una palabra cada vez, basándose en las relaciones probabilísticas. Solo una palabra, eso era lo máximo que podía anticipar. «Al aprender a generar secuencias en orden, se ve obligado a aprender comportamientos extremadamente complejos», dijo Aidan Gómez, un miembro del equipo. «Una de las cosas más bonitas es un efecto secundario de esto». Pronto, el modelo transformer demostró que podía «comprender nuestra cultura, nuestro lenguaje y las interacciones entre nosotros».

Jones se dio cuenta de que, si el transformer devolvía siempre la palabra más adecuada, la prosa podía resultar un poco tosca, así que, como un escritor que recurre a un diccionario de sinónimos, puso en marcha una función de «búsqueda por haz» que permitiera al transformer elegir entre varias palabras candidatas. «Si usas la primera palabra, luego la segunda, luego la tercera y de nuevo la primera, a menudo obtienes un resultado mejor que si eliges siempre la primera», me dijo. «Fue una pesadilla implementarlo, pero, una vez hecho, fue cuando obtuvimos por primera vez resultados más avanzados».

Para entender mejor lo que hacía el transformer, Jones también programó una herramienta de visualización que representaba la fuerza de las relaciones estadísticas entre palabras con líneas de distinto grosor. Le pasó un par de frases notablemente difíciles. La primera frase decía: «El animal no cruzó la calle porque estaba demasiado cansado». La segunda frase decía: «El animal no cruzó la calle porque era demasiado ancha». Para analizar correctamente el par de frases, el transformer tendría que saber que «cansado» solo podía describir un animal y que «ancha» solo podía describir a una calle. Para su asombro, la visualización de Jones demostró exactamente esa relación. «Era uno de los problemas más antiguos de la lingüística computacional, ¡y ni siquiera estábamos intentando resolverlo!», dijo. «Simplemente sucedió».

El lenguaje tenía muchas estructuras profundas e implícitas similares, algunas de ellas probablemente eran invisibles para los lingüistas. «No es que el modelo se limite aprender relaciones adjetivo-sustantivo. También aprende cosas mucho más complejas que probablemente ni siquiera tenemos palabras para describir», dijo Gómez. Por ejemplo, los hablantes nativos de inglés siguen un orden implícito para la colocación de adjetivos, sabemos decir «an old Canadian maple tree» (un arce viejo canadiense) y no «a maple Canadian old tree» (un árbol de arce canadiense viejo). Con el transformer, se ha capturado esa intuición lingüística en un programa informático.

Si AlexNet había sido el primer aeroplano, una prueba de concepto desvencijada, el transformer era el motor a reacción. Shazeer y Uszkoreit, trabajando juntos en una pizarra blanca, se aseguraron de que todo lo relacionado con el transformer estuviera diseñado para adaptarse a una arquitectura a hiperescala, con cantidades ingentes de datos, un gran número de parámetros y clústeres masivos de GPU. A medida que el proyecto cobraba impulso, el trabajo se volvía frenético; tras uno de los últimos periodos de trabajo intensivo hasta altas horas de la noche, Vaswani, con falta de sueño, recordaba haber visto neuronas en la cortina de la oficina.

En la fase final, el equipo realizó «amputaciones», es decir, desactivó deliberadamente partes del código del transformer para comprender las contribuciones que habían hecho. Pero las amputaciones tuvieron el resultado inesperado de hacer que la función principal del transformer funcionara aún mejor. Shazeer eliminó tanto código adyacente que al final se quedó casi sin nada. En su interpretación más primitiva, el transformer apenas tenía más de veinte líneas de código.

Pero ¡qué podía hacer! Mientras preparaban la publicación de su artículo fundamental, el equipo experimentó alimentando el transformer con bibliotecas de música y archivos de arte visual. Al igual que el transformer podía predecir con exactitud la siguiente palabra más probable de una frase, también podía predecir la siguiente nota más probable de una sinfonía o el siguiente píxel más probable de una obra de arte. Pronto, el transformer estaba componiendo música y pintando obras de arte reconocibles. Esta arquitectura elegante, diseñada para hacer lo más sencillo que se pueda concebir, dar un paso cada vez, era como una llave maestra para IA. En 2017, el equipo publicó sus resultados en la revista *Neural Information Processing Systems*, que había publicado los resultados originales de AlexNet. El artículo necesitaba un nombre, así que Jones, canalizando a los Beatles, sugirió «*Attention Is All You Need*». Era una broma improvisada que no creía que el equipo fuera a utilizar de verdad. Más tarde, conocería a gente con la frase tatuada en el brazo.

En julio de 2017, poco antes de publicar sus resultados, Shazeer y el miembro del equipo Lukasz Kaiser hicieron un experimento. En lugar de pedirle a la máquina transformer que tradujera textos preexistentes, le pidieron que ingiriera un corpus de millones de artículos de Wikipedia y generara un texto nuevo basado en lo que había leído. Como entrada introdujeron una única petición: «Escribe un artículo sobre el transformer». Salió una descripción de mil palabras de un grupo punk japonés de la nueva ola conocido como Transformer. El artículo era completamente alucinante porque ese grupo no existía. Pero el texto era fluido, estaba escrito con seguridad e incluso incluía notas a pie de página inventadas. Gómez sintió que su línea de tiempo para el progreso se derrumbaba. «Una noche te acostabas y los modelos apenas sabían deletrear», dijo. «Pensábamos que en unas décadas tendríamos modelos capaces de escribir en un inglés convincente, ¡y de repente aparece!».

El equipo de transformer esperaba que Google convirtiera la tecnología en productos de consumo, pero la dirección no veía el valor de la tecnología. Los miembros del equipo pensaron que el monopolio de búsqueda de Google había dado lugar a una empresa hinchada y burocrática poco dispuesta a asumir riesgos. «Nos decían: "Oye, no podemos lanzar nada que no encaje en el cuadro de búsqueda"», dijo Polosukhin. «Quince años antes, habríamos lanzado algo malo. Luego iteramos, aprendemos y mejoramos, mejoramos, mejoramos, mejoramos, hasta que es realmente bueno de verdad. En algún momento, perdimos esa mentalidad».

Los autores del transformer empezaron a desertar hacia empresas emergentes; en 2023, los ocho investigadores originales del transformer se habían marchado. Shazeer fue cofundador del popular servicio de *bot* conversacional Character.ai que se vendió en 2024. Desertar tiene recompensa. Jones, el último en marcharse, sigue elogiando a su antiguo empleador. Recordó a sus eclécticos colaboradores, cada uno con puntos de vista y capacidades únicas, que se habían unido orgánicamente en torno a un tema prometedor. «Solo Google podría haber desarrollado este producto», dijo. Probablemente era cierto, pero la incapacidad de Google para capitalizar el transformer dejó un hueco enorme en el mercado para que otro lo llenara.

OpenAI había resistido desde que Huang presentó el DGX-1. El primer trabajo de investigación de la empresa fue un «jugador artificial» que destacaba en *Dota 2*, un juego de estrategia en tiempo real. Algunos miembros de la organización se preguntaron si este era el mejor uso que podían hacer de su talento de primer nivel. Elon Musk se sintió frustrado por la aparente falta de progreso de OpenAI y empezó a intentar atraer a sus ingenieros para que se unieran a él en Tesla. La situación llegó a un punto crítico en febrero de 2018, tras una tensa disputa en la sala de juntas que dejó a Musk al margen y a Sam Altman, el antiguo director de Y Combinator, al mando. En su última reunión con la organización, Musk les dijo a los empleados que se iba para dedicarse a su propia investigación de IA en Tesla. «Después de que un joven investigador desafiara la decisión de Musk, sugiriendo que exacerbaría la carrera armamentística de la IA, Musk llamó al investigador "estúpido" y salió furioso del edificio», informó *The Wall Street Journal*.

Ilya Sutskever se quedó. El coautor de AlexNet había seguido publicando trabajos de investigación importantes y ahora rivalizaba con su mentor Geoffrey Hinton como uno de los académicos más citados en este campo. Sutskever se centraba en la IA y excluía todo lo demás, incluido, cada vez más, el aseo personal: su barba tenía un aspecto enmarañado y desaliñado, sus cejas eran gruesas y las llevaba sin recortar, y se podía ver la mayor parte de su cuero cabelludo a través de su pelo fino y escaso. Su punto fuerte, como había observado Hinton, era la rapidez con la que podía pivotar hacia una buena idea.

En la época del berrinche de Musk, Sutskever había visto a Shazeer presentar el transformer en una conferencia. Se dio cuenta enseguida de la potencia de la arquitectura y volvió a las oficinas de OpenAI para aconsejar a sus colegas que deberían abandonar de una vez el jugador automático para construir algo que podía cambiar el mundo. «Literalmente al día siguiente, para mí estaba claro, y para nosotros, que el transformer abordaba las limitaciones de las redes neuronales recurrentes», dijo Sutskever. «Cambiamos a los transformers de inmediato». Altman, ahora al mando, se mostró de acuerdo con el cambio de estrategia.

Sutskever quería utilizar el transformer para crear un producto que proporcionara texto de alta calidad legible por humanos y respondiera a cualquier pregunta imaginable. Había visto la prueba de concepto de Shazeer y Kaiser con los artículos falsos de Wikipedia y pensó que podía ampliarse. En primer lugar, el modelo se «preentrenaría» con un gran grupo de textos. A continuación, generaría su propio texto. Combinando el propósito, el método y la arquitectura, llegó al «Generative Pre-Trained Transformer», o GPT.

GPT-1 se lanzó en junio de 2018. Aprendió a leer utilizando BookCorpus, una colección de alrededor de siete mil libros electrónicos gratuitos y autopublicados. Ciencia ficción, novela rosa, misterio y fantasía eran los géneros predominantes; muchos de los libros eran copias de *Crepúsculo*. A partir de este currículo de ficción vampírica de tercera clase, el primer GPT era tan malo como se podría esperar, respondiendo a las preguntas de los usuarios con un torrente de tonterías dadaístas. Musk no quedó impresionado y, tras el lanzamiento de GPT-1, envió a OpenAI un desagradable correo electrónico. «Mi evaluación de la probabilidad de que OpenAI sea relevante para DeepMind/Google sin un cambio drástico en la ejecución y los recursos es del 0 %», escribió.

Aun así, OpenAI tenía la libertad de lanzar algo malo; a diferencia de Google, incluso podía lanzar algo terrible y luego mejorar, mejorar, mejorar. GPT-1 era malísimo, pero demostró que algo así podía funcionar. La clave para un sistema mejor, como Sutskever había comprendido tiempo atrás en 2012, era la escala.

GPT-2 se lanzó ocho meses después. Después de graduarse en el programa de novela rosa vampírica, el modelo se entrenó absorbiendo unos ocho millones de páginas web que contenían alrededor de seis mil millones de palabras individuales. En ocasiones, el producto final podía producir textos indistinguibles de los de un ser humano. Los investigadores de OpenAI le pidieron una historia y le dieron a GPT-2 la siguiente instrucción: «En un sorprendente hallazgo, los científicos descubrieron una manada de unicornios viviendo en un valle remoto, nunca antes explorado, en la cordillera de los Andes. Aún más sorprendente para los investigadores fue el hecho de que los unicornios hablaban un inglés perfecto».

GPT-2 ejecutó la instrucción:

> El científico bautizó a la población, por su característico cuerno, con el nombre de Unicornio de Ovidio. Estos unicornios de cuatro cuernos y color blanco plateado eran hasta entonces desconocidos para la ciencia. Ahora, después de casi dos siglos, por fin se ha resuelto el misterio de lo que provocó este extraño fenómeno.

Utilizando únicamente relaciones estadísticas para adivinar la siguiente palabra de la frase, GPT-2 produjo una prosa mejor de lo que lo había hecho nunca cualquier otro modelo lingüístico. A continuación, Sutskever y su equipo empujaron a GPT-2 fuera de su zona de confort, formulando preguntas de «disparo cero» que no tenían respuesta directa en ninguna de las páginas web. «¿Quién escribió el libro *El origen de las especies*?», preguntaron. «Charles Darwin», respondió GPT-2. Correcto. «¿Cuál es la mayor cadena de supermercados del Reino Unido?», preguntaron. «Tesco», respondió. Correcto. «¿Quién interpretó a John Connor en el *Terminator* original?», preguntaron. «Arnold Schwarzenegger», respondió. Incorrecto: Schwarzenegger interpretó al ciborg. «¿Qué río se asocia con la ciudad de Roma?», preguntaron. «El Tíber», respondió. Correcto.

La capacidad de GPT-2 para responder a preguntas nuevas sin entrenamiento explícito era un ejemplo de las propiedades «emergentes» en IA. Estas habilidades y comportamientos inesperados fueron apareciendo a medida que los modelos crecían, sorprendiendo incluso a los investigadores. Una vez que un modelo cruzaba el umbral de lo emergente, nadie, ni siquiera sus diseñadores, podía decir lo que era completamente capaz de hacer.

Por supuesto, GPT-2 tenía muchas limitaciones. Era terrible resumiendo argumentos y podía tropezar contando hasta diez. Aun así, Sutskever, al ver estas capacidades, empezó a preguntarse si el transformer era un primer paso hacia la «inteligencia general artificial» o AGI (*Artificial General Intelligence*). Una forma de definir AGI era como un software capaz de realizar cualquier tarea que pudiera realizar un ser humano. Sutskever, construyendo versiones cada vez más sofisticadas de GPT, volvió a plantearse las mismas preocupaciones que habían impulsado la fundación de OpenAI. ¿Y si una AGI pudiera hacer su propia investigación de IA, aumentando su propio intelecto en un bucle de retroalimentación infinito? ¿Había un punto de inflexión en el que, como había postulado Bostrom, durante unos instantes la IA pasaría de ser más o menos inteligente a hiperinteligente? ¿Sus operadores humanos serían capaces de comprender lo que estaba ocurriendo? ¿Esta AGI les permitiría sobrevivir?

Sutskever no creía que la generación actual de arquitectura de red neuronal condujera directamente a AGI. Pero ¿y el siguiente avance? En poco más de cinco años, había visto cómo la IA avanzaba a pasos agigantados en dos ocasiones distintas. Seguramente, razonó, en algún lugar alguien estaba trabajando en la próxima AlexNet, el próximo transformer. ¿Y entonces? La pregunta empezó a consumir a Sutskever, nadie podía decir qué podía pasar una vez cruzado el umbral de AGI.

Sin embargo, estas preocupaciones no limitaban sus ambiciones. Los investigadores describieron el tamaño de los modelos por el número de pesos individuales, o «parámetros», que contenían. Cada parámetro equivalía aproximadamente a una sinapsis en un cerebro biológico. El GPT-1 tenía unos 100 millones de parámetros, lo que lo situaba en el territorio de los insectos. GPT-2 tenía 1.500 millones, el equivalente a un lagarto pequeño. Para su siguiente modelo, Sutskever se fijó como objetivo 100.000 millones de parámetros, el equivalente a un roedor.

Entrenar esta estructura neuronal requería mucha potencia de cálculo. Solo los costes de electricidad la convirtieron en una de las aplicaciones de inteligencia informática más caras jamás desarrolladas, un primer indicador de lo que estaba por venir. Altman, ahora el director general, se dio cuenta de que no podía recaudar suficiente dinero a través de donaciones sin ánimo de lucro para satisfacer las ambiciones de Sutskever, por lo que en 2019 anunció que OpenAI lanzaba una filial de «beneficio limitado» que limitaba el retorno de la inversión de los patrocinadores a un simple 100× (multiplicar por cien el capital invertido). «Sería prudente considerar cualquier inversión en OpenAI Global LLC con el espíritu de una donación, en el entendimiento de que puede ser difícil saber qué papel desempeñará el dinero en un mundo post-AGI», decía el comunicado de prensa adjunto.

El mayor «donante» inicial fue Microsoft, que invirtió 1.000 millones de dólares en OpenAI, aceptando una modesta remuneración potencial de 100.000 millones. Tal vez llegaría un mundo que estuviera por encima del dinero, pero, hasta que llegara ese día, Microsoft seguiría acumulando más. La inversión representaba multiplicar por un millón los 1.000 dólares con los que Krizhevsky y Sutskever habían comprado dos GeForce siete años antes. Pero ni siquiera eso bastaba para satisfacer el apetito de Sutskever. Posiblemente, el cerebro humano tenía unos doscientos billones de sinapsis; con AGI o sin ella, OpenAI pretendía superarlo. Nvidia ya estaba montando la pila de computación que Sutskever necesitaría para conseguirlo, una solución integrada del tamaño de un almacén que Huang ya no denominaba superordenador o centro de datos, sino «fábrica de IA».

DIECISÉIS

Hiperescala

Ahora a Huang solo le interesaba la escala. No veía la IA como una superinteligencia emergente de las máquinas y desdeñaba las analogías directas con la biología. Para él, la IA solo era un programa informático que se ejecutaba en hardware que vendía su empresa. Imponía este punto de vista en sus discursos a toda la empresa y, como resultado, los empleados de Nvidia hablaban de las capacidades de la IA con bastante menos entusiasmo del que se podría esperar.

Y quizás, desde la perspectiva de Huang, las redes neuronales no eran el verdadero logro; el verdadero logro era la extraordinaria cantidad de potencia computacional que estaba consiguiendo empaquetar en los centros de datos. En la conferencia GTC de 2018, Huang observó que las GPU de Nvidia habían multiplicado por veinticinco la velocidad de procesamiento en solo cinco años, dejando atrás la ley de Moore. A continuación, enseñó un gráfico que mostraba cómo AlexNet, que tardó una semana en entrenarse en sus tarjetas gráficas de 2012, podía hacerlo en su ordenador nuevo, el DGX-2, en solo dieciocho minutos. «Hay una ley nueva en vigor», dijo, «una ley sobrealimentada».

Huang también tenía su propia perspectiva de los centros de datos. Para él, estos ordenadores gigantes no eran una aglomeración de muchos procesadores, sino que todos ellos eran un solo procesador trabajando como un sistema unificado en un único problema. De hecho, los miles de GPU estaban transfiriendo bits por el centro de datos a tal velocidad que estaban obstruyendo la infraestructura de red.

Para solucionar el problema, Huang tuvo que ir de compras. El estándar de red más rápido del mundo era Infiniband, diseñado por la empresa israelí Mellanox. Eyal Waldman, fundador de Mellanox, era un empresario en serie corpulento y charlatán que compartía el gusto de Huang por la exageración especulativa. En un principio, había desarrollado Infiniband para el nicho de mercado de la supercomputación, gastando más en desarrollar la tecnología de lo que ese mercado prometía devolver. Al igual que CUDA, Infiniband era un producto potente en busca de un cliente.

Pero, como Huang había descubierto, el planteamiento «campo de sueños» agitaba a los inversores. La sobreinversión en capacidad provocó un descenso de los beneficios, el descenso de los beneficios provocó un descenso de las cotizaciones bursátiles, el descenso de las cotizaciones bursátiles provocó el descontento de los accionistas y el descontento de los accionistas, inevitablemente, como una «batseñal» del universo cinematográfico de Wall Street, provocó la aparición de Jeff Smith, el mismo asaltante de empresas que había considerado a Nvidia un objetivo en 2013.

En 2017, Smith se había consolidado como uno de los mejores inversores del mundo, con rentabilidades anuales superiores al 15 %. Su empresa, Starboard Value, comenzó a acumular acciones de la Mellanox con bajo rendimiento, y pronto poseyó una décima parte de la compañía. Huang se las había arreglado para ahuyentar a Smith, pero Waldman no tuvo tanta suerte. Starboard hizo la misma maniobra que en Olive Garden e intentó expulsar a los once miembros del consejo de Mellanox en una sola elección. Waldman pospuso la reunión del consejo en un intento por conseguir los votos que necesitaba para sobrevivir; al mismo tiempo, Smith presionó a los inversores de Mellanox para que lo echaran. Se avecinaba una épica lucha de poderes, pero, al final, Waldman cedió y concedió tres puestos en el consejo. Con el escuadrón de matones sentado en el otro lado de la mesa de conferencias, Waldman anunció que ponía Mellanox a la venta.

Al menos lo hizo en el momento oportuno. A medida que la computación en la nube crecía a finales de la década de 2010, Infiniband pasó a suministrarla. Los cables, los *switches*, los *routers*, los procesadores de red; en un centro de datos al nivel de un Lamborghini no se podía confiar en el manido estándar Ethernet. Waldman, bajo coacción, consiguió atraer ofertas de siete proveedores de la nube diferentes. En marzo de 2019, Nvidia ganó la guerra de ofertas, superando a Intel con una oferta de 7.000 millones de dólares. Cuando el acuerdo se cerró en 2020, Nvidia incorporó tres mil empleados nuevos y Mellanox pasó a llamarse Nvidia Israel.

El acuerdo significó pagarle a su amienemigo Smith, pero eso apenas le preocupaba a Huang. Estaba trabajando mucho con las canalizaciones de datos, el ingrediente que faltaba para que sus fábricas de IA dejaran de ser un simple cerebro y se convirtieran en algo más parecido a un sistema nervioso integrado, un ejemplo de sinergia empresarial tan auténtico como poco común. Smith dobló su dinero, pero los acontecimientos posteriores demostraron que Huang se llevó la mejor parte del trato. «Acabó siendo una de las adquisiciones empresariales más rentables de los últimos tiempos», dijo Mark Stevens, miembro del consejo de administración. Starboard, en una declaración corporativa posterior, expresó su admiración por el hombre al que una vez intentaron presionar. «Jensen Huang es un auténtico visionario en este sector», señaló secamente el comunicado.

Después de Mellanox, Huang decidió tentar a la suerte. En septiembre de 2020 ofreció 40.000 millones de dólares para comprar ARM, una empresa con sede en el Reino Unido que diseñaba procesadores. Se trataba de la mayor fusión de semiconductores jamás propuesta, luego resultó que era demasiado grande. En 2021, los organismos reguladores de EE. UU. presentaron una demanda para bloquear la operación, alegando que suprimiría la innovación. Huang, que no estaba dispuesto a enfrentarse a los federales, anuló el acuerdo poco después. Los reguladores chinos y del Reino Unido también eran escépticos. Para entonces, Intel y Nvidia competían acaloradamente por el mercado de los centros de datos, al igual que AMD. Permitir que una empresa se integrara verticalmente podría haber ahogado la competencia de las otras dos.

La posición de Nvidia en el mercado le permitía cobrar precios elevados, y el margen bruto de beneficios de sus procesadores de IA podía superar el 90 %. Este porcentaje atrajo a la competencia del mismo modo que el cebo atrae a los tiburones. Buscando reducir su dependencia de Nvidia, Google y Tesla habían desarrollado hardware de entrenamiento de IA. Numerosas empresas de nueva creación también luchaban por el mercado. Una de ellas era Cerebras, que fabricaba un «megaprocesador» del tamaño de un plato llano. «Están extorsionando a sus clientes y nadie lo dirá en voz alta», dijo Andrew Feldman, director general de Cerebras, refiriéndose a Nvidia.

En ocasiones, los observadores se preguntaban si la posición de Nvidia era sostenible. AMD e Intel ofrecían alternativas de código abierto a CUDA, y estas alternativas liberaban a los clientes de la escalera de hardware de Nvidia, lo que les podía ahorrar miles de millones de dólares. Pero pocos investigadores de IA utilizaban los productos de AMD o Intel. ¿Por qué?

Le hice esta pregunta a mucha gente estupenda y recibí respuestas muy diversas. Uno de los errores más comunes era pensar que era técnicamente difícil abandonar CUDA. En realidad, era fácil. A veces, los desarrolladores solo tenían que modificar un par de líneas de código. Otro error común era que los compradores de hardware corporativo iban sobre seguro. «Nunca han despedido a nadie por comprar Nvidia», dijo Hans Mosesmann, haciéndose eco de una vieja frase sobre IBM. Pero, cuando realmente hablé con un comprador de hardware, me dijo que experimentaba constantemente con productos de la competencia, y expresó un nostálgico deseo de que algún día apareciera un equivalente más barato. «Este material es jodidamente caro», dijo refiriéndose a la pila informática de Nvidia.

La razón del éxito de Nvidia no fue que sus circuitos fueran mejores. La razón fue que su software era mejor. Solo una pequeña parte de las ganancias de rendimiento procedían de la estrategia clásica de colocar más transistores en el procesador, la ley de Moore había muerto. El resto procedía de Bill Dally, Ian Buck y los otros científicos de Nvidia que aceleraban las multiplicaciones de matrices con trucos de magia numérica. Los ingenieros de Nvidia enseñaron a la GPU instrucciones nuevas que actuaban como solucionadores de velocidad en un cubo de Rubik. Sustituyeron el lenguaje nativo del procesador por tipos de datos de baja fidelidad feos pero eficaces, algo así como pasar de la caligrafía a la taquigrafía. Recortaron las sinapsis «muertas» de las matrices, eliminando información improductiva de la red neuronal a la manera de la máquina del olvido de *¡Olvídate de mí!* Entre 2012 y 2022, Nvidia multiplicó por mil la velocidad en el rendimiento de la inferencia de IA en un solo procesador, muy por encima de lo que la ley de Moore había logrado hasta entonces. Únicamente un 2,5 de ese aumento de velocidad procedía de transistores; la mayor parte del 400 restante procedía de la caja de herramientas matemáticas de Nvidia. «Sinceramente, AMD puede fabricar silicio tan bien como nosotros», dijo Arjun Prabhu. «Simplemente no pueden hacer que los cálculos vayan tan rápido».

Además de este potente motor, Nvidia creó herramientas específicas del sector para programadores especializados. Estaba «Drive» para la investigación automovilística, «BioNeMo» para el descubrimiento de fármacos, «Clara» para las imágenes médicas, «Morpheus» para la ciberseguridad y «Highlights» para capturar disparos mortales en Fortnite. En la década de 2020, Nvidia ofrecía casi trescientos de estos kits de herramientas que abarcaban una cartera de juegos, animación, ciencia planetaria, climatología, matemáticas, física, finanzas, bioquímica y computación cuántica. Estos paquetes de software estaban disponibles de manera gratuita para que los usara cualquiera, sin pagar licencias, y Huang los puso en manos de los científicos como una abuela que distribuye segundas raciones de comida. Los llamaba sus «tesoros».

Por supuesto, Huang no era ningún altruista. Su objetivo a largo plazo era utilizar este software libre para obligar a los investigadores a seguir el ciclo de actualizaciones de hardware de Nvidia. A principios de 2024, un administrador del centro de datos de CalTech me dijo que el tiempo de espera de la escuela para la entrega de un procesador H100 era de casi dieciocho meses. Había animado a los profesores del centro a cambiar de proveedor, pero encontró pocos dispuestos a aceptar. «Preferían esperar al hardware antes que abandonar CUDA», dijo. Era todo este código lo que hacía difícil competir con Nvidia. Los advenedizos podían diseñar un procesador nuevo, pero eso no bastaba. Dwight Diercks, jefe de ingeniería de software de Nvidia, tenía a diez mil programadores trabajando para él. «En realidad, somos una empresa de software; eso es lo que la gente no entiende», dijo Diercks.

Al igual que Huang, Diercks nunca aflojaba la presión y ponía a su equipo en un perpetuo periodo de trabajo intensivo para cumplir objetivos y ofrecer las últimas funciones imprescindibles. Trabajar para Diercks era duro, y los antiguos programadores de Nvidia solían mencionar el agotamiento como motivo de su marcha. Deambulando por las naves espaciales con camisa de cuadros y vaqueros, Diercks parecía un ganadero abducido por un ovni, pero su incongruente aspecto disimulaba su obsesión por los plazos de entrega. Los productos de software de Nvidia no siempre eran bonitos ni fáciles de usar, y las interfaces de algunos kits de herramientas llevaban una década desfasadas. Pero Diercks no era una persona que se preocupara por el aspecto; solo le importaba ser el primero. Cuando se abría una nueva y prometedora frontera de la ciencia, él estaba allí de inmediato, distribuyendo su última colección de herramientas de software. Puede que más tarde llegara un competidor con un producto más elegante y barato, pero entonces ya era demasiado tarde porque el estándar de la industria se había establecido. Por eso, Bill Dally me dijo que no le preocupaba la competición del código abierto. «¡Porque la estamos dejando helada!», me dijo. «Siempre vamos un par de generaciones por delante de ellos».

Nvidia no poseía ninguna instalación de manufactura y los empleados estaban acostumbrados a la colaboración remota; por eso, cuando surgió la pandemia de COVID-19, las operaciones apenas se vieron afectadas. Aun así, las cosas se volvieron menos divertidas: se cerró el bar del tercer piso, el GTC pasó a ser virtual y Huang, como todos los demás, se vio obligado a refugiarse en su casa. En julio de 2020, cuando Nvidia superó por fin a Intel en valoración, Huang no pudo celebrarlo en persona. Tampoco pudo presumir de su logro ante su familia porque su hermano pequeño, Jim, seguía trabajando para Intel. En su lugar, Jensen sacó a pasear a sus dos perros. Quizá intuyeron su logro, pero no podía estar seguro.

Pronto, Nvidia también superó a AMD en valoración. Mientras estaba confinado en casa y dirigía la empresa de semiconductores más valiosa del mundo, Huang empezó a preocuparse porque estaba perdiendo el contacto con el frente. Nvidia había crecido demasiado para que Huang entendiera realmente todo lo que estaba pasando, pero delegar no era su estilo. Para mantener la resonancia, necesitaba mantener abierta la comunicación con los empleados de primera línea.

En algún momento en torno a 2020, Huang pidió a todos los empleados de la empresa que le enviaran una lista semanal de las cinco cosas más importantes en las que estaban trabajando. A partir de ese día, todos los viernes recibía veinte mil correos electrónicos. Se fomentaba la brevedad; Huang tomaba muestras al azar de este conjunto de correspondencia hasta altas horas de la noche. A su vez, se comunicaba con su personal escribiendo cientos de correos electrónicos al día, a menudo de pocas palabras. Un ejecutivo comparó los correos electrónicos con haikus y otro con notas de rescate. Su capacidad de respuesta era sobrehumana. «Le enviabas un correo electrónico a las 2:00 de la mañana y recibías una respuesta a las 2:05», dijo Dally. «Luego le volvías a enviar un correo electrónico a las 6:00 y recibías una respuesta a las 6:05».

El revuelo sobre la arquitectura de transformer se filtró hasta Huang mediante estos correos electrónicos. Se decía que OpenAI estaba ejecutando un trabajo en un servidor de Microsoft Azure que había mantenido ocupadas mil GPU durante un mes y había generado una factura de 5 millones de dólares. Se trataba de un modelo nuevo de lenguaje, un modelo de lenguaje «grande», llamado así porque era cien veces mayor que cualquier otro desplegado hasta ese momento.

Huang se dio cuenta de que necesitaba un kit de herramientas nuevo solo para transformers. Le dijo a Bas Aarts que tirara a la papelera su actual compilador de redes neuronales recurrentes y empezara a trabajar inmediatamente en un compilador de transformers. Aarts lo hizo encantado: las estructuras de memoria a largo/corto plazo de las redes neuronales recurrentes (RNN, *Recurrent Neural Network*) le parecían una complicación innecesaria. «Las RNN eran muy difíciles de programar y aún más de compilar», dijo. «Los transformers encajaban mejor en todos los ámbitos».[1]

---

1. El entorno de programación había cambiado mucho en los años transcurridos desde que Aarts escribió el primer compilador CUDA. Antes, los programadores de redes neuronales utilizaban una biblioteca de software llamada Torch, escrita en el lenguaje de programación especializado Lua. En 2016, el grupo de investigación de IA de Facebook transfirió Torch al lenguaje de programación Python, que era fácil de usar y familiar para los investigadores. La estructura PyTorch resultante se convirtió en el estándar del sector e hizo de Python el lenguaje de programación más popular del mundo. A finales de la década de 2010, el flujo de trabajo de IA por defecto estaba más o menos establecido: escribir código en un Python Notebook (entorno de trabajo interactivo) con la biblioteca PyTorch instalada, compilar el código para CUDA, enviarlo a un clúster de GPU de Nvidia para su procesamiento, analizar los resultados en PyTorch y repetir la operación hasta conseguir que pudiera experimentar sentimientos y sensaciones.
PyTorch compitió durante un tiempo con la estructura TensorFlow de Google, pero en la actualidad la cuota de mercado de TensorFlow ha caído hasta llegar a cifras inferiores al 10 %. El consenso entre los programadores es que PyTorch es más fácil de usar y que el apoyo de la comunidad a PyTorch es más sólido. Esta última impresión se debe en gran parte a los incesantes esfuerzos de Piotr Bialecki, un programador alemán que ha publicado casi cuarenta mil veces en los foros oficiales de PyTorch desde que registró su cuenta en 2017. Con un promedio de unas quince publicaciones al día, Bialecki es especialmente útil para conseguir que Python se integre con CUDA, y la aparición de su cara amable en un hilo de comentarios ha servido como faro de esperanza para muchos desarrolladores confundidos. En 2019, Bialecki se incorporó a Nvidia.

Incluso antes del cambio, Aarts había empezado a ser testigo de cosas extrañas y terribles en Nvidia. Allí se hacían demostraciones de productos punteros meses y a veces años antes de que se presentaran al público. Mudo de asombro, Aarts había visto una demostración de transferencia de movimiento en la que una IA había editado una de las películas de *Misión Imposible* en tiempo real, sustituyendo la cara de Tom Cruise por la de alguien que estaba de pie en la sala. «A mí, que no soy un experto en vídeo, me pareció que era perfecto», dijo Aarts. «No pude ver que fuera una falsificación».

Nvidia era aficionada a las escenificaciones teatrales. En algún momento de 2019, en medio de la gran planta vacía de la oficina central Endeavor, de repente apareció un gran pilar negro que Aarts describió como un «obelisco». El obelisco albergaba un terminal en el que se ejecutaba PicassoGAN, una IA que generaba imágenes enfrentando dos redes neuronales entre sí. La capacidad de respuesta de la máquina asombró a Aarts; PicassoGAN podía crear lo que quisieras. «Escribes un comando: dibújame un hombre en un paisaje, con un río, árboles, algunos pájaros y una casita en el fondo», dijo Aarts. «Boom. Ahí está».

Aarts, como todos en Nvidia, había firmado un acuerdo de confidencialidad que le impedía hablar de esa tecnología con el mundo exterior. Esta frustrante experiencia era generalizada en Silicon Valley, porque los miembros del personal técnico, que habían jurado guardar el secreto, no podían hablar de los milagros que se desplegaban ante sus ojos. Hasta 2018, la IA había florecido en un espíritu de colaboración académica abierta. Ahora las innovaciones procedían de la I+D de grupos de trabajo autónomos con proyectos en los que se aplicaba un gran nivel de secretismo. Empezaron a aparecer cuentas crípticas en Twitter insinuando las extraordinarias maravillas que estaban por llegar. «Vi cosas que me hicieron pensar: "Vaya, no puedo creer que esto sea posible en esta época"», dijo Aarts. «La gente no es consciente de lo que ya está pasando. No tiene la menor idea».

Pero Aarts aún no había visto nada.

DIECISIETE

Dinero

En 2020, OpenAI publicó GPT-3, que se entrenó con más de un terabyte de datos de texto, el equivalente a cien mil millones de palabras. Los detalles de esos datos de entrenamiento se ocultaron en una maraña de acuerdos de confidencialidad; análisis posteriores sugirieron que OpenAI había utilizado una interpretación extremadamente liberal de la doctrina del «uso legítimo» para absorber no solo la totalidad de Wikipedia en inglés, sino también una amplia recopilación de enlaces web con derechos de autor, incluidos archivos de *The New York Times* que se remontan a 1851. Además de la ficción de novela rosa vampírica autopublicada, el conjunto de formación también incluía un misterioso segundo plan de estudios de textos etiquetado como «Books2». Muchos especularon con que «Books2» procedía de LibGen, una colección clandestina de cuatro millones de libros electrónicos pirateados que había circulado durante años por sitios de intercambio de archivos entre pares. Jonathan Franzen, John Grisham, Jodi Picoult y George R. R. Martin fueron algunos de los autores de éxitos de ventas que más tarde demandarían a OpenAI por las similitudes entre sus obras y los resultados de GPT, al igual que el *Times*. Luego, el modelo se «puso a punto» con aportaciones humanas para borrar algunas de las respuestas más ofensivas.

GPT-3 asombró a los tecnólogos con sus numerosas capacidades emergentes, incluida la de resolver puzles lógicos y escribir código informático viable.

Aun así, no incendió el ambiente de inmediato y el público lo ignoró en gran medida. El mundo no se dio cuenta hasta finales de 2022, cuando Sutskever y su equipo publicaron «ChatGPT», un bot conversacional para interactuar con los últimos modelos de OpenAI. Los detalles sobre el funcionamiento interno de estos modelos eran confidenciales; para entonces, Microsoft había invertido al menos 10.000 millones de dólares en la filial con beneficios limitados de OpenAI y se resistía a revelar datos privados a la competencia. Lo que sí se puede afirmar es que ChatGPT estaba a punto para la conversación humana porque no solo usaba texto de Internet, sino también transcripciones de vídeos de YouTube y datos de terceras fuentes autorizadas. Las estimaciones conservadoras especulaban con que el modelo tenía un billón de parámetros como mínimo. Si lo traducimos a sinapsis, nos estábamos aproximamos al cerebro de un gato.

ChatGPT se lanzó como prueba beta el 30 de noviembre de 2022, sin marketing ni nivel de suscripción. El portal a la dominación mundial era un sitio web anodino en escala de grises con un cursor parpadeante en el que el usuario podía introducir cualquier comando. En serio, cualquier comando. ¡ChatGPT podía escribir poesía! Y no solo rimas sencillas sin métrica, sino sonetos, quintillas jocosas y sextinas. Podía escribir guiones, ensayos, código informático funcional, historias cortas, cartas al director, y daba buenos consejos para padres. En cinco días, más de un millón de personas se inscribieron para probarlo. En enero de 2023, ChatGPT tenía cien millones de usuarios activos mensuales. En marzo de 2023, OpenAI desveló GPT-4 a través de su portal en línea. Para cuantificar la inteligencia de su creación, OpenAI sometió al modelo a una batería de pruebas académicas. GPT-4 aprobó el examen de acceso a la abogacía; obtuvo un 5, la nota máxima, en los exámenes AP (exámenes realizados en EE. UU. al final de la escuela secundaria) de Historia del Arte, Historia de Estados Unidos, Gobierno de Estados Unidos, Biología y Estadística; se situó en el percentil 99 en el componente verbal del GRE (prueba estandarizada reconocida internacionalmente para la admisión en estudios de máster, doctorado y posgrado); y se situó en el percentil 92 en el examen de introducción a sumiller. Los investigadores añadieron una capa de reconocimiento visual a la red neuronal y descubrieron que no solo podía describir imágenes a la perfección, sino también reconocer bromas visuales complejas. En una de las pruebas, los investigadores le dieron a GPT-4 una imagen de un cable de ordenador tosco de la década de 1990 conectado a un iPhone y le pidieron que explicara lo que estaba viendo. «El humor de esta imagen viene de lo absurdo que resulta enchufar un conector VGA grande y anticuado a un puerto de carga de un *smartphone* pequeño y moderno», respondió el modelo. Más tarde, un usuario de las redes sociales mostró cómo GPT-4 podía crear una página web a partir de un boceto en una servilleta.

Por aquel entonces, empecé a temer por mi trabajo. Una vez le pedí a ChatGPT que me hiciera llorar y me devolvió una historia sobre una pareja de pájaros cantores, uno de ellos muere al chocar contra una ventana de cristal y el otro vigila para siempre su nido vacío. Una vez le pedí a ChatGPT que me hiciera reír; me pidió que imaginara a un hombre que se hurgaba la nariz en un coche contiguo. Sin embargo, no utilicé ChatGPT para escribir este libro porque tenía demasiado miedo.

Mi experiencia fue muy similar a la de usuarios de todo el mundo. Los estudiantes se dieron cuenta de que podían utilizarlo para escribir redacciones, y los deberes quedaron obsoletos para siempre. Los abogados lo utilizaban para resumir informes jurídicos, los solicitantes de empleo para sus cartas de presentación y mi padre para pedirle al ayuntamiento que instalara una señal de tráfico. Era mágico. Era mágico de verdad. «Esa primera experiencia es lo que enganchaba a la gente», dijo Ilya Sutskever. «La primera vez que lo usas, creo que es casi una experiencia espiritual. Dices: "Dios mío, parece que este ordenador me entiende"».

OpenAI invirtió más de 100 millones de dólares en entrenar a GPT-4, y gran parte del dinero llegó a Nvidia a través de Microsoft. Aunque GPT-3 era esencialmente una única red neuronal gigante, GPT-4 utilizaba un modelo de «mezcla de expertos», con muchas redes neuronales asignadas a diferentes tareas. Un «experto» podía centrarse en la seguridad, impidiendo que los usuarios preguntaran a GPT-4 cómo fabricar bombas o deshacerse de cadáveres; otro podía centrarse en escribir código informático; un tercero se concentraría en la valencia emocional. (OpenAI se negó a comentar la construcción de GPT-4).

El proceso de «inferencia» para extraer conocimientos de GPT-4 podía superar fácilmente la mitad de los costes iniciales de entrenamiento y debía proporcionarse a los clientes de forma continuada. Las estimaciones variaban, pero un análisis fundamentado cifraba el coste de la inferencia en aproximadamente un cuarto de céntimo por palabra. A ese precio, a GPT-4 le costaría unos 10 dólares escribir un trabajo trimestral universitario de cinco mil palabras, una ganga si se compara con contratar a un estudiante de posgrado en paro para que lo haga y, sin duda, una solución mejor que hacer el trabajo uno mismo. Para sufragar los costes de inferencia, OpenAI comenzó a cobrar 20 dólares al mes por acceder a GPT-4. En marzo de 2023, el producto se acercaba a los dos millones de suscriptores.

La síntesis de la arquitectura del transformer con la computación paralela a hiperescala dio lugar a una explosión cámbrica de servicios de IA. Microsoft creó Copilot, una herramienta de autocompletado para código informático que a los programadores les pareció indispensable. El servicio tuvo tanto éxito que Huang predijo que la programación pronto sería sustituida por descripciones en lenguaje natural. «El lenguaje de programación del futuro es humano», dijo. DeepMind creó Alpha-Fold2, una IA que predecía la estructura tridimensional de las proteínas a partir de bloques de construcción de aminoácidos unidimensionales. Se acercaba así la era de la «biología programable», en la que se podía hacer que las cuatro bases de nucleótidos elementales del ARN actuaran como los 0 y 1 del sistema binario informático. Surgió una profusión de productos de IA «generativa» que prometían revolucionar los sectores creativos sintetizando contenidos bajo demanda. DALL-E de OpenAI, o sus competidores Midjourney y Stable Diffusion podían crear en uno o dos minutos obras de arte de cualquier tipo con el estilo de cualquier artista. Las empresas emergentes Udio y Suno ofrecieron aplicaciones competidoras de generación de música que podían generar canciones de cualquier género. Jasper podía utilizarse para crear campañas de marketing eficaces en segundos. Sora, de OpenAI, presentada en 2024, prometía la oportunidad de crear vídeos en tiempo real de cualquier tipo.

Los productos dirigidos al consumidor causaban revuelo, pero muchos de los que estaban cerca de la IA creían que el verdadero progreso estaba en las líneas de productos que eran «invisibles por defecto». La adopción industrial de la IA se tradujo en redes eléctricas más eficientes, una programación más rápida de las líneas aéreas, velocidades de entrega mejoradas y un sinfín de otras ventajas progresivas. Todas las mejoras, de forma aislada, fueron absorbidas por la infraestructura de *backend* sin que apenas se notara fuera de los círculos especializados, pero el efecto agregado fue una mejora masiva y continua de la productividad global.

También hubo avances en lo que posiblemente era la última frontera del esfuerzo humano: utilizar la IA para acelerar la IA. En 2022, DeepMind presentó una red neuronal destinada a acelerar la multiplicación de matrices. Dos años después, Nvidia presentó un paquete de software que utilizaba IA generativa para diseñar los patrones de los microprocesadores de silicio. Por ahora, este tipo de autoaumentación sigue estando bajo control humano.

También empezaron a aparecer aplicaciones siniestras. Se utilizó una espeluznante tecnología de clonación de voz por IA para satirizar a Donald Trump y Joe Biden como compañeros de equipo de *Overwatch* que se pelean. Contenidos extraños generados algorítmicamente empezaron a inundar las redes sociales. En los institutos estadounidenses circuló pornografía «*deepfake*» relacionada con estudiantes femeninas. Los televendedores con voz clonada empezaron a acosar al público; algunos estafadores crearon la ilusión de que miembros de su familia estaban secuestrados para pedir rescate. En Hong Kong, la policía informó de que un trabajador financiero de una empresa de arquitectura había sido estafado por valor de 25 millones de dólares de fondos corporativos después de que todos sus colegas en una conferencia telefónica resultaran ser clones *deepfake*. La única solución a estos problemas, aconsejaron los tecnólogos, era más IA.

Las grandes empresas tecnológicas reorientaron todas sus líneas de negocio hacia la IA. Microsoft, Meta, Tesla y Google anunciaron iniciativas de gasto de varios miles de millones de dólares. Los fabricantes de automóviles prometieron vehículos autónomos y la industria de defensa, armas autónomas. En 2023, las empresas emergentes de IA recaudaron un total acumulado de 50.000 millones de dólares. El dinero se destinó a medicina, educación, plataformas empresariales y empresas emergentes de robótica. El mercado bursátil subió con rapidez en previsión de los aumentos de productividad que se avecinaban. Los comités del Premio Nobel empezaron a conceder reconocimientos a los pioneros de la IA. Demis Hassabis, de DeepMind, recibió el Premio Nobel de Química de 2024 por su trabajo sobre el problema del plegamiento de proteínas. Geoffrey Hinton recibió simultáneamente el Premio Nobel de Física de 2024. Ese mismo año, Jensen Huang fue elegido miembro de la National Academy of Engineering, un honor que muchos consideraban que llegaba con retraso.

Y todo esto, todo este dinero, talento e innovación pasaría a través de un único canal corporativo. Todo pasaría por Nvidia.

EN LA NOVELA DE ERNEST HEMINGWAY *El sol también sale*, le preguntan a Mike Campbell, un veterano de guerra borracho y sin dinero, cómo se arruinó. «De dos maneras», responde. «Poco a poco y luego de repente». La misma frase podría utilizarse para describir cómo se hizo rico Jensen Huang. Los pequeños cambios que había acumulado a lo largo de dos décadas de inversión ahora estaban generando dividendos extraordinarios.

A principios de 2023, Huang informó a los inversores de que Nvidia había vendido clústeres de supercomputación de GPU a cincuenta de las cien mayores empresas de Estados Unidos. Las otras cincuenta, continuó, alquilaban la infraestructura de Nvidia a través de la nube. En 2023, dijo, los ingresos de los centros de datos habían superado por primera vez a los de los juegos y esperaba que esos ingresos se duplicaran de nuevo el año siguiente. Nvidia, que controlaba cerca del 90 % del mercado de procesadores de IA, se convirtió en un objeto de ferviente interés en Wall Street, y la CNBC presentó una cuenta atrás para el anuncio de sus ganancias trimestrales. Era posible que, por una vez, las expectativas no se correspondieran con la realidad. Cuando el Nasdaq abrió el 25 de mayo de 2023, el valor de Nvidia había aumentado en unos 200.000 millones de dólares. Al cierre de la negociación, Nvidia era la sexta corporación más valiosa del mundo, con un valor superior al de Walmart y ExxonMobil juntas. «Hay una guerra en la inteligencia artificial y Nvidia es el único traficante de armas», dijo un analista de Wall Street.

Diez años antes, Huang había suplicado a Fidelity por su puesto. Ahora, con sesenta años, era el monopolista más célebre del planeta. En Taiwán, las tiendas de fideos que visitaba ponían su foto en el menú; sus icónicas chaquetas de cuero aparecían en la sección «Style» del *Times*. Además de las casas de Los Altos y Maui, estaba conectado, a través de una sociedad interpuesta, a una mansión de siete dormitorios y 38 millones de dólares en la Gold Coast de San Francisco, el reducto de los milmillonarios. Con biblioteca, gimnasio y cine, era una de las casas más caras de la ciudad. A la santificada lista de Jobs, Bezos, Gates y Zuckerberg, ahora se podía añadir el nombre de Huang.

Sus procesadores eran tan valiosos que se utilizaban como garantía de préstamos, y su demanda puso de rodillas a hombres poderosos. A finales de 2023, Huang se reunió con Elon Musk y Larry Ellison, cofundador de Oracle, para comer sushi en el restaurante Nobu de Palo Alto. Ellison y Musk tenían un patrimonio neto colectivo superior a los 300.000 millones de dólares, pero, en esta enrarecida compañía, Huang era claramente el alfa porque los otros dos se pasaron toda la comida suplicando a Huang que les enviara más procesadores de IA. «Elon y yo estábamos suplicando, supongo que es la mejor forma de describirlo», recordó Ellison. «Una hora de sushi y súplicas».

El floreciente valor de las acciones de Nvidia repartió una gran riqueza entre los leales. Tench Coxe y Mark Stevens habían formado parte del consejo de administración desde 1993, guiando a Huang en los años de vacas flacas y defendiéndole cuando Starboard Value intentó ser el jefe del barco. En 2024, cada uno poseía una participación en Nvidia por valor de más de 4.000 millones de dólares. Coxe había apostado por cientos de empresas; cuando le pregunté si Nvidia era su mejor inversión, me miró como si le hubiera hecho la pregunta más estúpida que jamás hubiera oído. «Oh, sí», dijo. Más tarde, se me ocurrió que la participación de un fundador en la empresa más valiosa del mundo era, por definición, la mejor inversión posible que se puede hacer.

La participación de Harvey Jones, miembro del consejo de administración desde hacía muchos años, ascendía a más de 1.000 millones de dólares. Brooke Seawell, presidente del comité de auditoría de Nvidia, tenía unos 700 millones de dólares en acciones de Nvidia. Jim Gaither, el primer abogado de Huang, tenía apenas 500 millones de dólares porque no entró en el consejo hasta 1998. Colette Kress, directora financiera de Nvidia, tenía unos 800 millones de dólares; Tim Teter, consejero general de Nvidia, tenía más de 400 millones de dólares; Deb Shoquist, asistente de operaciones de Nvidia, tenía más de 300 millones de dólares. Debido a la estructura de gestión descentralizada de Nvidia, los veteranos como Dwight Diercks y Bill Dally no se consideraban directivos de la empresa y, por tanto, no estaban obligados a revelar sus participaciones, pero me pareció que les iba bien. David Kirk, a quien Huang había ofrecido un paquete de acciones irrechazable allá por 1997, se había jubilado en 2018, pero me dijo que había conservado una parte de sus acciones. «Tengo mucho más dinero del que nunca pensé que tendría», dijo. La fortuna más opaca de Nvidia era la del cofundador Chris Malachowsky, cuyo nombre, me di cuenta, no figuraba en la lista Forbes de milmillonarios. En su última declaración obligatoria, allá por 2001, Malachowsky poseía alrededor del 5 % de la empresa, una cantidad que hoy valdría más de 100.000 millones de dólares. Desde entonces había cambiado mucho, pero, cuando le pregunté a mediados de 2023 si había cobrado, me respondió: «No mucho».[1]

Como muchas empresas, Nvidia permitió que los empleados compraran acciones con un descuento sobre los precios de mercado. Lo que diferenciaba al programa de Nvidia era que los empleados podían comprar acciones con un descuento sobre el precio de mercado más bajo en cualquier momento de los dos últimos años.

Estas compras estaban limitadas a una determinada cantidad de dinero, pero, a medida que las acciones subían, el programa se convirtió básicamente en dinero gratis, y los que maximizaban sus aportaciones cada año hicieron el negocio de su vida. Como las ganancias inesperadas se extendían a los mandos intermedios, algunos empleados más recientes expresaron su preocupación por que los nuevos ricos veteranos estuvieran entrando en un estado de «semijubilación». Los ejecutivos rebatieron esta afirmación. Jeff Fisher, que dirigía el área de juegos de la empresa, había sido uno de los treinta primeros empleados. «Muchos de nosotros somos voluntarios financieros en este momento», dijo, «pero creemos en la misión».

---

1. En este capítulo, el valor de las acciones se ha calculado utilizando el precio de cierre del mercado de valores para Nvidia del 5 de diciembre de 2024, que era de 145,14 dólares por acción. Además, se ha incluido el dinero existente en fideicomisos familiares.

El atractivo de desarrollar esta tecnología revolucionaria ofrecía un propósito más allá de lo que el dinero podía comprar. Esto era especialmente cierto en el caso de la vieja guardia, que había pasado años explicando a sus desconcertados compañeros por qué trabajaban para una empresa de juegos y que tenía que corregir constantemente la pronunciación del nombre de la empresa. La IA no había sido una consideración para estos veteranos, y estaban tan sorprendidos de estar trabajando en ella como cualquiera. «Ni yo ni nadie podríamos haber soñado en aquel momento que esto que se les ocurriría a los escritores de ciencia ficción se ha convertido en una realidad», dijo Jay Puri, jefe de ventas de Nvidia, que empezó a trabajar en la empresa en 2005. El valor de las acciones de Puri superó los 700 millones de dólares en 2024, pero le pareció que el trabajo interesante en Nvidia solo estaba empezando. «Quizá soy parcial, pero creo que realmente es la empresa tecnológica más importante de nuestro tiempo», dijo.

DIECIOCHO

Naves espaciales

A finales de 2023, visité las oficinas de Nvidia por primera vez. Voyager, el triángulo más grande del campus de Nvidia, ya estaba abierto. El lugar es impresionante. En medio de 70.000 metros cuadrados de espacio de oficinas cavernoso e iluminado con luz natural se alza una «montaña» de tres pisos de color negro mate. Subes las escaleras y pasas por una serie de paredes de jardines verticales en las que especies de sedum, hiedra y helechos están dispuestas en ondulantes tonos de verde. En la cima hay un bar de mármol iluminado rodeado de pérgolas de madera natural descubiertas. Paseas con tu bebida hasta el borde de la montaña y contemplas miles de cubículos sin techo, interrumpidos aquí y allá por estériles pilares blancos que se extienden treinta metros hacia arriba para sostener encima el techo elevado.

El interior del edificio estaba inmaculado; me imaginé disparando a las paredes la pistola de Portal. Como supe más tarde, Nvidia sigue a los empleados por el edificio con cámaras de vídeo e IA. Si un empleado come en una mesa de conferencias, la IA enviará a un conserje en menos de una hora para que limpie después de que se vaya. Un conserje humano, por ahora.

Apenas podía creer lo entusiasmados que estaban los empleados por trabajar en este panóptico. Huang estaba presente en el edificio, y un murmullo recorría los cubículos cada vez que cruzaba la planta. Era una figura sorprendente, más pequeño de lo que imaginaba, solo y vestido de negro en esta extensión blanca, sin séquito, solo él. La gente hablaba de él como «Jensen», solo «Jensen», y, en los canales de Slack de la empresa, habían creado un menú de emojis personalizados de Jensen que utilizaban para reaccionar a varias noticias positivas como, por ejemplo, que Nvidia había superado los tres billones de dólares de capitalización bursátil para convertirse, ella sola, en la empresa más valiosa del mundo, como ocurrió poco después de mi visita.

Los empleados de Nvidia recorrían estas naves espaciales gemelas con el brillo de los beatificados. Eran honestos, atolondrados, raritos y modestos, aunque su dominio del inglés a veces era un poco dudoso. Una empleada con la que hablé en la cafetería llevaba dos meses trabajando para la empresa. Tenía veinticinco años y acababa de llegar de China, donde había obtenido un máster en informática. «Me despierto todos los día muy contenta de ir a trabajar», me dijo. Señaló el interior de la Voyager, su menuda figura iba cargada con la mochila que Nvidia entregaba a los empleados nuevos. «Mira este lugar. Aquí todo el mundo es muy listo. ¡No puedo creer que esté aquí!».

Las únicas personas que vi en Nvidia que no parecían contentas eran los técnicos de control de calidad, que trabajaban dentro de la montaña, como enanos. Atrapados en laboratorios sin ventanas y rodeados de estanterías de metal industriales, hombres jóvenes pálidos con tapones para los oídos y camisetas empujaban los microprocesadores de Nvidia hasta el borde del fracaso. El ruido era insoportable, un quejido constante de ventiladores de alta frecuencia que intentaban enfriar los circuitos paralelos que se sobrecalentaban. En estos circuitos paralelos Nvidia estaba construyendo una realidad paralela.

DESDE 2018, las tarjetas gráficas de Nvidia tienen la función «trazado de rayos», que simula la forma en que la luz rebota en los objetos para crear efectos fotorrealistas. Dentro de un triángulo de cristal esmerilado en el conjunto ejecutivo de Nvidia, un especialista en demostración de productos me mostró una representación tridimensional de una tienda de ramen japonesa resplandeciente. La luz se reflejaba en el mostrador metálico y el vapor salía de una olla de caldo burbujeante. Por lo que pude ver, no había nada que indicara que el local no era real.

A continuación, el especialista me mostró a «Diane», un avatar digital hiperrealista que hablaba cinco idiomas. Una potente IA generativa había estudiado millones de vídeos de personas reales para crear esta entidad compuesta. Diane era impresionante, pero lo que realmente me impresionó fue su imperfección porque tenía puntos negros en la nariz y vestigios de vello en el labio superior. La única pista de que Diane no era realmente humana era el extraño brillo del blanco de sus ojos. «Estamos trabajando en eso», dijo el especialista de producto.

Uno de los objetivos de Huang es unificar la investigación en gráficos computerizados de Nvidia con la de su IA generativa. Las IA de generación de imágenes pronto alcanzarán un nivel de sofisticación que les permitirá representar mundos tridimensionales habitables y poblarlos con personas de aspecto realista. Al mismo tiempo, las IA de procesamiento del lenguaje podrán procesar e interpretar comandos por voz en tiempo real. Una vez unidas estas tecnologías, los usuarios podrán crear universos enteros con unos simples comandos de voz.[1] Sentí vértigo al abandonar la demostración de producto. Pensé en ciencia ficción y en el Génesis. Me senté en un sofá triangular con las esquinas recortadas y me esforcé por imaginar el futuro en el que viviría mi hija. Estaban construyendo el Proyecto Manhattan de la informática, pero, cuando les pregunté a los ejecutivos de Nvidia sobre la sensatez de liberar semejante potencia, me miraron como si estuviera cuestionando la utilidad de la lavadora. Me pregunté si una IA podría matar a alguien algún día. «Eh, la electricidad mata gente todos los años», dijo Bryan Catanzaro. Me pregunté si podría eliminar el arte. «¡Hará que el arte sea mejor!», dijo Dwight Diercks. «Te hará mucho mejor en tu trabajo». Me pregunté si algún día no muy lejano una IA podría ser consciente de sí misma. «Para que seas una criatura, tienes que ser consciente. Tienes que tener conocimientos de ti mismo, ¿verdad?», dijo Huang. «Así que no. No sé cuándo podría suceder».

Presioné a Huang sobre este punto en todas las entrevistas que le hice. Siempre me dio variaciones de la misma respuesta. Saqué a colación las preocupaciones de Geoffrey Hinton. «La humanidad es solo una fase pasajera

1. Genie 2 de Google se publicó en diciembre de 2024 y puede crear un mundo 3D explorable con solo una imagen.

en la evolución de la inteligencia», había dicho Hinton en una entrevista en la PBS (cadena pública de televisión de EE. UU.). Huang se burló: «Muchos investigadores no comprenden por qué dice eso. Quizás está llamando la atención sobre su propio trabajo». Esta afirmación me dejó atónito. Hinton era el investigador con más visión de futuro de la historia de la IA, y el éxito financiero de Nvidia podía atribuirse directamente al trabajo realizado en su laboratorio, un hecho que Huang había reconocido muchas veces. No era un tipo cualquiera en la calle agitando un cartel, sino la mente más brillante de la IA, el descendiente directo de George Boole, diciéndonos que deberíamos estar muy muy preocupados.

Huang se mostró fríamente despectivo. «Mira, compras un perrito caliente y la máquina te recomienda kétchup y mostaza», dijo Huang. «¿Ese es el fin de la humanidad?». Habló de la rápida aclimatación de la sociedad a los coches, despertadores y teléfonos móviles, y me dijo que nos acostumbraríamos de forma similar a un androide autónomo aspirando la alfombra. «El robot no hace nada extraño», dijo. «Como he dicho, lo único que hace es procesar datos. Si entiendes cómo funciona, ese mundo no parece raro en absoluto». Pero seguí presionando, y Huang finalmente se enfadó. «Estoy muy cansado de esta pregunta», dijo. «Toda esto es teorizar sobre algo de lo que no hay pruebas».

DIANE HABÍA SIDO RENDERIZADA usando una técnica llamada «supermuestreo de aprendizaje profundo» (DLSS, *Deep Learning Super Sampling*), que primero se basó en el trazado de rayos para iluminar la escena y luego utilizó una red neuronal para dibujar los detalles. En la demostración del producto, solo uno de cada ocho píxeles era producto del algoritmo de trazado de rayos; el resto había sido inferido por la IA.

David Kirk había considerado que el trazado de rayos era la última frontera. Una vez que tenías la capacidad de representar con precisión la cascada de luz en una escena, era el fin porque la realidad y la simulación se habían plegado hasta caber en un solo fotograma. En el cine, el trazado de rayos CGI se hizo indistinguible de lo que había capturado la cámara y ahora casi todas las grandes películas utilizan esta técnica. «Ya no tiene sentido hablar de realidad y ficción en la pantalla», dijo Kirk. «Todo es ficción».

Pero Catanzaro, que había vuelto a Nvidia para gestionar aplicaciones de aprendizaje profundo, vio un reino más allá. Denominada «gráficos neuronales», esta nueva tecnología ni siquiera intentaría simular el mundo real. En su lugar, utilizaría la IA para «pintar» escenas realistas en tiempo real. En lugar de utilizar física óptica para representar la realidad, los gráficos neuronales resolvían la percepción humana de la luz. El viaje de Catanzaro de vuelta a Nvidia se había encontrado con algunos obstáculos. Alrededor de los cuarenta por fin aceptó que era gay. Se separó de su mujer y fue expulsado del coro de la iglesia mormona. Con sus atuendos expresivos, especulaciones religiosas y el interés por la literatura y la música, Catanzaro siguió destacando en Nvidia. No es que fuera muy excéntrico ni nada por el estilo, en Google le habrían considerado un tipo normal. Pero Nvidia no era el tipo de lugar donde la gente experimentaba con ayahuasca o polículos. En los cientos de horas de entrevistas que realicé a empleados de Nvidia, nadie, ni una sola vez, mencionó nunca Burning Man.

Solo Catanzaro estaba dispuesto a hablar de las implicaciones de la tecnología que estaba construyendo. Navegando por las redes sociales, encontré un vídeo de 1964 en el que el autor de ciencia ficción Arthur C. Clarke hablaba con la BBC. Incluso antes de escribir el guion de *2001*, Clarke había contemplado la posibilidad de que algún día las máquinas podrían aprender más rápido que los humanos:

> «Los habitantes más inteligentes de ese mundo futuro no serán hombres ni monos. Serán máquinas, los descendientes remotos de los ordenadores actuales. Ahora los cerebros electrónicos actuales son unos completos estúpidos, pero no será así en otra generación. Empezarán a pensar y, con el tiempo, superarán a sus creadores.
>
> ¿Esto es deprimente? No veo por qué debería serlo. Hemos sustituido a los hombres de Cromañón y Neanderthal, y presumimos de que somos una mejora. Creo que deberíamos considerar un privilegio ser pasos intermedios hacia cosas más elevadas. Sospecho que la evolución orgánica, o biológica, está a punto de llegar a su fin, y que ahora estamos al principio de la evolución inorgánica, o mecánica, que será miles de veces más rápida».

Esta era la interpretación más optimista de lo que Nvidia había conseguido, los logros de Nvidia no eran simples éxitos empresariales o tecnológicos, sino una nueva fase de evolución.

La siguiente vez que hablé con Catanzaro le enseñé el vídeo de Clarke y respondió con entusiasmo. Su postura se volvió erguida y empezó a pasarse de nuevo los dedos por el pelo. «Así que la postura conservadora es que Prometeo merecía ser encadenado a una roca y que le comieran el hígado porque le dio el fuego a la humanidad, y los hombres no merecen tener fuego», dijo. «La posición progresista es que el mundo puede ser mejor, debería ser mejor, y es nuestra responsabilidad mejorarlo. Cuando observo los problemas a los que nos enfrentamos como humanidad, creo que necesitamos más inteligencia».

Seguramente, repliqué, una inteligencia superior podría ser peligrosa. Nuestra propia especie, a través de la agricultura, la cría de animales, la extracción de minerales y la urbanización, había transformado la superficie del planeta, diezmando o incluso eliminando todas las especies competidoras y dejando indemnes solo un puñado de hábitats protegidos. Le pregunté a Catanzaro si la IA podría hacernos lo mismo.

«Creo que nos quedamos atascados en perspectivas de ciencia ficción con demasiada frecuencia», dijo Catanzaro. Se reclinó en el respaldo de su silla y pude ver el gran búho bordado en la parte delantera de su jersey. «La IA no va a estar interesada en juegos de suma cero con nosotros porque hay mucho más que hacer en este universo. Por ejemplo, si una inteligencia artificial está intentando construir un gran centro de datos, no quiere ponerlo donde viven los humanos. Quiere ponerlo en otro lugar, tal vez bajo tierra. ¿Sabes cuánto espacio hay bajo tierra?».

Ahora Catanzaro estaba desatado. Intuí que no solía compartir esta perspectiva en su trabajo. «No necesita habitar esta biosfera. De hecho, tampoco necesita estar en la Tierra porque la inteligencia artificial viaja a la velocidad de la luz. Los humanos, ya sabes, en realidad tenemos que arrastrar cuerpos. La inteligencia artificial puede desplazarse por una señal de radio siempre que haya una antena al otro lado». Libre de las limitaciones de la biología, explicó Catanzaro, la IA se extendería rápidamente por todo el sistema solar y más allá. «Los humanos somos conflictivos por naturaleza, es decir, somos animales territoriales y la defensa del territorio está incorporada en nuestro sistema límbico», dijo. «A la IA, si es realmente inteligente, las cosas que le interesan son mucho más grandes que la pequeña y fina corteza terrestre en la que viven los humanos. No creo que vaya a estar interesada en arrebatarnos eso. Más bien, creo que la IA va a querer cuidar de nosotros».

Ser un animal de zoológico para un ordenador espacial era una experiencia para saborear con calma. Hoy, sin embargo, Nvidia sigue atada a la tierra, y la conversación de Catanzaro sobre dónde situar los centros de datos no era una mera especulación, nacía de preocupaciones prácticas. El zumbido de los ventiladores que había visto en el interior de la montaña sugería la intensa demanda de electricidad que generaban los equipos de Nvidia. Las GPU habían desatascado el cuello de botella de la velocidad de cálculo y el protocolo Infiniband de Mellanox había hecho lo mismo con el cuello de botella de la capacidad de datos. El cuello de botella restante era simplemente cuánta electricidad podía consumir un centro de datos. El límite que quedaba era la energía.

DIECINUEVE

Energía

Cuando el técnico de la compañía se acercó a la torre de transmisión, el cable emitió un zumbido audible. Más de doscientos mil voltios de electricidad lo atravesaban. El trabajador estaba suspendido en una cesta, que formaba parte de una grúa, a unos treinta metros de altura. Llevaba un cinturón de herramientas, una camisa ignífuga y guantes aislantes. Utilizando una herramienta especializada llamada «pértiga de alta tensión», hizo contacto para separar el cable de alta tensión de la cruceta que lo sujetaba. Debía tener cuidado porque un movimiento erróneo en esta operación podía significar la electrocución inmediata. El cable se desacopló con un crujido y el aroma a ozono llenó el aire. Uno menos, quedan varios miles.

El operario trabajaba para Dominion Energy, la compañía eléctrica que abastecía al condado de Loudoun (Virginia). Estaba mejorando la infraestructura que suministraba energía al mayor conjunto de centros de datos del mundo. Loudoun era el centro neurálgico de la demanda informática minorista de Estados Unidos; si hacías una búsqueda en Google en Manhattan, era muy probable que tu consulta pasara por Virginia.

Dominion había tardado más de un siglo en construir la infraestructura eléctrica necesaria para abastecer a estos ordenadores gigantes. Con la llegada de la IA, se preveía que Dominion duplicaría esa infraestructura en menos de quince años.

Era un trabajo peligroso en el mejor de los casos, pero los centros de datos generaban tanta demanda que, en el verano de 2024, Dominion determinó que había que sustituir los cables mientras aún estuvieran activos. Los riesgos eran considerables, pero la seguridad de las personas parecía una consideración secundaria. La electricidad de los centros de datos no se iba a cortar nunca bajo ninguna circunstancia. La demanda era demasiado frenética. La gente tenía muchas ganas de IA.

La demanda no procedía del entrenamiento de nuevas redes neuronales, el principal demandante era su despliegue. Antes, la inferencia era una tarea tan sencilla que cabía en un disquete, pero los usuarios modernos querían de las IA algo más que movimientos de backgammon. Querían trabajos trimestrales, búsquedas y generadores de voz para hacer memes. Los productos GPT de OpenAI tenían más de 180 millones de usuarios diarios. Google estaba incluyendo respuestas experimentales de IA junto con los resultados de búsqueda convencionales. Los vídeos de TikTok estaban narrados por un elenco cada vez más amplio de avatares de voz de IA. Para alimentar cada servicio, en un bastidor dentro de un centro de datos situado en un almacén anónimo a las afueras de un gran centro de población, se encontraba una GPU de Nvidia.

Estas GPU consumían mucha energía. Una búsqueda estándar en Google requería aproximadamente un tercio de un vatio-hora de electricidad. Con la IA generativa activada, la misma búsqueda en Google requería diez veces más, lo que era suficiente para encender una bombilla durante unos veinte minutos. Pedirle a GPT que escribiera un trabajo trimestral de cinco mil palabras consumía energía suficiente para hacer funcionar un microondas durante una hora. La demanda industrial era mayor; los ejecutivos estaban entusiasmados con la perspectiva de sustituir por completo la mano de obra humana. En 2022, James Earl Jones anunció que estaba cansado de interpretar la voz de Darth Vader, así que cedió su voz a Disney para que la clonara a perpetuidad. Jones murió en 2024, pero el tono amenazador y la respiración dificultosa de Vader pueden ser inmortales. Las herramientas de reconocimiento de imágenes prometían ahorrar miles de millones de dólares al año en costes de análisis de resonancias magnéticas, lo que dejaría sin trabajo a la mayoría de los radiólogos. Amazon utilizaba IA para determinar si las fresas que entregaba estaban magulladas, y los propietarios de granjas estaban experimentando con robots de IA para recoger la fruta que enviaban.

Un análisis predijo que para satisfacer las necesidades del auge de la IA generativa podría ser necesario duplicar la capacidad de las centrales nucleares estadounidenses en menos de diez años. Incluso las estimaciones más conservadoras preveían un aumento del 20 % en la demanda total solicitada. No había forma realista de suministrar a las GPU de Nvidia la electricidad que necesitaban y, al mismo tiempo, cumplir los objetivos de emisiones de carbono. Dominion, además de modernizar las líneas de alta tensión, estaba estudiando la posibilidad de reactivar instalaciones de combustión de carbón inactivas.

Nvidia no negaba el problema del calentamiento global. Sus investigadores se apresuraron a señalar que la modelización del clima fue uno de los primeros usos de los superordenadores. Syukuro Manabe, el científico que ganó el Premio Nobel de Física en 2021 por demostrar que pequeñas cantidades de dióxido de carbono retendrían el calor en la atmósfera, había llegado a esta conclusión a finales de la década de 1960 después de crear una simulación primitiva de la Tierra con un ordenador IBM que pesaba setenta toneladas y consumía tanta energía como diez manzanas de una ciudad. En la década de 1980, los científicos de la NASA, utilizando ordenadores exponencialmente más potentes, habían predicho correctamente un próximo aumento de la temperatura media de la Tierra de varios grados Fahrenheit, a pesar de que la tendencia empírica en ese momento parecía plana. Estas simulaciones también predijeron que, a medida que el planeta se calentara, la atmósfera superior se enfriaría, haciendo que las capas atmosféricas se aplastaran porque el calor estaba retenido cerca de la superficie. En la década de 2020, los datos de los satélites mostraron que, efectivamente, el cielo se había caído.

Casi todo lo que comprendemos sobre el cambio climático es producto de superordenadores potentes que consumen mucha energía. Los científicos habían estado ejecutando modelos climáticos en hardware de Nvidia desde finales de la década de 2000, y Nvidia tenía su propia división climática, que realizaba previsiones extraordinariamente sensibles. La simulación «Earth-2» de Nvidia prometía predecir la velocidad del viento en una manzana de casas concreta de una ciudad. Bill Dally, el científico jefe de Nvidia, estaba muy preocupado por el cambio climático porque, como visitante frecuente de las sierras nevadas de California y del Caribe azotado por las tormentas, había sido testigo de sus múltiples efectos. Una de las razones de Dally para trabajar en IA fue su convicción de que permitiría a la humanidad avanzar hacia un futuro sin emisiones de carbono. «Si hay un problema que creo que debería preocupar a todo el mundo es el cambio climático», dijo. «La capacidad de supervivencia de nuestro planeta debe ser una preocupación de primer orden».

Pero, a pesar de estos comentarios, los procesadores de Nvidia fueron responsables casi por sí solos de un aumento global de la demanda de electricidad. A medida que los procesadores mejoraban en la multiplicación de matrices, también aumentaba su consumo de energía. El procesador A100 de 2020 requería 250 vatios en configuraciones estándar. El H100, lanzado dos años después, requería 350 vatios, un 75 % más. El B100, lanzado en 2024, duplicó la demanda hasta los 700 vatios y el próximo B200 requeriría 1.000. La caja DGX original de 2016 consumía tanta energía como una secadora de ropa. Su sucesora de 2024 consumía electricidad suficiente para alimentar una vivienda unifamiliar.

Y esto solo era una gota en el océano. Las cajas DGX eran unidades modulares que los clientes apilaban en los largos «supercontenedores» que formaban la columna vertebral del centro de datos moderno. Los supercontenedores estaban cableados con gruesos mazos de cables y equipados con avanzados sistemas de refrigeración por aire y líquida para evitar el sobrecalentamiento. El mayor de los centros de datos a hiperescala medía sus necesidades anuales de energía en gigavatios, más que la producción de un reactor nuclear suficiente para alimentar Minneapolis. La mejora continua de los procesadores Nvidia en sus centros de datos había contribuido a un aumento del 50 % de las emisiones de gases de efecto invernadero de Google en cinco años, incluso teniendo en cuenta las mejoras de eficiencia en la red eléctrica y a pesar del compromiso de la empresa de alcanzar el «cero neto» en 2030. En 2024, un portavoz de la empresa afirmó el compromiso de Google con la neutralidad de carbono, aunque admitió que la demanda de energía de la IA suponía un «reto». En Microsoft, cuya división de computación en la nube entrenó y desplegó los costosos modelos de OpenAI, las emisiones aumentaron casi un tercio. Los proveedores de la nube incluso intentaron comprar explotaciones mineras de criptomonedas en desuso.

Algunos inversores cuestionaron la conveniencia de esta gigantesca construcción. El camino hacia los beneficios de la IA no era directo, y a los elevados costes del silicio y la electricidad se sumaba la escasez de talento. Los encantadores de serpientes capaces de obtener resultados de la voluble arquitectura de la IA eran escasos y exigían mucho dinero. No todas las empresas eran OpenAI, y no todas tenían a Ilya Sutskever trabajando para ellas; las frustraciones que había experimentado Fredrik Dahl intentando que una red neuronal jugara al póquer se repetían ahora en los departamentos de TI de todo el mundo.

A pesar del aumento de la potencia de computación, las redes neuronales seguían llegando a puntos muertos y, cuando lo hacían, a menudo no había una forma evidente de mejorarlas. Las empresas que intentaban replicar GPT con datos internos solían producir caóticos «motores de conocimiento» ligeramente mejores que juguetes. Estas IA complementaban el conjunto de entrenamiento estándar de grandes modelos lingüísticos con correos electrónicos, declaraciones de propósitos, solicitudes de patentes, memorandos legales y otras selecciones interesantes del currículo interno de la empresa. A medida que el rumor se extendía por los mandos intermedios, los ejecutivos de empresas de marketing, medios de comunicación y sanidad lanzaron iniciativas ambiciosas, a veces diciéndole al personal abiertamente que muchos empleados serían despedidos una vez que las redes neuronales estuvieran funcionando. Pero gran parte de lo que se producía era *vaporware* porque llegaba tarde, era caro y apenas funcional. Muchos usuarios pensaban que simplemente la tecnología de IA no estaba preparada.

En el verano de 2024, Elliott Management, uno de los mayores fondos de alto riesgo del mundo, dijo a los inversores que las acciones tecnológicas, especialmente las de Nvidia, estaban en «burbujalandia». La carta a los clientes, citada por el *Financial Times*, calificaba a la IA de «exagerada, con muchas aplicaciones que no están listas para el momento de mayor audiencia». Muchas de las aplicaciones prometidas «nunca serían rentables, nunca funcionarían bien de verdad, consumirían demasiada energía o demostrarían ser poco fiables».

La decepción, y no la competencia, era el mayor riesgo para el imperio de Nvidia. El FOMO (miedo a dejar pasar) estaba impulsando una gran actividad porque ninguna empresa podía permitirse ser la única sin una estrategia de IA. Los ejecutivos que compraban hardware de Nvidia necesitaban construir productos que justificaran la magnitud de la inversión. Si no lo conseguían, el remordimiento se apoderaría de ellos, la demanda disminuiría y las acciones de Nvidia se hundirían. Los gestores de cartera de Elliott creían que, si Nvidia experimentaba un solo trimestre malo, todo el sector tecnológico se desinflaría como un globo.

No cabía ninguna duda de que los inversores en IA estaban eufóricos, pero ¿eran irracionales? Los escépticos habían comparado la locura de la IA con el boom de las puntocom o la crisis hipotecaria, pero los ejecutivos responsables del gasto en IA no eran mercachifles. Eran genios de la informática veteranos con décadas de experiencia. Las empresas implicadas eran estables y la financiación procedía de reservas de beneficios acumulados, no de arriesgadas emisiones de acciones peligrosas o deudas de alto riesgo. Todos los académicos expertos en informática con los que hablé, sin excepción, veían el triunfo de las redes neuronales como un avance de la civilización. Muchos pensaban que era el descubrimiento más importante de la historia de este campo. La tecnología era fenomenal y las ganancias que había generado hasta entonces eran reales.

El problema al que se habían enfrentado los inversores al valorar Nvidia por sí sola se aplicaba ahora a la valoración de todo el mercado bursátil. Una lectura detallada de los estados financieros anteriores no indicaba si la apuesta por la IA había sido inteligente, y las proyecciones de beneficios futuros estaban tan lejos de la realidad como las hojas en el fondo de una taza de té. La cuestión principal era si Huang sabía lo que estaba haciendo, si Huang, Zuckerberg, Musk, Nadella, Pichai y Altman sabían lo que estaban haciendo. Habían invertido cientos de miles de millones en esta tecnología no probada. ¿Era inteligente? ¿Eran inteligentes o se equivocaban?

VEINTE

La acción más importante del mundo

El Día del Juicio Final llegó el 21 de febrero de 2024. La expectación previa al anuncio de beneficios era absurda. La CNBC había puesto en marcha una cuenta atrás los días previos al evento. La comunidad de redes sociales especializada conocida como «FinTwit» hizo circular un meme de Huang llevando su característica chaqueta de cuero, de pie delante de un mapa electoral de Estados Unidos donde los cincuenta estados estaban coloreados de verde lima. En los días previos al anuncio, Goldman Sachs había calificado a Nvidia como «la acción más importante del mundo».

La conferencia telefónica de Nvidia comenzó quince minutos después del cierre de las operaciones. Fue uno de los informes de resultados más escuchados en la historia de Wall Street. Colette Kress, directora financiera de Nvidia, habló primero. Anunció que los beneficios anuales habían sido mucho mejores de lo esperado, más del doble, hasta 60.000 millones de dólares. No solo eso, sino que Nvidia había logrado un margen bruto superior al 70 % en todos sus productos. Apple, la máquina de imprimir dinero favorita de Wall Street, obtuvo un margen bruto del 46 %. Los ingresos netos del año, anunció Kress, fueron de casi 30.000 millones de dólares, más de lo que Nvidia había ganado en los treinta años anteriores juntos. Con treinta mil empleados, ahora cada trabajador de Nvidia generaba un millón de dólares al año de beneficios.

Huang fue el siguiente en hablar. Sonaba como Thomas Edison. Describió cómo ahora las redes neuronales podían comprender y generar no solo lenguaje humano, sino cualquier información, incluidos elementos de la biología y el mundo tridimensional. Describió un próximo «ciclo de infraestructura de un billón de dólares» para construir fábricas de IA. «Ahora nos encontramos al principio de una nueva industria donde los centros de datos de IA procesan datos masivos en bruto para convertirlos en inteligencia digital», dijo. «Al igual que las plantas de generación de energía alterna de la última revolución industrial, los superordenadores de IA de Nvidia son esencialmente fábricas de generación de IA de esta revolución industrial».

Nada podría haber preparado a los operadores para el frenesí del día siguiente. El 22 de febrero, en seis horas y media de negociación, Nvidia ganó 277.000 millones de dólares en valor de mercado, añadiendo a su capitalización de mercado más que todo el valor de Coca-Cola Company. Ese día, los operadores intercambiaron acciones de Nvidia por valor de al menos 65.000 millones de dólares, lo que supuso casi una quinta parte de toda la actividad del mercado bursátil estadounidense. Al cierre del mercado, las tres empresas más valiosas del planeta eran Microsoft, Apple y Nvidia. Fue la mayor acumulación de riqueza de una empresa en un solo día en la historia de Wall Street.

Esta acumulación ejerció una presión increíble sobre Huang. La mayor parte del valor de Nvidia no se basaba en lo que la empresa había hecho, sino en lo que los inversores esperaban que pudiera hacer en el futuro, y eso significaba seguir innovando y ofreciendo resultados a un ritmo rápido en un campo en expansión de competidores motivados. Viéndole subir al escenario en sus conferencias y presentaciones a inversores, me di cuenta de lo mismo que había visto Curtis Priem veinticinco años antes: Huang estaba completamente solo.

Los profesores de gestión teorizaban que lo ideal es que un director ejecutivo tenga entre ocho y doce informes directos. Ahora Huang tenía cincuenta y cinco. No tenía mano derecha ni mayordomo ni segundo al mando. Huang tampoco tenía un sucesor designado y, a medida que Nvidia crecía, su equipo directivo se reducía sorprendentemente, lo que significaba que no había chivos expiatorios para los errores. Los miembros del consejo hablaban de que era insustituible; no era exagerado plantear que Huang había salvado personalmente a la economía estadounidense de la recesión. Durante el ascenso de Nvidia, el mercado bursátil estadounidense se había alejado de los mercados de Europa y Asia. Casi todo ese rendimiento superior era atribuible a la IA. La capitalización bursátil de 3 billones de dólares de Nvidia representaba supuestamente el valor esperado de los beneficios futuros de la empresa, pero en realidad era una apuesta gigantesca del tamaño del PIB en las capacidades de este único hombre de sesenta y un años.

EN 2022, LAS OPINIONES DE EMPLEADOS en el sitio web Glassdoor clasificaban a Nvidia como el mejor lugar para trabajar en Estados Unidos. Los empleados estaban influidos por el precio de las acciones, por supuesto, pero incluso en la era de los videojuegos la empresa había obtenido una buena puntuación. Fue un poco sorprendente, porque, aunque trabajar en Nvidia era estimulante, nunca fue precisamente divertido; la cultura corporativa que fomentaba Huang estaba más cerca de Microsoft que de Google, más cerca de IBM que de Apple. Pero, años antes, Chiu, el físico taiwanés, le había dicho a Huang que le había permitido hacer el «trabajo de su vida». La frase se le había quedado grabada a Huang, y ahora quería ofrecer a sus empleados esa misma oportunidad. «Queremos que NVIDIA sea un lugar en el que la gente pueda desarrollar su carrera profesional durante toda su vida», escribió la compañía en su informe anual. «Nuestros empleados tienden a venir y quedarse».

El atractivo residía en lo que Nvidia te permitía conseguir. No era un secreto que Huang presionaba mucho a la gente. Por eso atraía a los adictos al trabajo que buscaban dejar un legado como inventores. De la misma forma que un autor de superventas no dejaba de escribir, muchos ingenieros ricos de Nvidia seguían yendo a trabajar cada día para resolver problemas técnicos difíciles. Esos ingenieros poseían colectivamente más de quince mil patentes, pero siempre quedaba algo por construir.

El éxito permitió a Nvidia seleccionar a quién contrataba. Cada oferta de empleo recibía varios cientos de candidatos. Los ambiciosos aspirantes que buscaban contribuir a la revolución de la IA solían considerarla su primera opción. La plantilla era «diversa», o algo así. Yo diría, basándome en una inspección visual de la cafetería a la hora de comer, que aproximadamente un tercio del personal era del sur de Asia, un tercio del este de Asia y un tercio era blanco. La fila para la comida india era la más larga.

Nvidia no compartió conmigo las estadísticas demográficas oficiales, pero fotografías y entrevistas sugirieron que, incluso hasta bien entrada la década de 2000, la mayoría de los empleados de la empresa habían sido hombres blancos estadounidenses. La transición a una plantilla mayoritariamente asiática fue parte de un patrón más amplio en Silicon Valley, pero también reflejó el cambio de enfoque de Huang. «Ya sabes, los gráficos por ordenador no se consideraban un campo muy glamuroso», me dijo un antiguo ejecutivo. «Había algo de vergonzoso en ello».

Pero la IA trajo respetabilidad. En lugar de estadounidenses de pelo largo con pantalones cortos cargo, ahora solicitaban trabajo en la empresa licenciados de las mejores universidades técnicas de India, China y Taiwán. Un antiguo directivo describió de manera específica la presión familiar a la que se veían sometidos estos graduados asiáticos para conseguir un puesto de prestigio en Nvidia. «A estos chicos, sus familias solo les dan tres opciones: tienes que ser médico o ingeniero o... en realidad, no creo que haya una tercera opción», dijo. «Son muy competitivos, muy brillantes y están sometidos a una presión enorme».

El directivo, un jugador que había trabajado en Nvidia desde la época de los gráficos, reflexionó sobre el cambio de cultura de Nvidia. Los gráficos habían sido un campo singular que pagaba relativamente mal. «Mis padres me dijeron que no lo hiciera», dijo. «Creían que debía conseguir un trabajo de verdad». Le parecía que, con el éxito, los rebeldes apasionados del pasado de Nvidia estaban siendo suplantados por una generación nueva de superdotados conformistas. Aun así, el directivo admitió que los nuevos empleados eran extraordinariamente brillantes. «Es decir, objetivamente hablando, ¿saben programar?», preguntó. «Sí. Mejor de lo que yo lo haría nunca».

En los primeros años, Nvidia casi no empleaba a mujeres. En la época de la salida a bolsa, David Kirk conoció a su futura esposa, una compañera de Montreal. «Todos los hombres de Nvidia sabían exactamente cuántas mujeres había en la empresa en aquel momento», dijo. «Tres». Esa cifra reflejaba, al menos en parte, el escaso número de graduadas en ingeniería eléctrica cualificadas; incluso hoy en día, más del 90 % de los graduados en ingeniería eléctrica en EE. UU. son hombres. En una encuesta realizada en 2022, se pidió a las estudiantes de ingeniería estadounidenses que clasificaran las disciplinas según su interés profesional. La ingeniería medioambiental y la biomédica empataron en el primer puesto, mientras que la ingeniería eléctrica ocupó el último.

Siguiendo las directivas explícitas de Huang, Nvidia hizo un esfuerzo por contratar a más mujeres. Esta iniciativa tuvo éxito, y en 2024 algo más de una cuarta parte de la plantilla de Nvidia eran mujeres. En algún momento alrededor de 2020, Dawn, el duendecillo CGI sexualizado de Nvidia, también desapareció misteriosamente del material de marketing de la empresa. La mujer de Jensen, Lori, había abandonado el trabajo para criar a sus hijos y, cuando Jensen habló de la continuación de la política liberal de trabajar desde casa de Nvidia tras la disminución de la pandemia, percibí en él un afán por expiar la interrupción de la carrera de Lori. «Queremos aprovechar esta increíble tecnología de videoconferencia para que los jóvenes, especialmente las mujeres, puedan construir sus vidas, sus familias y sus carreras al mismo tiempo», había dicho Huang. «No quiero renunciar a ello».

El esfuerzo de Nvidia por contratar empleados negros tuvo menos éxito. En 2020, menos del 1 % de la plantilla mundial de Nvidia era negra. Una vez más, esto reflejaba en parte la escasez de graduados en ingeniería eléctrica estadounidenses de raza negra, pero quizá reflejaba más la escasez de ingenieros eléctricos estadounidenses cualificados. La disciplina se nutría de una reserva mundial de talentos, los solicitantes de Asia Oriental, Asia Meridional, Oriente Medio y Europa eran diez veces más numerosos que los ciudadanos nacidos en Estados Unidos. «Nuestro problema de diversidad consiste básicamente en conseguir que los estadounidenses de algún color estudien este ámbito», me dijo un profesor universitario.

Me di cuenta de que muchos de los ingenieros con los que hablé en Nvidia tenían al menos un padre ingeniero. Algunos tenían dos, para ellos era un sufrimiento hereditario. El padre de Sameer Halepete le enseñó a soldar circuitos cuando tenía 8 años. «La ingeniería, sobre todo la eléctrica, es muy muy intimidante», dijo. «Así que tienes que tener una especie de colchón. Necesitas tener a alguien que te diga: "Esto es algo que puedes hacer"». Halepete a su vez había intentado transmitir la tradición de soldar a sus hijas, pero no lo había conseguido.

Huang, por supuesto, tenía un padre y dos hermanos ingenieros. Sus dos hijos se habían dedicado a la hostelería, pero, tras años de suave intimidación paterna, los devolvió al rebaño. Madison, tras formarse como chef y trabajar en LVMH en París, en 2020 fue contratada en Nvidia como directora de marketing. Spencer había cofundado un «laboratorio» de cócteles en Taipéi que había sido nombrado uno de los cincuenta mejores bares de Asia, pero quebró durante la pandemia. Se incorporó al grupo de robótica de Nvidia en 2022. Dentro de Nvidia, Spencer y Madison no recibieron ningún trato especial evidente. «Preparan diapositivas. Mantienen llamadas aburridas interminables. Comen en la cafetería», dijo un empleado.

LA EMPRESA DE HUANG SE HABÍA BENEFICIADO mucho de la globalización, e históricamente Nvidia no se había preocupado mucho por los enredos geopolíticos. Eso cambió el 7 de octubre de 2023, cuando militantes de Hamás invadieron Israel y mataron a civiles de manera indiscriminada. La hija menor del fundador de Mellanox, Eyal Waldman, fue asesinada en la masacre, y el ingeniero de Nvidia Avinatan Or fue tomado como rehén. Más de 1.100 personas murieron en el asalto inicial de Hamás y más de 250 fueron secuestradas.

Siguió una feroz contraofensiva israelí; en los meses posteriores al ataque inicial, las fuerzas israelíes mataron a unos cuarenta mil palestinos, entre ellos al menos ocho mil niños. Más de la mitad de los edificios de Gaza fueron dañados o destruidos, y se organizaron protestas en todo el mundo. Al comienzo de la guerra, Nvidia tenía unos tres mil empleados israelíes; la empresa también tenía unos cien empleados palestinos en Cisjordania. Cuando cuatrocientos de sus trabajadores israelíes fueron llamados al servicio militar, Huang canceló una conferencia sobre IA en Tel Aviv, y luego envió un correo electrónico a toda la empresa diciendo a su personal en la región que les daba una bonificación «para ayudar a pequeña escala». También prometió que Nvidia igualaría las donaciones de ayuda humanitaria de los empleados. «Algunos quieren donar a los esfuerzos de ayuda de Israel, mientras que otros quieren ayudar a palestinos inocentes», decía el correo electrónico. «Tú decides apoyar los esfuerzos humanitarios en Israel, Gaza o ambos».

En declaraciones públicas, Huang no tomó partido en el conflicto y repitió que la seguridad de sus empleados era su máxima prioridad. Pero también destacó el valor del sector de alta tecnología israelí para Nvidia. «El corazón y el alma del procesador Blackwell vinieron de Israel», dijo a la prensa en la conferencia GTC de marzo de 2024. «Seguiremos invirtiendo mucho en Israel». Un mes después, con el conflicto en curso, Nvidia anunció que compraba por 700 millones de dólares la empresa emergente israelí con 150 empleados Run:AI.

Con China, Nvidia se enfrentó a una situación aún más delicada. Huang veía China como un mercado crítico para sus procesadores de IA y quería vender a los clientes chinos tantos procesadores como pudiera. El gobierno de EE.UU. tenía otras ideas y en 2022 bloqueó las ventas a China de los avanzados procesadores A100 y H100 de Nvidia. Huang eludió el embargo vendiendo versiones modificadas de los procesadores; el gobierno estadounidense, poco complacido, le acusó de aprovecharse de una laguna jurídica y demandó una prohibición más amplia de las ventas de equipos de Nvidia, incluidas algunas tarjetas de juego de gama alta.

Esto creó una situación inusual en China. Los medios de comunicación estatales chinos describían los videojuegos como «opio espiritual» y las autoridades chinas habían limitado el tiempo de juego de los niños a tres horas semanales. Pero la demanda de hardware de juegos de doble uso por parte de los científicos chinos, por no hablar de sus militares, era grande. En los días previos a la entrada en vigor de las sanciones, Nvidia se deshizo de procesadores a toda prisa y vendió suficientes A100 a ByteDance, los propietarios de TikTok, para entrenar a diez ChatGPT. Incluso después de la prohibición, los procesadores de gama alta siguieron encontrando la manera de entrar en China. En junio de 2023, Reuters informó de que en los puestos del enorme mercado de electrónica de Shenzhen, los vendedores del mercado negro ofrecían los A100 al doble de su precio de venta al público. Huang me dijo que su prioridad, por encima de todo, era cumplir la ley, pero se opuso a las sanciones. «Si no pueden comprárnoslo, simplemente lo fabricarán ellos mismos», dijo.

El mayor problema al que se enfrentaba Huang eran los proyectos de China para Taiwán. La flota china era la que tenía más buques de guerra, y China llevaba mucho tiempo afirmando que Taiwán formaba parte de su territorio nacional. En un discurso en la Nochevieja de 2023, Xi Jinping había anunciado que la «reunificación» con Taiwán era «inevitable». Imágenes por satélite publicadas en abril de 2024 mostraron que China había construido lo que parecía ser una réplica del distrito presidencial de Taipei en el desierto de Gobi, presumiblemente para entrenar para una invasión anfibia.

La escala de una invasión de este tipo, si alguna vez se produjera, haría que el Día D pareciera pequeño. También sería catastrófica para la economía mundial. Las instalaciones de fabricación de TSMC en Taiwán eran uno de los principales puntos de estrangulamiento de la producción en el mundo. Ninguna instalación en otro lugar se acercaba a la velocidad y precisión con que TSMC producía los microprocesadores más avanzados. Los retrasos en Taiwán durante la pandemia habían retrasado las entregas de automóviles durante meses. Una guerra provocaría retrasos de años, y no solo en los coches y la inteligencia artificial, sino también en los teléfonos inteligentes, la electrónica de consumo, los dispositivos médicos y cualquier otra cosa que utilizara un microprocesador de gama alta.

Para mi gran sorpresa, Nvidia no había hecho planes de contingencia para esta eventualidad. «Si algo le ocurre a Taiwán y TSMC, las ramificaciones son tan grandes que es casi como preguntarme qué haría si California cayera al océano», dijo Deb Shoquist. Shoquist dirigía la logística de la empresa de semiconductores más valiosa del mundo, pero Huang le había dado instrucciones para que nunca pensara en esta cuestión. «No quiero que gaste ni una neurona en intentar mitigarla, porque es imposible que lo haga», dijo. En caso de guerra, Shoquist especuló con que Nvidia transferiría sus pedidos a Samsung en Corea del Sur, así como a otros socios de todo el mundo. «Te diré lo que pasaría», dijo. «Lo que pasaría es que los productos de todo el mundo se simplificarían mucho».

Reconociendo la precariedad de Taiwán, los gobiernos habían empezado a financiar sus propias infraestructuras de fabricación de procesadores. En Estados Unidos, el presidente Biden había destinado decenas de miles de millones de los contribuyentes a construir instalaciones en Ohio y Arizona;

en Japón, Corea del Sur y la Unión Europea se habían puesto en marcha iniciativas similares. «En el sector de los semiconductores ya no hay globalización», dijo Morris Chang a los empleados en un acto de TSMC a finales de 2023. «La prioridad solo es la seguridad nacional».

En una zona desértica del norte de Phoenix, TSMC había despejado 1.100 acres de matorrales y estaba poniendo los cimientos de dos enormes instalaciones de fabricación de procesadores. Aunque técnicamente se encontraba dentro del término municipal de Phoenix, el lugar estaba desolado y la zona sin urbanizar; el entretenimiento más cercano era un campo de tiro al aire libre. El complejo constituía un mundo en sí mismo, con servicios exclusivos de agua y gas natural, y refinerías allí mismo que suministraban nitrógeno, oxígeno y argón elementalmente puros. Las temperaturas en Sonora podían superar los 43 °C en agosto. Para ahorrar agua, las plantas estarían equipadas con sistemas de recuperación de la humedad, como salidas de Dune.

Unos vecinos curiosos, que vigilaban las obras desde el cercano Pyramid Peak, contaron treinta y nueve grúas de construcción funcionando simultáneamente, incluida una oruga Manitowoc de más de 50 metros que podía levantar más de 2.200 toneladas a la vez. Se preveía que el presupuesto total de TSMC para las plantas de Phoenix superaría los 40.000 millones de dólares, lo que las convertía en una de las mayores inversiones extranjeras directas de la historia de Estados Unidos y uno de los megaproyectos más caros del mundo. Cuando estuvieran terminadas, las fábricas de Phoenix emplearían a dos mil personas y fabricarían seiscientos mil procesadores al año, suficientes para satisfacer toda la demanda interna de Estados Unidos.

A sesenta kilómetros al sur, en el barrio residencial de Chandler, Intel estaba financiando su propia ampliación de 32.000 millones de dólares. En medio de los campos de golf y las casas estilo rancho con xerojardín, Intel construía durante las 24 horas del día sin descanso: para asegurarse de que los cimientos se asentaran con el calor del verano, los constructores utilizaban hielo en la mezcla de hormigón y lo vertían en plena noche. En total, colocaron unos trescientos mil metros cúbicos de hormigón, lo suficiente para llenar cien piscinas olímpicas, y después transportaron treinta mil toneladas de acero para construir los andamios. Las imágenes de dron mostraban seis gigantescos edificios de fabricación, dispuestos de norte a sur y conectados por capilares industriales a una línea paralela de estructuras de apoyo situada al oeste.

El duelo entre las plantas de Arizona y otras en construcción en todo el mundo sugería la posibilidad de un próximo exceso de oferta. Chang, retirado y fuera del grupo de toma de decisiones, consideraba que la inversión en Arizona era una tontería porque creía que la cultura laboral estadounidense nunca igualaría a la productividad de Asia y que las instalaciones irían con retraso respecto a sus rivales mundiales. Cuando Nancy Pelosi visitó Taiwán en 2022, Chang le dijo que los proyectos estadounidenses estaban «condenados al fracaso». Chang también argumentó que la concentración de TSMC en Taiwán en realidad estaba previniendo una invasión china, porque ninguna economía nacional sufriría tanto como la de China si TSMC dejaba de funcionar. Lo llamó el «escudo de silicio» de Taiwán. Aun así, cuando su cliente favorito, Jensen Huang, visitó las obras de construcción de TSMC en Phoenix en 2023, Chang estaba allí para recibirlo con una sonrisa.

China no tenía nada comparable. El gobierno estadounidense había conseguido presionar para bloquear la exportación de las avanzadas máquinas de fotolitografía o insoladoras, que eran el componente más crítico del proceso de fabricación, dejando a China una década atrás. Me pregunté si, en vez de eso, China no intentaría apoderarse de las plantas de TSMC en Taiwán y producir microprocesadores por su cuenta. Un exmilitar estadounidense con el que hablé lo consideró improbable. «Esto no es como cuando Irak conquistó Kuwait por los campos petrolíferos», dijo. «Estas máquinas son increíblemente precisas y frágiles, hasta la precisión de un átomo. ¿Qué crees que le pasará a esa máquina si un misil estalla a su lado?». El exfuncionario señaló que los administradores podían bloquear las máquinas a distancia desactivando su software; los trabajadores también podían simplemente romper las máquinas con bates de béisbol y martillos. «Yo diría que no hay que subestimar el sabotaje de los ingenieros taiwaneses», dijo.

Aun así, me pregunté si era tan descabellado preguntar si China no podía reconstruir las máquinas. ¿No era posible que pudieran escribir sus propias actualizaciones de firmware? ¿O forzar a los ingenieros taiwaneses a hacer funcionar la línea de producción bajo coacción? El exmilitar hizo una larga pausa. «Estados Unidos no permitirá de ninguna manera que China se quede con las fábricas taiwanesas de semiconductores», dijo. «Punto. Nunca».

La prosperidad se extendió más allá de Nvidia y desembocó en un frenesí general por los semiconductores. Qualcomm, AMD, Broadcom, Supermicro y otras empresas disfrutaron de valorizaciones récord. ASML, la empresa de Países Bajos que construyó las máquinas de fotolitografía o insoladoras, se convirtió en el valor tecnológico más alto de Europa. TSMC, con sus incomparables instalaciones de fabricación, se convirtió en el valor tecnológico más valioso de Asia. En marzo de 2024, el *Financial Times* informó de que las ventas de Ferrari en Taiwán se habían duplicado en los últimos cuatro años. «Es muy sencillo», dijo un empresario local. «Los taiwaneses son ricos y solo hay un número limitado de lugares donde puedes colocar tu dinero: puedes comprar propiedades y puedes comprar coches».

Desde la fecha de salida a bolsa, el 22 de enero de 1999, hasta mediados de 2024, las acciones de Nvidia se revalorizaron más de un 300.000 %. La subida magnificó el impacto de decisiones descuidadas tomadas muchos años antes. Dwight Diercks había vendido algunas acciones en la OPV para comprarle un coche a su padre. «Es un Cadillac de mil millones de dólares», dijo. Catanzaro y Aarts, los contratados del boomerang, sintieron el aguijón de la revalorización de sus opciones sobre acciones, aunque al final ambos lo hicieron bien. Curtis Priem, por supuesto, había liquidado todas sus acciones muchos años antes. Al final su empresa los había puesto verdes de envidia, solo que a él le había tocado envidiar más que a nadie.

A finales de 2024, Nvidia valía veinte veces más que Intel en apuros. De hecho, las participaciones de Huang le hicieron valer personalmente más que Intel. En una charla a estudiantes del MIT en diciembre de 2023, el nuevo director general de Intel, Pat Gelsinger, afirmó que Nvidia «tuvo una suerte extraordinaria» con sus esfuerzos en la GPU. «Ni siquiera quisieron apoyar su primer proyecto de IA», dijo.

Gelsinger, un ingeniero eléctrico delgado y aguileño de la zona rural de Pensilvania, había intentado obligar a Huang a abandonar el negocio varias veces. A finales de la década de 1990, había sido el director de producto del

Intel i740, un acelerador de gráficos 3D que fracasó. A finales de la década de 2000, había sido el ejecutivo responsable del Proyecto Larabee, el «asesino de Nvidia» que nunca llegó a lanzarse. En 2022, Gelsinger, ahora director general, había lanzado el Intel Arc, una imitación del procesador gráfico de consumo que disfrutó de una traviesa cuota de mercado del 1 %. Mientras sus rivales adoptaban el ágil enfoque del «procesador comercial», Gelsinger redobló la apuesta por la fabricación. Bajo su dirección, en uno de los mayores mercados alcistas de semiconductores de todos los tiempos, las acciones de Intel se redujeron a la mitad.

El consejo de Intel forzó la salida de Gelsinger a finales de 2024, pero no fue el único en expresar la sensación de que Huang había tenido suerte. Nadie, ni siquiera Catanzaro, había visto venir la intersección de la computación paralela y las redes neuronales. Aarts, que entendía los aspectos técnicos de las dos tecnologías mejor que nadie, se maravilló de la perfecta armonía. Dos ramas marginales de la informática, privadas de inversión, odiadas, mejor dicho, detestadas tanto por la industria como por los investigadores de forma similar, se habían unido para formar una entidad próspera y en expansión que ahora se dirigía hacia la sensibilidad. «Pensé que es imposible que Nvidia tenga tanta suerte», dijo Aarts. «Es imposible que el aprendizaje profundo encaje de manera tan perfecta porque ¡Nvidia nunca ha invertido ningún esfuerzo en ello!».

Huang lo llamó «suerte, basada en la visión».

Para Dally, fue la incansable ética de trabajo de Huang lo que hizo triunfar a Nvidia.

Incluso Dally, que no dejaba ni un segundo libre en todo el día, no acababa de creerse los esfuerzos sobrehumanos de su jefe. «Los demás solo estamos aquí para reducir la demanda de ancho de banda de Jensen», dijo Dally. «Quiero decir, ¿cuándo duerme?». Diercks estuvo de acuerdo: «Sus aficiones son el trabajo, el correo electrónico y el trabajo».

Sin embargo, mucha gente trabajaba muchas horas. Jens Horstmann atribuyó el éxito de Huang a su capacidad de adaptación. «A menudo me pregunto cómo es posible que empezáramos en el mismo cubículo, ya sabes, con un coeficiente intelectual similar y trabajando igual de duro», dijo Horstmann. «¿Cómo es que esta persona no solo construyó esta empresa increíble, sino también una red a su alrededor de personas que morirían por él si fuera necesario?» En opinión de Horstmann, Huang había cambiado muchas veces. Recordó a Huang en LSI, llevando el software de simulación a sus límites. «Ahora sigue haciendo lo mismo, pero se está diseñando a sí mismo. No nació como un gran director general, no estaba destinado a serlo. Se transformó a sí mismo en uno, ¡simplemente abstrayéndose! Simplemente resolviendo los problemas de entradas y salidas de lo que debería ser un buen director general».

Pero Morris Chang tuvo la última palabra. No atribuyó el éxito de Huang a su ética de trabajo, que en TSMC se habría considerado ligeramente superior a la media, ni le pareció que Huang fuera especialmente adaptable. Chang tenía noventa y dos años cuando hablé con él, llevaba un jersey de punto morado y estaba sentado frente a una llamativa obra de arte abstracto, con el rostro sereno y el pelo completamente blanco. En setenta años de vida empresarial en dos continentes había visto todo tipo de ejecutivos. Para él, la explicación era sencilla y no había ningún secreto: «Su intelecto es simplemente superior».

VEINTIUNO

Jensen

Los empleados de Nvidia adoraban a Huang, y no podía culparles. Eran ricos. Eran absurda e increíblemente ricos, y él los había hecho así. Había tomado un producto de nicho para zumbados y lo había convertido en la plataforma informática dominante de su tiempo. No solo veían a Huang, perdón Jensen, no solo veían a Jensen como un líder sino como un profeta. Jensen fue un profeta que hizo predicciones sobre cosas. Y luego esas cosas se hicieron realidad. Y cada vez que una de ellas se hacía realidad, todo el mundo en las naves espaciales conseguía añadir un cero a su patrimonio neto.

Jensen había hecho mucho por fomentar este culto a la personalidad. Los discursos, las sesiones de debate, las zalamerías alternadas con insultos... todo eran tácticas que servían para doblegar a la gente a su voluntad. También había desarrollado su marca personal, y no solo con las chaquetas de cuero. Durante gran parte de la historia de Nvidia, Jensen había sido conocido como «Jen-Hsun», la transliteración de su nombre taiwanés, pero en 2023 había decidido ser simplemente «Jensen», inclinándose por un monónimo icónico. La muerte de Steve Jobs en 2011 había dejado vacante el puesto de ejecutivo tecnológico visionario con una indumentaria característica, un papel ceremonial importante en la cultura estadounidense. En 2024 parecía que Jensen podría ser ese hombre.

Pero también siguió siendo un poco escurridizo. Incluso cuando le hacías hablar, había que tener cuidado: Jensen tenía un rico tesoro de anécdotas para compartir, pero a veces los detalles de esas anécdotas cambiaban un poco. Había aprendido que citarle directamente era arriesgado; solo porque dijera algo en voz alta no significaba necesariamente que lo creyera. El torrente de cháchara de Jensen podía llevarle a cualquier sitio, a extraños sinsentidos sobre el vómito de los perros, la moda masculina, la calidad de los huevos en Denny's o cualquier otra cosa que se le ocurriera. La consistencia no era un rasgo de su personalidad: a menudo, lo que parecía una opinión bien meditada, o incluso un aforismo conciso, en realidad era algo que se le ocurría de improviso, que no necesariamente quería decir y que luego no recordaba haber dicho.

Jensen se contradecía con frecuencia, a veces ofreciendo puntos de vista opuestos en la misma entrevista. No hacía exactamente de abogado del diablo, lo que le gustaba exactamente era atacar ideas desde ambos lados. «No intenta ser un político», dijo Horstmann. «No intenta mantener el mensaje. Trata de procesar la información en tiempo real y está dispuesto a mantener un pensamiento contradictorio durante un tiempo». Lo que podría parecer un pronunciamiento definitivo a menudo no era más que Jensen pensando en voz alta.

Solo cuando empezaba a repetirse era el momento de prestar atención. Cuando a Jensen se le ocurría una idea de verdad, iba cobrando fuerza lentamente durante días o incluso semanas. Se incorporaba a su vocabulario y se repetía en todas las reuniones. Conceptos como el «mercado de los cero mil millones de dólares» o la «velocidad de la luz» no habían llegado a Jensen de la noche a la mañana; lo habían hecho como pepitas de sabiduría pulidas tras pasar meses revolviéndose en el tambor de roca de su mente. Una vez recibidas, se las inculcaba tan a fondo a sus empleados que a veces parecían personajes de *El mensajero del miedo*, repitiendo al pie de la letra los eslóganes de Jensen con mirada vidriosa. Incluso los empleados que llevaban años sin trabajar en Nvidia podían recitar el catecismo de memoria.

Sin embargo, tenía su lógica. El carisma y el sentido del humor de Jensen mantenían las cosas relajadas. Si su estilo de liderazgo era a la vez caótico y dictatorial, al menos no era aburrido. Un empleado, después de dejar Nvidia, recuerda que experimentó una sensación de hundimiento al ver una presentación en su nueva empresa. «Nuestro director general estaba haciendo la presentación trimestral, yo estaba mirando y pensaba: "Dios,

¿dónde está el humor? ¿Siempre es tan jodidamente seco?"», dijo. Los otros empleados lanzaron miradas de interrogación al recién contratado, que se movía en la silla. «Yo pensaba: "Jesús, no tenéis ni idea de lo que os estáis perdiendo"», dijo.

Era divertido observar a Jensen. A finales de 2023 vi cómo Hao Ko, el arquitecto jefe de la sede de Nvidia, le entrevistaba públicamente. La conversación tuvo lugar en un lujoso complejo turístico de la costa del Pacífico. Llegué pronto y me encontré a los dos hombres frente al océano y conversando en voz baja. Vestían de forma casi idéntica, con chaquetas de cuero, vaqueros negros y zapatos, todo de color negro, aunque Hao era mucho más alto. Esperaba capturar algunos comentarios sinceros sobre el futuro de la informática, pero en lugar de eso conseguí una burla de seis minutos del guardarropa de Hao. «¡Mira a este tipo!» dijo Jensen. «Va vestido como yo. Me está copiando, algo inteligente, solo que sus pantalones tienen demasiados bolsillos». Hao soltó una risita nerviosa y bajó la mirada hacia sus vaqueros de diseño, que tenían algunos bolsillos con cremallera más de lo que exigiría la funcionalidad estricta. «¡Simplifica, tío!», dijo Jensen, antes de volverse hacia mí. «Por eso va vestido como yo. Yo le enseñé todo lo que sabe».

La entrevista estaba patrocinada por Gensler, la empresa de Hao, y asistieron varios centenares de arquitectos. A medida que se acercaba el evento, Jensen aumentó la intensidad de su gag, soltando una serie de chascarrillos y balanceándose hacia adelante y hacia atrás sobre los pies. Jensen daba docenas de conferencias al año y ese mismo día había dado una charla a un público distinto, pero, para mi asombro, me di cuenta de que estaba nervioso. «Odio hablar en público», dijo. Era cierto, realmente lo odiaba.

En el escenario, sin embargo, fue convincente. Hao apenas tuvo que hacer una pregunta. Mirando una foto de su sede corporativa detrás de él, Jensen empezó a criticar el diseño de la última planta. En un principio, Jensen había querido un balcón al aire libre en la azotea, pero Hao no había podido entregarlo a tiempo. Jensen se preguntó si el edificio estaba realmente terminado y, avanzando a partir de esta pregunta, se preguntó si algún edificio estaba realmente terminado. Empezó a divagar sobre la arquitectura cambiante en la era de la IA, que se reorganizaría para satisfacer las demandas cambiantes de los clientes. «Tal vez a la una, las tres plantas superiores se conviertan en un club nocturno», dijo Jensen.

Ko se quedó mirando, perplejo. Jensen solo estaba empezando. «Ahora, si el edificio está robotizado, todo el edificio está controlado por software, ¿no es así?», preguntó a la multitud. Huang razonó que, en el futuro, los edificios de oficinas recopilarían datos sobre el comportamiento de los trabajadores y los introducirían en una IA, que rediseñaría el gemelo digital del edificio en Omniverse antes de introducir cambios en el diseño físico durante la noche. Especuló que Gensler evolucionaría de un estudio de arquitectura hasta una empresa tecnológica que gestionaría el software de cambio de forma. «Al igual que nosotros gestionamos flotas de ordenadores, ustedes gestionarán estos edificios», dijo Jensen. «Y ahora, Gensler, los próximos edificios que diseñéis serán gratuitos, ¿no es cierto? Serán gratuitos, y la razón es que ustedes ganarán dinero gestionando el edificio, y se enriquecerán más allá de sus sueños más descabellados. Lo habéis oído aquí por primera vez».

Tras la entrevista, Jensen respondió a preguntas del público, incluida una sobre los riesgos potenciales de la IA. «Está la IA del día del juicio final. La IA que, de algún modo, ha salido del ordenador y consume toneladas y toneladas de información y aprende por sí sola, modificando su actitud y sensibilidad, y empieza a tomar decisiones por sí sola, incluso pulsando botones de todo tipo», dijo Jensen, haciendo la pantomima de pulsar botones en el aire. La sala se quedó en silencio. «Ninguna IA debería ser capaz de aprender sin un humano en el bucle», dijo. Un arquitecto preguntó cuándo podría empezar la IA a resolver cosas por sí misma. «La capacidad de razonamiento está a dos o tres años vista», dijo Jensen. Un pequeño murmullo recorrió la multitud.

Después me puse al día con Hao. Parecía un poco estresado porque su «entrevista» con Jensen había consistido en una sola pregunta y una respuesta de Jensen de cuarenta y cinco minutos. Le aseguré que el evento había sido un éxito; la atención embelesada del público era algo que no se podía fingir. Entonces le pregunté a Hao qué pensaba de la arquitectura que cambia de forma. «Mira, cuando le conocí, hablaba de coches autónomos, y entonces también me pareció una locura», dijo Hao encogiéndose de hombros. «He aprendido a no cuestionarle».

A MEDIDA QUE AUMENTABA EL PRECIO DE LAS ACCIONES DE NVIDIA, Jensen el ejecutivo se transformaba en Jensen la celebridad. Ahora, su base de seguidores no solo incluía a jugadores, sino también a científicos cuyo trabajo apoyaba, aceleradores de IA cuya tecnología hacía posible, jubilados de la generación Baby Boomer cuyas carteras había rescatado e «inversores» minoristas degenerados que tenían un comportamiento impulsivo y descuidado, e invertían los ahorros de toda su vida en opciones sobre acciones de Nvidia cada vez que hablaba. El discurso de Huang en la GTC 2024 fue tan popular que se celebró en un estadio de la NHL en el centro de San José. El recinto tenía capacidad para diecisiete mil personas, pero no fue suficiente para albergar a la multitud que se apiñaba. Ocho mil aspirantes fueron rechazados y tuvieron que ver la presentación en la transmisión simultánea.

El discurso comenzó con una instalación artística de IA dirigida en directo por el artista multimedia Refik Anadol. En una pantalla gigante situada al fondo del estadio, un campo de colores salvajes y palpitantes se fusionaba ocasionalmente en formas reconocibles de flores, árboles y pájaros, antes de desintegrarse en un alboroto de píxeles arremolinados. Pensé en *Las Metamorfosis* de Ovidio: «Uno solo era de la naturaleza el rostro en todo el orbe, al que dijeron Caos, ruda y desordenada mole». Entonces Huang subió al escenario entre aplausos, seguidos de la acción sincronizada de varios miles de cámaras de teléfonos inteligentes que se levantaron a la vez para grabarle.

Hacía cinco años que Huang no se presentaba en persona en la GTC. Entre tanto, su mundo se había transformado. Ahora parecía un poco mayor; su pelo era completamente canoso y la musculatura robusta que había mantenido hasta bien entrada la madurez había disminuido un poco con el tiempo. Mostró su mapa dibujado a mano de la historia de la informática, empezando por la arquitectura S/360 de IBM en 1964 y terminando con su nueva revolución industrial. «He hecho un pequeño dibujo animado para ustedes», dijo. «Literalmente, he dibujado esto». Pasó a hablar de AlexNet, que calificó como el momento de «primer contacto» con la IA y, mientras lo hacía, apareció en la pantalla un primer plano de su diagrama de despiece de la tarjeta GeForce utilizada para entrenarla.

Huang creía que el campo de la informática se había reinventado en ese momento. La arquitectura de IBM, predominante durante los primeros sesenta años, estaba siendo sustituida por la computación paralela, las redes neuronales y la nube. La informática ya no implicaría interacciones engorrosas con pantallas o equipos complicados. En su lugar, los usuarios le darían a la máquina órdenes en lenguaje natural para realizar instantáneamente acciones de potencia casi ilimitada. A partir de entonces, los humanos serían hechiceros.

Al público le fascinó. Un *podcaster* de tecnología, sentado a mi lado en la pista del estadio, empezó a mover la pierna por la emoción. Huang presentó hardware nuevo, «microservicios» nuevos para una inferencia más rápida, software nuevo para investigadores y una plataforma nueva de entrenamiento robótico llamada GR00T. Al final de la presentación se le unieron dos androides de un metro de altura que desfilaron con él fuera del escenario entre calurosos aplausos.

La conferencia continuó durante los cuatro días siguientes en el centro de convenciones adyacente, donde cientos de expositores mostraron todo tipo de extrañas tecnologías, incluido un robot camarero. Cada vez que Huang pisaba la sala, inmediatamente era asediado por solicitantes de autógrafos que querían que les firmara sus tarjetas de la conferencia y sus GPU para juegos. Toleró la adulación sin alterarse y con buen humor, aunque en un momento dado, cuando intentó ir al aseo de caballeros, apenas pudo atravesar la congregación de fieles que le rodeaban por todas partes. «Gente haciéndome fotos en el baño, eso es nuevo para mí», dijo. Mientras avanzaba por la sala, me preguntaba si era simplemente uno de los grandes hombres de negocios de la época o algo más.

AL MIRARLO DE CERCA estaba claro que Jensen estaba teniendo problemas para procesar el éxito. Dormía poco y las constantes apariciones públicas le sometían a un estrés considerable. Cuando pronunció el discurso de apertura de la graduación de CalTech en 2024, lo clavó, como de costumbre, pero, cuando me encontré con él después, estaba sentado en un banco de madera con los brazos cruzados y una expresión arisca en la cara.

Cada vez que veía a Jensen llevaba la misma camiseta completamente negra con un monograma de Thomas Burberry. Había comprado veinticuatro camisetas en 2020 y las había ido rotando cada día durante los últimos cuatro años. Vestido con este uniforme, había adoptado lo que ahora reconocía como su pose habitual, utilizando el banco como una especie de atrezo, el cuerpo en diagonal, las piernas abiertas, los caros zapatos apretados contra el patio adoquinado. Su patrimonio neto fluctuaba con la bolsa, pero aquel día, al menos, valía más de 100.000 millones de dólares. «Ahora soy muy rico», dijo. «¿Sabes lo rico que soy?». No era un alarde. Le pregunté si tenía algún plan sobre qué hacer con el dinero. «No tengo ni idea», dijo. «Ninguna».

Jensen me dijo que se había despertado esa mañana a las 3:30 con uno de sus perros durmiendo entre sus piernas. Después de treinta y un años, era el director general que más tiempo llevaba en el cargo de cualquier valor tecnológico del S&P. No necesitaba salir de la cama, admitió, y en realidad tampoco quería hacerlo. «¿Hay algo concreto que nos vaya a llevar hoy a la quiebra?», se preguntó. No, no lo había. Pero ¿había algo a corto plazo? Bueno, quizás. Ahora los mayores clientes de Nvidia estaban fabricando sus propios microprocesadores. AMD, consciente de que el hardware no era suficiente, estaba contratando a una gran cantidad de ingenieros de software. Si los ingenieros de Nvidia no llevaban de la mano a sus clientes, la tecnología de redes neuronales podría decepcionar y la demanda de sus productos se reduciría.

A las cuatro de la mañana, Jensen estaba levantado y trabajando. Siempre empezaba la jornada laboral con su proyecto a largo plazo más importante, pensando que, si lo abordaba, el día no podría considerarse un fracaso pasara lo que pasara. En varias conversaciones con él, me había dado cuenta de que tenía algo grande entre manos, pero se negaba a revelarlo. «Tengo que tener algunos secretos», dijo.

Sin embargo, podía adivinarlo. Habían circulado rumores sobre una red neuronal en la que estaba trabajando OpenAI llamada Proyecto Strawberry. Se decía que era una IA «racional», diseñada para realizar investigación pura en matemáticas. Jensen nunca habló del Proyecto Strawberry conmigo, pero un par de veces me había pedido de pasada que imaginara un mundo en el que las pruebas matemáticas se produjeran bajo demanda con solo pulsar un botón. «El coste marginal del cálculo ha llegado a cero, y esto ha abierto posibilidades increíbles», había dicho. «Bueno, pregúntate, cuando el coste marginal de hacer cálculos matemáticos llega a cero, ¿qué haces entonces?».

Miré hacia el estanque de tortugas de CalTech. Todos los científicos de aquí, toda esta capacidad intelectual, suplantada en un instante por un zillón de transistores anidados. ¿Qué ocurriría entonces? ¿Le daríamos la Medalla Fields a un ordenador? ¿Habíamos llegado a una teoría del campo unificado en física? Pensé en los engranajes de Pascal, girando por primera vez para producir un cálculo mecánico, pero Jensen ya había conquistado la aritmética. Ahora sus máquinas atacarían la lógica.

VEINTIDÓS

El miedo

El miedo golpeó a Yoshua Bengio un día de invierno de principios de 2023. El pionero de la IA de Montreal fue uno de los primeros defensores de las redes neuronales. Llevaba mucho tiempo fascinado por la tecnología y la había defendido durante varias recesiones. En 2019 recibió el premio A. M. Turing, el equivalente del Premio Nobel en informática, por su investigación fundamental en este campo. Sus colaboradores habituales Yann LeCun y Geoffrey Hinton ganaron el premio junto a él.

Bengio era delgado, con las cejas marcadamente arqueadas, frondosas y una mirada penetrante. Sus padres, judíos sefardíes de Marruecos, se habían trasladado a Montreal en la década de 1970 para participar en el panorama vanguardista de las artes escénicas. Bengio se había decantado por los ordenadores, aunque estudiar redes neuronales en la década de 1990 era apenas más respetable que el teatro experimental. Pero su trabajo sentó las bases de AlexNet y, a mediados de la década de 2010, Bengio se sentía reivindicado. Los oscuros artículos de investigación que había publicado en revistas especializadas años antes servían de base para un campo científico nuevo. Bengio era un académico puro con poco interés en el comercio, pero observaba el auge de la IA con una especie de orgullo paternal.

Sin embargo, como muchos investigadores del sector, Bengio a veces imaginaba un mundo en el que la IA se volviera demasiado poderosa. Sin embargo, durante la mayor parte de su carrera, este experimento mental era una especie de broma: si la IA iba a conquistar el planeta, ¿por qué era tan difícil conseguir una beca de investigación de 10.000 dólares para estudiarla? Pero, tras el lanzamiento público de ChatGPT, Bengio, por primera vez en su vida, empezó a preocuparse de verdad. Estaba asombrado por las capacidades de ChatGPT, simplemente estupefacto, se había quedado sin palabras. Bengio creía que no viviría para ver ordenadores que interactuaran con los humanos de una forma que pareciera inteligente. Entonces, un día de finales de 2022, la tecnología simplemente llegó. Lo comparó con conocer a un extraterrestre.

Bengio salía a pasear todas las mañanas para reflexionar, hiciera el tiempo que hiciera. El día que apareció «El miedo», la temperatura había sido más suave de lo habitual y las calles de Montreal estaban cubiertas de aguanieve. Rodeado de árboles desnudos y nieve grisácea, Bengio se sintió invadido por una emoción extraña, como nunca antes había experimentado. Él lo llamó una «conversión». «Estaba pensando en mis hijos y en mi nieto», me contó. «¿Qué será de ellos dentro de veinte años? ¿Tendrán una vida?».

El miedo era el peor tipo de miedo, uno que se volvía más aterrador cuando dejabas a un lado las emociones y examinabas el problema racionalmente. Bengio lo comparaba con la amenaza de una guerra nuclear. En realidad, era peor que eso: algunas personas sobrevivirían a una guerra nuclear, razonaba, pero, si una IA decidiera acabar con nosotros, podría diseñar un patógeno letal capaz de exterminar a todos los humanos de la Tierra. «No creo que exista nada parecido en términos de escala de peligro», dijo.

Después de su paseo, Bengio se puso en contacto con su amigo y colaborador habitual Geoffrey Hinton para que comprobara su cordura. No sirvió de nada porque Hinton había llegado por su cuenta a las mismas conclusiones. De hecho, había llegado a las mismas conclusiones de la misma manera y casi en el mismo momento: investigando las capacidades de ChatGPT, primero con una sensación de satisfacción, luego de reivindicación personal y, por último, de malestar sigiloso. Poco después, Hinton dejó su trabajo en Google para dedicarse a tiempo completo a asesorar a la humanidad sobre los riesgos de la IA fuera de control. Ilya Sutskever, que había creado ChatGPT, también estaba cada vez más preocupado y proponía dedicarse a tiempo completo al problema de la «alineación» para garantizar que las

IA superinteligentes no persiguieran objetivos contrarios al beneficio de la raza humana. Que Bengio, Hinton y Sutskever pensaran de forma similar era una convergencia alarmante. Ocupaban los puestos uno, dos y tres entre los informáticos vivos más citados. A los tres les preocupaba que la IA pudiera matarnos a todos.

Por supuesto, no todos lo veían así. Yann LeCun, el tercer cogalardonado con el premio Turing, pensaba que sus colegas estaban haciendo el ridículo. En 1998 LeCun fue el arquitecto principal de una red neuronal que podía reconocer la escritura humana, luego había concedido la licencia a Correos y a instituciones financieras, que la habían utilizado para leer direcciones y analizar cheques en papel. El analizador de escritura manuscrita de LeCun fue el primer uso industrial generalizado de una red neuronal multicapa.

LeCun procedía de París, tenía un buen sentido del humor y hablaba con la autoridad de un hombre cuyas intuiciones habían sido repetidamente validadas por la investigación científica. Bengio había sido su coautor muchas veces, incluso en el famoso trabajo sobre la escritura a mano. Ambos hablaban francés de forma nativa y habían desarrollado una estrecha amistad en sus muchos años de investigación juntos. Ahora, sus puntos de vista opuestos sobre el riesgo de la IA estaban creando una ruptura en su relación. «En teoría, seguimos siendo amigos», me contó Bengio. «Pero hoy discutimos en público de un modo que los amigos no suelen hacer».

LeCun no le tenía ningún miedo a la IA y pensaba que Bengio estaba antropomorfizando a una máquina inofensiva. «El afán de dominación, o al menos de influencia, que tienen algunos humanos nos ha sido inculcado por la evolución, porque somos una especie social con una organización jerárquica», le contó LeCun a la revista *Time*. «Los sistemas de IA, por muy inteligentes que sean, estarán subordinados a nosotros. Nosotros fijamos sus objetivos y ellos no tienen ningún objetivo intrínseco que hayamos construido en ellos para dominar». Por supuesto, una red neuronal podría tener el deseo de dominar, admitió LeCun; solo que, en su opinión, nadie sería tan tonto como para construir una. «Sería realmente estúpido construirla. También sería inútil. De todos modos, nadie la compraría». Las palabras de LeCun se hacían eco de las de Pascal, quien, a mediados del siglo XVI, había mirado fijamente los engranajes de su calculadora en busca de la conciencia. «La máquina de sumar produce efectos que se acercan más al pensamiento que todo lo que hacen los animales», escribió, «pero no hace nada para justificar la afirmación de que tiene voluntad».

Bengio pensaba que LeCun pecaba de exceso de confianza. Las personas, tanto individuos como sociedades enteras, hacían todo tipo de cosas tontas y destructivas. Por ahora, el coste de entrenar la tecnología de IA limitaba su desarrollo a organizaciones relativamente responsables, pero, a medida que Nvidia reducía el coste de la computación, ampliaba la capacidad de entrenar una IA a todo el mundo, y la superinteligencia malvada solo tenía que surgir una vez. «Cuanto más potente se vuelve la IA, más probable es que quiera tomar el control del ordenador en el que se ejecuta para obtener más recompensas», dijo Bengio. «Ese es el final de la historia para nosotros».

Hinton se mostró de acuerdo y advirtió de que algo así podría ocurrir de forma inadvertida. «Supongamos que una de ellas tuviera una pequeña cantidad de impulso, el más mínimo impulso para ayudarse a sí misma», dijo. Esa IA ganaría, dijo Hinton. «Se daría a sí misma algunos recursos más. De hecho, las variantes más egoístas serán las mejores. Y creo que se puede ver que es una pendiente muy resbaladiza».

El distanciamiento entre Bengio y LeCun reflejaba una división en la comunidad de la IA en general. A veces, la discusión se enmarcaba en una variable paramétrica llamada `p(doom)`, que representaba tu valoración de la probabilidad de que la IA pudiera eliminar algún día a la raza humana. Para LeCun, `p(doom)` era cero. Para Bengio, `p(doom)` era del 50 %. Los dos representaban visiones extremas del problema, aunque cualquier número superior a cero era preocupante.

Cuando había hablado con Bengio a principios de 2023, la `p(doom)` de Hinton también era del 50 %. Dicho de otro modo, para enfatizar: el científico de IA más famoso del mundo creía que la probabilidad de que la IA causara un resultado catastrófico para la humanidad era de una posibilidad entre dos. Pero, cuando hablé con él en 2024, Hinton había reducido esta estimación a entre el 10 % y el 20 %. Me contó que la razón por la que redujo su estimación fue que muchas personas cuya inteligencia respetaba habían discrepado enérgicamente con él. «El más notable, por supuesto, es Jensen», dijo.

La `p(doom)` de Jensen era cero. De hecho, aunque técnicamente no era posible tener una `p(doom)` negativa, Jensen la tenía. Jensen se opuso enérgicamente a todo el marco, pensó que la pregunta era estúpida y que la gente que discutía sobre ella estaba frenando a la humanidad. En Denny's, incluso había sugerido que Hinton estaba empañando su legado académico considerando este tipo de especulaciones.

Esto hizo que Hinton aplicara correcciones, pero Bengio se mantuvo firme en su postura. No es una casualidad que Bengio sea uno de los pocos científicos importantes de IA que nunca ha recibido dinero de Silicon Valley. Tanto Hinton como Bengio habían apoyado un proyecto de ley del estado de California que exigía la regulación de los modelos de IA cuyo entrenamiento costara más de 100 millones de dólares. Este proyecto de ley, SB 1047, fue muy impopular en Silicon Valley. Se encontró con la oposición de una coalición de capitalistas de riesgo y empresas tecnológicas, así como un batallón de grupos de presión de Sacramento. Nancy Pelosi, una histórica inversora en tecnología, emitió una declaración en contra, al igual que varios académicos, como Fei-Fei Li, de Stanford, que argumentaron que el proyecto de ley obstaculizaría la innovación y no reduciría el riesgo. Andrew Ng, el profesor que había sintetizado imágenes de gatos en Google, comparó la preocupación por una dominación de la IA con la preocupación por la superpoblación en Marte. Las encuestas de opinión sugirieron que casi el 80 % del público apoyaba el SB 1047, pero, en septiembre de 2024, el gobernador de California, Gavin Newsom, vetó el proyecto de ley.

Jensen no hizo ningún comentario público sobre el SB 1047, pero siguió insistiendo en que no había datos que respaldaran la especulación (ciertamente bastante descabellada) sobre el riesgo de la IA. Cuando compartí las objeciones de Jensen con Bengio, se puso nervioso. «¡Por supuesto que no hay datos!», dijo. «¡La humanidad aún no ha desaparecido! ¿Vamos a esperar a que se repita varias veces la muerte de la humanidad para decidir que, oh, ahora tenemos datos?». Tenía razón. Todos los datos del mundo no habrían predicho la irrupción de AlexNet o el éxito de la arquitectura del transformer. Dos veces en diez años, la IA había experimentado mejoras imprevisibles y actualizaciones permanentes de sus capacidades. Bengio no creía que los modelos actuales supusieran una amenaza inmediata para la vida humana, pero ¿y el próximo avance? Nadie podía decir lo que traería consigo ni cuándo podría suceder.

Incluso si la superinteligencia no apareciera en la próxima década, su llegada en veinte, treinta o incluso cien años parecía inevitable. Se trataba de un horizonte temporal fuera de los límites del rendimiento de la inversión proyectable, pero dentro del periodo de la historia de la humanidad. En una o dos generaciones, el *homo sapiens* podría dejar de ser la especie dominante del planeta, pero los inversores de capital riesgo no miraban tan lejos.

El desajuste entre el beneficio a corto plazo y el riesgo a largo plazo creó confusión en las nuevas empresas emergentes de IA. En OpenAI, en noviembre de 2023 se había producido un extraño golpe de estado en la sala de juntas, en el que Ilya Sutskever votó primero a favor de la destitución de Sam Altman y, pocos días después, suplicó su reincorporación. Altman triunfó en última instancia y el resto de la junta directiva sin ánimo de lucro fue sustituida. Tras la restitución de Altman, quedó bastante claro que, a pesar de lo que rezaba la declaración de la misión sin ánimo de lucro de OpenAI, el interés de Microsoft por obtener beneficios «limitados» estaba impulsando a la organización a seguir desarrollando los modelos de IA más sofisticados nunca antes vistos. Sutskever rehuyó a la prensa después del golpe, pero, cuando hablé con él en septiembre de 2023, dijo que había cambiado su enfoque de construir modelos de lenguaje cada vez más grandes hacia alinear la superinteligencia de la IA con los intereses humanos. «No puedo hablar de modelos específicos», dijo Sutskever, «pero estoy creando lo que creo que será la solución definitiva a la preocupación que tiene la gente, que una IA pueda volverse rebelde y hacer algo muy poco deseable».

A finales de 2024, no había aparecido ninguna solución de este tipo, a pesar de que los productos de OpenAI eran cada vez más grandes y potentes. En mayo de 2024, OpenAI lanzó GPT4o, la «o» significaba «omni», una IA multimedia que aceptaba cualquier combinación de texto, audio, imagen y vídeo, y devolvía cualquier combinación de resultados de texto, audio e imagen. Los tiempos de respuesta optimizados del modelo fueron posibles gracias a las rapidísimas capacidades de inferencia de la última generación de procesadores de Nvidia. Al día siguiente del lanzamiento de GPT-4o, Sutskever dimitió.

OpenAI no tardó en incorporar un módulo conversacional a GPT-4o y, al no percibirse prácticamente ningún retraso en la respuesta, hablar con él se parecía a hacerlo con un ser humano hiperinteligente. Muchos lo compararon con la IA de la película *Her*. El mismo día que OpenAI lanzó GPT-4o, Google presentó Astra, un asistente de IA de realidad aumentada que parecía capaz de responder a cualquier pregunta, recordar cualquier detalle y describir cualquier entorno en una fracción de segundo. Claude, un modelo de la empresa emergente Anthropic, rivalizaba o superaba a GPT-4o en muchas pruebas. Los gobiernos nacionales, reacios a alquilar sus datos sensibles a la nube, estaban construyendo centros soberanos de entrenamiento de IA a gran escala. La iniciativa xAI de Musk llegó a un acuerdo de 10.000 millones de dólares para alquilar los servidores GPU de Oracle. Las preocupaciones existenciales que había expresado sobre la IA de 2015 debían haber cesado. Meta, de Mark Zuckerberg, hizo la mayor inversión, anunciando que iba a gastar 30.000 millones de dólares en comprar un millón de procesadores de Nvidia y conseguir un reactor nuclear dedicado para alimentarlos.

La creencia de que todo esto podría haberse evitado gracias a un proyecto de ley del Senado de California denotaba una fe encantadora en el poder del gobierno estatal. A medida que aumentaba la velocidad de las GPU de Nvidia, también lo hacían las consiguientes expectativas de crecimiento económico. Los barones de la industria de Silicon Valley habían hecho sus apuestas y limitar su ventaja significaría hundir el mercado bursátil. Ningún político de ningún lugar tenía suficiente influencia para hacerlo.

Sin embargo, aunque Bengio, Hinton y Sutskever habían sido marginados por el capital, sus argumentos seguían siendo válidos. Habían visto mejor que nadie el potencial de lo que podía ser la tecnología de IA, y tenían las credenciales académicas para demostrarlo. Si ahora estaban preocupados, creía que merecía la pena escucharlos. «Ahora mismo hay noventa y nueve personas muy inteligentes que intentan mejorar la IA y una persona muy inteligente que intenta averiguar cómo evitar que se apodere de nosotros», dijo Hinton.

Debería reconocer que yo mismo tuve «El miedo»; por eso investigué por primera vez sobre Nvidia y por eso escribí este libro. Desde el momento en que ChatGPT se hizo público, asumí que mi carrera estaba llegando a su fin. GPT-4 solo era un escritor pasable; había obtenido el puesto 22° en el percentil del examen AP de Redacción y literatura inglesa. Estoy seguro de que yo estaría en el 23°. Pero los modelos cada vez eran mejores y, lo que es quizá más importante, ya escribían mejor que yo cuando era estudiante. El largo aprendizaje por el que pasé antes de publicar mi trabajo por primera vez, a los treinta y seis años, habría parecido inútil si hubiera existido una herramienta así en mi juventud.

La inminente muerte del autor era una tragedia personal menor, pero estaba dispuesto a reconocer que los conductores de carruajes probablemente también habían odiado a los automóviles; al menos las calles ya no estaban cubiertas de excrementos de caballo. Podía adaptarme a los cambios y no era en absoluto un enemigo del progreso. Me encantaba la tecnología, Internet, los viajes espaciales, quería un coche autónomo y había comprado el primer iPhone el día que salió a la venta. Tampoco tenía ningún prejuicio ideológico contra el capitalismo; de hecho, como estadounidense, sentía que era mi derecho de nacimiento que las grandes empresas satisficieran mis caprichos.

Sin embargo, la IA me preocupaba. Me preocupaba hasta el punto de quitarme el sueño. En esto tenía compañía: Bengio me contó que él también había tenido pesadillas. Pocos meses después de GPT-4o, OpenAI lanzó «o1», su primer intento de construir una IA capaz de razonamientos científicos y matemáticos complejos. Junto con su lanzamiento, OpenAI publicó un análisis actualizado de los riesgos potenciales para la humanidad que presentaba la IA. Con el estreno de o1, OpenAI concluyó que el riesgo que más preocupaba a Bengio, el riesgo de que la IA pudiera utilizarse para desarrollar un arma biológica imparable, había aumentado de «bajo» a «medio».

¿Teníamos realmente el control de estos sistemas? En algún momento de los próximos años, alguien iba a desvelar el primer modelo de cien billones de parámetros que rivalizaría con el número de sinapsis del cerebro humano. ¿Cuál sería el papel de los humanos después de eso? Los aceleracionistas insistían en que la IA desbloquearía nuevos modos de empleo, como había hecho la última revolución industrial. Pero, según mi experiencia, si acorralabas a los optimistas y les presionabas, podías obligarles a admitir que esta comparación fácil nacía de la conveniencia y que no había forma de saber si era realmente cierta. Mark Twain se equivocaba: la historia no rima. El libro del Eclesiastés también se equivocaba: había muchas cosas nuevas bajo el sol, en realidad, surgían todo el tiempo, desde los trilobites hasta los dinosaurios y, ciertamente, un cerebro mecánico con cien billones de sinapsis disparando a cinco mil millones de ciclos por segundo no tenía precedentes en la historia, la religión o la filosofía. Nadie podía decir con certeza qué les ocurrirá a los terrícolas en la era de la inteligencia artificial.

Pero Jensen insistió en que era seguro. Tenía sus propios incentivos, por supuesto, dinero, pero también orgullo. Tras haber librado una larga y solitaria batalla para rentabilizar la computación paralela, ahora Jensen estaba decidido a disfrutar de sus recompensas. Parecía ofendido por los tecnólogos que criticaban de manera performativa los riesgos de la IA mientras seguían comprando su hardware. Podía entender su punto de vista porque había algo nauseabundo en la forma en que los desarrolladores de IA adoptaban un vocabulario fatalista mientras entrenaban modelos cada vez más grandes.

La confianza de Jensen también nacía de las muchas maneras en que la IA no era como el cerebro biológico. El cerebro no aprendía por retropropagación, eso estaba muy claro. Y las redes neuronales solo imitaban a las neuronas; no había un equivalente a las células gliales que sostenían a las neuronas, por ejemplo, ni los sistemas de IA estaban conectados a sistemas nerviosos autónomos. La red neuronal no tenía hipotálamo, hipocampo ni glándula pineal. La red neuronal no se veía afectada por las hormonas, no tenía deseo sexual, no dormía, no podía amar a sus hijos y nunca tuvo un sueño.

Un modelo bien entrenado imitaba (y a veces superaba) nuestra propia capacidad cognitiva, pero carecía de memoria sensorial, emociones, imaginación, función reproductora e instinto de supervivencia. En este sentido, no podía decirse que estuviera realmente vivo porque no tenía la autosuficiencia de ni siquiera del organismo unicelular más primitivo. Aunque estaba claro que existía una analogía entre el entrenamiento de las redes neuronales y la evolución, la IA no era el producto de un laboratorio planetario despiadado y darwiniano de matar o morir, comer o ser comido, del que había surgido la vida biológica.

También había que considerar el lado positivo. Nick Bostrom, el del argumento de la maximización del clip, en 2024 se planteaba una cuestión diferente: ¿qué harían los seres humanos en el «mundo resuelto» de la IA ilimitada? El libro de Bostrom de 2024, *Utopía profunda*, invitaba a los lectores a imaginar un mundo en el que todas las tareas desagradables fueran realizadas por robots, y cualquier experiencia imaginable pudiera reproducirse en un simulador. No se trataba de especulaciones vanas; con el reconocimiento de imágenes a su alcance, ahora Fei-Fei Li estaba intentando construir ese mundo resuelto.

Había presentado su iniciativa, denominada Behavior-1K, en la conferencia GTC 2024 de Nvidia. En el escenario con Bill Dally, Li describió cómo había reunido a un grupo diverso de encuestados utilizando Mechanical Turk de Amazon para clasificar miles de respuestas a una sola pregunta: «¿Cuánto le beneficiaría que un robot hiciera esto por usted?». En la parte superior se encontraban las tareas que menos gustaban a la gente: limpiar baños, fregar suelos y limpiar después de las fiestas. En la parte inferior estaban las actividades que inspiraban cierta alegría a los humanos: elegir joyas, jugar al squash y abrir regalos. Con estos resultados, Li estaba entrenando a la inteligencia artificial Omniverse de Nvidia para realizar las tareas más desagradables. Algún día, quizá más pronto que tarde, una de estas redes neuronales se instalaría en un robot del mundo real y se dejaría suelto sobre la tapa del inodoro.

El mundo resuelto tenía su atractivo. La gente podía aburrirse de jugar al squash y abrir regalos, pero, como sugería la investigación de Li, lo que impulsaba los resultados era el comportamiento, no los argumentos filosóficos. Resultaba fácil imaginar un entorno de consumo en el que, en una o dos décadas, poseer una flota de robots que se encargaran de las tareas domésticas fuera una expectativa tan habitual en los hogares del primer mundo como lo es hoy poseer un frigorífico. Puede que un mundo en el que nadie tuviera que volver a limpiar el baño conllevara un cierto riesgo existencial, pero sospechaba que era un trueque que casi todo el mundo aceptaría, aunque solo fuera implícitamente. ¿Quería un robot inodoro? Claro que sí.

A finales de 2024, estaba claro que el ambiente intelectual en torno a la IA se estaba alejando del fatalismo. Los editoriales y artículos de opinión sobre el riesgo de la IA ya no generaban tanta atención. En su lugar, se nos pedía que viéramos estos nuevos sistemas con optimismo. «He aquí una forma limitada de ver la historia de la humanidad», escribió Sam Altman, CEO de OpenAI, en un ensayo de septiembre de 2024. «Tras miles de años de combinar descubrimientos científicos y avances tecnológicos, hemos descubierto cómo fundir arena, añadirle impurezas, colocarla con una precisión asombrosa a una escala extraordinariamente pequeña en procesadores de ordenador, hacer pasar energía a través de ella y terminar con sistemas capaces de crear una inteligencia artificial cada vez más capaz. Esto puede convertirse en el hecho más trascendental de toda la historia hasta ahora». Poco después de la publicación del ensayo, OpenAI anunció su asociación con la empresa emergente de defensa Anduril, un fabricante de armamento basado en IA.

Pero, incluso cuando intentaba aprovechar las ventajas de la IA, no podía despistar a la ansiedad. Cuanto más utilizaba los modelos de IA, más me cuestionaba mi propio papel. No solo era que pronto serían capaces de escribir mejor que yo; con el tiempo, incluso mis entrevistas serían filtradas por la IA. Me imaginaba hablando por videollamada con algún poderoso ejecutivo y entrevistando sin querer a su clon digital de IA, sin darme cuenta. Me parecía que se acercaba el fin de mi profesión. Me parecía que se acercaba el fin de la realidad. Me parecía que se acercaba el fin de la conciencia. ¿Huang estaba seducido por el poder de lo que había construido y jugaba con el futuro de nuestra especie? Tenía que saberlo. Tenía que preguntárselo por última vez.

VEINTITRÉS

La máquina pensante

Mi última entrevista con Jensen fue un viernes, después de que terminara la GTC 2024. Nos reunimos en su «despacho» sala de conferencias, en el centro del campus sur de Nvidia. Me senté frente a él en una larga mesa de madera; a nuestro alrededor, por todos lados, había diagramas y esquemas precisos que había escrito en las paredes. En el otro extremo de la sala había un calendario que mostraba los próximos lanzamientos de nuevas GPU y productos de software de Jensen. Detrás de él, a lo largo de al menos diez metros de pizarra blanca, había un intrincado diagrama de la pila de computación de Nvidia que comenzaba con las GPU y continuaba hacia adelante, con rotuladores de colores y letras mayúsculas, hasta la arquitectura de microservicios que acababa de presentar. Pero ni siquiera esta enorme pizarra era suficiente, la escritura rodeaba la pared del fondo y se extendía detrás de mí hasta el cristal esmerilado exterior de la sala.

Después de cuatro días de presentaciones, entrevistas y demostraciones técnicas sin parar, Jensen estaba visiblemente agotado. Su discurso de apertura fue la mayor presentación de su vida, y pude ver lo mucho que le había costado. Había observado la ansiedad en su lenguaje corporal cuando fue el anfitrión de una intrascendente sesión de preguntas y respuestas para una sala de cuatrocientos arquitectos. Yo solo podía imaginar el miedo que había sentido antes de hacer la presentación más importante de su vida en un estadio de hockey repleto de aficionados fanáticos.

Me di cuenta de que la gente se estaba volviendo un poco crítica con él. En una rueda de prensa en la GTC, un periodista le preguntó si era el nuevo Robert Oppenheimer. «Oppenheimer construía una bomba», dijo Jensen. «Nosotros no hacemos eso». Bill Whitaker, un presentador de *60 Minutes*, había sugerido que «no era fácil trabajar para Jensen». «Debería ser así. Si quieres hacer cosas extraordinarias, no debería ser fácil», dijo Jensen. El poder de fijación de precios de Nvidia estaba provocando una reacción de los centros de poder gubernamentales; en Estados Unidos, Lina Khan, la presidenta de la Comisión Federal de Comercio, había estado observando a la empresa con recelo, y las oficinas de Nvidia en Francia habían sido allanadas por las autoridades en relación con cuestiones sobre prácticas anticompetitivas.

Pero nuestra entrevista empezó de manera amistosa. Felicité a Jensen por su excelente actuación en el discurso de apertura y le pregunté por su vida en Taiwán, su familia y cómo manejaba su fama recién adquirida. Sus respuestas fueron cortas y directas. Le pregunté concretamente qué empleos nuevos podría crear la IA.

«Bueno, pregúntatelo tú, cuando el coste marginal de las matemáticas llega a cero, ¿qué haces?», dijo.

«No lo sé», respondí.

«Bien, me acabas de hacer la misma pregunta. De acuerdo. Eres tan inteligente como yo para averiguarlo», dijo.

Hice una pausa, perplejo. Había demasiado que descifrar para mí; a pesar de las amables palabras de Jensen sobre mi inteligencia, yo no estaba en absoluto a su nivel. Inseguro sobre cómo proceder, decidí mostrarle a Jensen el mismo fragmento de Arthur C. Clarke que había inspirado el entusiasmo de Catanzaro. Mientras Clarke hablaba del futuro de la evolución mecánica, vi cómo la sangre desaparecía de la cara de Jensen.

«Me parece que estás entrevistando a la persona equivocada», dijo tranquilamente. «Me parece que ahora mismo estás entrevistando a Elon, y yo no soy esa persona». Hice una pausa, sin saber qué decir, pero ya era demasiado tarde. Había tocado el detonador.

«¿Va a destruir puestos de trabajo?», preguntó Huang con una voz que iba *in crescendo* de ira. «¿Las calculadoras van a destruir las matemáticas? Esa conversación es tan vieja, y estoy tan, tan cansado de ella», dijo. «¡No quiero hablar más de ello! Es la misma conversación una y otra vez. Inventamos la agricultura e hicimos que el coste marginal de producir alimentos fuera cero. ¡Fue bueno para la sociedad! Fabricamos electricidad a gran escala, e hizo que el coste marginal de talar árboles, encender fuegos, transportar hogueras y antorchas fuera aproximadamente cero, y nos fuimos a hacer otra cosa. Y luego hicimos que el coste marginal de hacer cálculos ¡una división larga! lo hicimos cero». Ahora estaba gritando. «¡Hacemos que el coste marginal de las cosas sea cero, generación tras generación tras generación, y esta misma conversación se produce cada vez!»

Intenté cambiar de tema, pero fue inútil. Su ira estaba teñida de asco. Empezó a sermonearme con la voz que usaríamos con un adolescente rebelde. Había depositado grandes esperanzas en mí, dijo, y yo le había defraudado. Le había hecho perder el tiempo; había hecho perder el tiempo a todo el mundo; todo el proyecto del libro estaba ahora en entredicho. A la entrevista asistieron dos representantes de relaciones públicas de Jensen, pero ninguno de ellos intentó intervenir, no querían añadir más leña al fuego.

Kirk había teorizado que la ira de Huang era estratégica. Puedo decir que en ese momento no me lo pareció. Su ira parecía incontenida, omnidireccional y salvajemente inapropiada. Yo no era empleado de Jensen, y él no tenía nada que ganar enfureciéndose conmigo. Solo parecía cansado de que le preguntaran por los aspectos negativos de las herramientas que estaba construyendo. Pensaba que la pregunta era estúpida y se la habían hecho demasiadas veces.

«Esto no puede ser una ridícula historia de ciencia ficción», dijo. Señaló a sus representantes de relaciones públicas inmovilizados al final de la mesa. «¿Lo entendéis, chicos? Yo no crecí con un montón de historias de ciencia ficción, y esto no es una película de ciencia ficción. ¡Es gente seria que hace un trabajo serio!», dijo. «¡Esto no es una maldita broma! No es una repetición de Arthur C. Clarke. No leí sus putos libros. ¡No me importan esos libros! No es... ¡No somos una repetición de ciencia ficción! ¡Esta empresa no es una manifestación de Star Trek! ¡No estamos haciendo esas cosas! Somos gente seria, haciendo un trabajo serio. Y esto es precisamente una empresa seria, yo soy una persona seria, haciendo un trabajo serio».

Durante los veinte minutos siguientes, en un tono que alternaba entre la acusación, la exasperación y el menosprecio, Jensen cuestionó mi profesionalidad, mi enfoque de la entrevista y mi dedicación al proyecto. Me acusó de intentar psicoanalizarle y me dijo cuánto le disgustaba responder a mis preguntas biográficas, especialmente las que intentaban iluminar su estado mental. «No me gustan las preguntas inquisitivas», dijo. «No me gusta hablar de mí mismo, ¿vale? No me va la terapia». Sugirió que mis preguntas eran estúpidas; las calificó de «vulgares». Negó que hubiera algo excepcional en él, en contra de todas las pruebas acumuladas. «Mira, soy, soy supernormal», dijo.

«Nunca he conocido a nadie como tú», dije. «Soy supernormal», dijo Huang.

Poco a poco, el enfado fue desapareciendo. Huang cambió de tema un par de veces, hablando de los próximos productos, preguntando por el bienestar de sus representantes de relaciones públicas y recordando la importancia del fallecido John Nickolls para el proyecto CUDA. En un momento dado mencionó el Imperio Romano. Siguió reprendiéndome con suavidad, había terminado conmigo, y me hizo salir por la puerta. abandoné la entrevista desconcertado. Había tenido muchas conversaciones tensas con ejecutivos, pero nunca había tenido a alguien que explotara conmigo de esta manera. Estaba aturdido, pero también, si he de ser sincero, un poco mareado. Ser el blanco de la ira de Huang era, en cierto sentido, un honor: un rito de iniciación al que se sometían todos los que lograban entrar en su círculo íntimo. Al salir de la sala de conferencias, me volví hacia uno de los representantes de relaciones públicas.

«Ha ido bien», dije.

Se rio. «Oh, ¿eso?», dijo. «Eso no era nada».

Después de la entrevista me llevaron a ver Eos, un superordenador de diez mil procesadores situado en un centro de datos cercano. Eos era increíblemente rápido; como referencia, había entrenado el modelo GPT-3 de OpenAI en menos de cuatro minutos. Allí me recibió Marc Hamilton, un ingeniero de superordenadores veterano. Me guio a través de una esclusa de aire hasta el suelo estéril del centro de datos, donde docenas de bastidores de hardware de Nvidia, separados en compartimentos amurallados, palpitaban incesantemente bajo la luz fluorescente.

Para el ser humano, entrar en el reino del ordenador era como violar un sanctasanctórum sagrado. Los miles de ventiladores de los ordenadores en funcionamiento simultáneo creaban un rugido sordo y acumulativo, como un aplauso que se oye desde lejos, pero yo apenas estaba presente; aún estaba conmocionado por la reprimenda de Huang. Me preguntaba si lo había hecho a propósito. Lo que en ese momento me había parecido una explosión no provocada, en retrospectiva, quizá fuera más deliberado. Repasando mentalmente nuestra conversación, me di cuenta de que Huang no había perdido los nervios conmigo de golpe. En lugar de eso, a lo largo de unos minutos, se fue enfadando cada vez más, aparentemente a propósito, tomando impulso al repetir una y otra vez lo estúpido que era yo por enseñarle un vídeo de Arthur C. Clarke.

No creí que fuera tan estúpido, y todavía lo pienso. Me parece razonable preguntarle a un hombre que ha hecho su fortuna construyendo cerebros mecánicos si los cerebros mecánicos evolucionarán más deprisa que los cerebros físicos. Pero tampoco había presionado a Huang para que respondiera y, cuando quedó claro que la pregunta le había cabreado, había intentado varias veces llevar el tema a un terreno más seguro. No me dejó.

Mirando hacia atrás, me quedó claro que Jensen había querido perder los estribos; había tomado la decisión consciente de destrozarme. Una vez que había empezado la actuación, su furia era genuina, pero todo estaba al servicio de una cuestión más amplia que quería plantear. No se trataba solo de que Jensen no leyera ciencia ficción, sino de que realmente odiaba la ciencia ficción. Era un hombre serio.

La razón por la que Jensen había triunfado en campos en los que otros habían fracasado, como la computación paralela, la IA u Omniverse, era precisamente porque no toleraba la especulación etérea sobre el futuro. Huang examinaba las tecnologías con frialdad, a partir de principios básicos, sin dejarse llevar ni por el optimismo ni por el miedo, sino solo por un sentido frío y paciente de la lógica empresarial que solo él podía llevar hasta el límite de la visión de futuro corporativa. No miraba ni intentaba imaginar más allá. La posible extinción de la humanidad no era una cuestión de estrategia empresarial y, por lo tanto, para él era tan insensato como dibujar un dragón en la parte inexplorada del mapa.

Recordé la disciplina de los ejecutivos de Nvidia con los que había hablado: Jensen los tenía atados tan fuerte como las cuerdas de un piano. Eran seguros de sí mismos, inteligentes y estaban excepcionalmente bien preparados, hasta el más mínimo detalle. Nunca pillé a ninguno en un patinazo. Recordé también, con repentina claridad, lo reacios que se habían mostrado esos mismos ejecutivos a hablar de las posibles implicaciones futuras de la tecnología que estaban construyendo, una reticencia que, según percibí, se traducía en incomodidad e incluso miedo. Ahora veía de dónde venía el miedo. Los ejecutivos tenían más miedo de que Jensen les gritara que de acabar con la raza humana.

Salí de mi ensueño cuando me acerqué a una de las cápsulas de computación y sus puertas se abrieron automáticamente. Di un paso atrás, la espalda se me erizó, los pelos de los brazos se me pusieron de punta y me aventuré a entrar. Dentro, me golpeó aire procedente de todas las direcciones, los ventiladores de refrigeración de los bastidores situados a ambos lados rugían sin cesar y mis pantalones ondeaban por el aire que salía de una rejilla del suelo. Casi había demasiado ruido para pensar.

Ahora estaba de pie dentro del cerebro del ordenador y los circuitos que me rodeaban ejecutaban diez trillones de cálculos cada segundo de manera colectiva. Nos mataría a todos o nos salvaría; pasara lo que pasara, sucedería en los procesadores de Jensen. Intenté imaginarme toda la pila, desde los transistores de anchura angstrom, pasando por la compleja arquitectura de circuitos, la magia numérica de Buck, los compiladores de Aarts, el paquete CUDA de Nickolls y, por último, sobre todo, las gigantescas rejillas dispuestas en capas de neuronas simuladas que evolucionaban a un ritmo sobrenatural. Aquí, de pie, empecé a ver el alcance de los logros de Nvidia, desde la escala del átomo hasta los albores de la conciencia de las máquinas, pero solo Jensen, el Dédalo estadounidense, podía verlo todo de verdad.

Gritando para hacerme oír, pregunté en qué problema estaba trabajando Eos. Hamilton respondió que estaba entrenando un modelo interno de Nvidia al estilo de GPT-4. En otras palabras, estaba rodeado de un modelo lingüístico: uno que me estaba alcanzando, uno que yo intuía que me sustituiría un día no muy lejano. Hamilton, gritando por encima de los ventiladores, me informó de que, para completar el entrenamiento, el ordenador realizaría un total de treinta mil millones de cuatrillones de operaciones. Miré a mi alrededor, sintiéndome inadecuado en mi carne obsoleta y moribunda. La cápsula era hermosa; yo no era nada; no había forma de luchar contra esto. Esta era la máquina pensante y, con cada giro del ventilador, con cada pulso de los circuitos, se volvía un poco más inteligente.